究極の
「夢辞典」

夢は神さまからの最高のシグナル

なぞ解き「夢療法」で
人生大好転！

夢療法家
坂内慶子

コスモ21

カバーデザイン◆中村　聡

はじめに

夢は魂の目的を教えてくれる

夢というと皆さんは何を思い浮かべるでしょうか。

毎夜見る何か掴みどころのないイメージやストーリー、目覚めたらすぐに忘れてしまう意味不明なもの。日々忙しく働いている方のなかには「夢など見ない！」という方もおられるかもしれませんね。

私は二十年以上に渡って日本でも珍しい夢療法家として活動してきました。クライアントの夢を頼りに、その方が本来持つ輝きを、元気を取り戻すお手伝いをしてきました。

私にとって夢はこれ以上にない確かな導き手であり、何にも勝る最強の味方です。人生でどんな事が起きても、その解決法は夢が教えてくれます。

トラブルが起こりそうな時は予め警告してくれますし、どうしてそれが起きるかという理由も教えてくれます。身体の具合が悪くなりそうな時は具体的に食や運動のアドバイスをもたらしてくれることさえあります。

夢さえ理解できれば、どんな困難が訪れても、人生をシンプルに捉え、前向きに生きていける。私はそう断言できます。

なぜなら、夢はその人の人生の目的を、もっと正確に言えば「魂の目的」を夜ごと知らせてくれる専任のアドバイザーだからです。

人は自分の魂の目的から離れさえしなければ、心身が健やかでいられます。魂の目的は世間体や親に教え込まれた価値観とは異なることも多いものですが、たとえ周囲に理解されなくても、それが自分の生きるテーマなのだという穏やかな自信があれば、私たちはしっかりとした足取りで歩いていけます。

人生とは自分の「魂の目的」を見失わず、それに誠実に取り組めばいいだけのものです。もし道に迷っても、また夢のメッセージに耳を澄ませばよい。夢は決して飽きることなく、諦めることなくあなたの傍で励まし続ける素晴らしいコーチなのですから。

と申しましても、ピンとこない方も多いかもしれませんね。ではこれから、私がこのように確信するに至った経緯を簡単にお話ししましょう。

エドガー・ケイシーとの出会い

私は幼少期から約四十年間、周囲の人々から「病気のデパート」とからかわれるほど身体の弱い人間でした。デパートというくらいですから、一つならず病気を抱えているわけです。いつもどこか調子が悪いのです。

病院に行ったり、高価な薬を飲むこともありましたが効き目は芳しくありません。健康に生きていくのはほぼ不可能だと、本人も周りも思いこんでいました。

そんななかで出会ったのがケイシー療法でした。アメリカ人のエドガー・ケイシーが提唱する病気への対処法です。

ケイシーという人はすでに亡くなったアメリカの写真技師ですが、幼い時から不思議な能力がありました。催眠状態（変性意識状態）になるとどんな問いにも答えることができたのです。非常に高度な科学や医学に関することから政治や経済の動向、宗教や哲学についてはもちろん、夫婦喧嘩など人間関係のトラブル解決法など、ありとあらゆることに、です。

本人は敬虔なクリスチャンで非常にまじめな人柄でした。しかし貧しい家の生まれで高等教育を受けておらず、彼の「言葉」は明らかに別次元からのメッセージのようでした。その発信源は謎に包まれており、いまだに不明です。諸説ありますが、証明するのは難しいことです。

こういった話はいかがわしいと思う人も多いでしょうが、肝心なのはケイシーの言葉が具体的であり、実際非常に有益だったということです。病に悩む人を助け、研究に行き詰まる人にヒントや解答を与え、死にたいと絶望する人に希望を与えました。

噂を聞きつけた発明王エジソンがアドバイスを受けに来たのは有名な話ですし、当時の大統領がひそかに訪ねてきたりもしました。ケイシーのアドバイスで病気を治した人は引きも切りませんでしたし、彼の言葉をもとに作られた薬や化粧品は現在も多くの人に愛されています。

私がケイシーを知ったのは残念ながら彼の死後でしたから、私のためのアドバイスは受けられませんでした。ですが、残された言葉から自分には「食事療法」「ひまし油湿布」「洗腸」が良いようだと判断し、これらに取り組みました。ケイシー療法の詳細は専門書が出ていますのでそちらに譲りますが、とにかくどれも驚くべき効果がありました。

これらを黙々と実行していると、心と身体の緊張がどんどん取り除かれていくのです。いつの間にやら身体のもたつきは取れ、冷えは解消し、医師も見放していた数々の悩みは雲散霧消していきました。当時は自分でも半信半疑でしたが、なんと私は夢にまで見た健康体になれたのです！

以来ケイシー療法は健康維持のため、私の生活の一部になっています。

健やかに生きるための三つのツール

このような体験から、私はエドガー・ケイシーに絶大な信頼を置くようになりました。病気が治って以降、彼の医療関係の言葉だけでなく、人間の生き方についての言葉も読み始めました。

長年病気と付き合うなかで、病と生き方は表裏一体ではないか、病気は心の現れではないかと思い始めたからです。ケイシーも
「人生に対する考え方が健全に保たれていれば、食事と運動によってほとんどの病気は鎮静され、克服される」

と述べています。やはり心の持ちようと身体はつながっているようです。

ではどうすれば「人生に対する考え方を健全に保つ」ことができるのでしょう。これに対してもケイシ

ーはたくさんのアドバイスを残していますが、私の心に残ったのは
「根本になるのは瞑想と祈りであり、それとともに心からの献身的な態度を持ち続けることと、規律ある建設的生活をいとなむことが大切だ」

加えて
「呼吸と食物に留意することや毎朝目覚めた時に前夜の夢を注意ぶかく記録しておき、それを分析すること」

「夢は超意識の自己と交流する一つの門であるから」

（『超能力の秘密ーエドガー・ケイシー・レポート』ジナ・サーミナラ著　十菱麟訳　たま出版）。

これは、祈りにより自分の意志を明確にし、それに対する神からの答えを瞑想や夢で気づいていくということではないでしょうか。これをくり返していれば、進むべき人生の道から外れることはない。驚くほどシンプルな提案です。

そういえば、私はケイシー療法に興味を持って間もない頃、こんな夢を見ていました。

ＵＦＯがやってきて、私の頭上でピタリと止まると、真ん中から光が差し、その光の中からするすると

丸いものが降りてきます。

両手でそれを受け取ると、木製のサラダボールそっくりです。そのサラダボールの底にはオイルが入っていて、オイルの中に人の顔が浮かび上がっている。それを飲み干すように言われたと思い、飲み干します。

空になったサラダボールを膝の上で両手でひっくり返し続けると、それが原稿用紙の束になり、本にするための原稿なのだとわかります。

オイルの中の顔が誰のものなのか、しばらくわかりませんでした。厳しい、哲学者のような表情の人でした。夢を見たのと期を同じくしてアメリカにあるエドガー・ケイシー財団（ARE）に入会したところ、間もなくしてパンフレットが届きました。そこに掲載されていたケイシーの顔こそ、夢の中の人のそれだったのです。

当時の私の祈りは、ただただ健康になりたいということでした。それに対して、夢は確かに答えをくれていたのです。ケイシー療法を実践しなさい、と。ケイシー療法はオイル療法と言ってよいほどオイルを多用しますから、夢の中でオイルを飲んだのも納得できます。

そして原稿用紙の束。将来こうした私の体験が本にでもなるのだろうか、と淡いのぞみを抱きました。

これだけはっきりしたアドバイスをくれる夢には何かあるに違いない、私はわくわくしてきました。明らかにただの占いやおまじないではありません。きちんと読み解きさえすれば、夢はもっともっといろいろなことを教えてくれるかもしれない……。

そういえばギリシャ神話の名医アスクレピオスも治療において夢を使っていました。またマレーシアのセノイ族は朝、子供たちに夢の話をさせ、子供の成長を夢を通して共有する習慣があります。同じようにネイティブ・アメリカンも毎朝家族で夢の話をして、お互いの心のありようを確認し合い、とくに子供の成長に役立てたという話も聞きます。フロイトやユングが夢分析をしていたことは、知らない人はいないでしょう。現代でも、夢を治療に役立てている臨床家は世界各国にいます。

とはいえ、夢の価値を実感している人は多くありません。冒頭にも書きましたが、なんだかよくわからないもの、という認識がほとんどでしょう。

私は当時から今に至るまで、それが残念でなりません。病気まではいかなくても、人生にトラブルはつきものです。そんな時、夢は誰よりも的確に助け船を出してくれます。私はこの世に生を受けて四十年以上に渡り、それに気づかず過ごしてしまいました。仕方のないことではありますが、この誰にも日々もたらされている恩恵を、一人でも多くの方に気づいてほしいと強く願っています。

夢と生きる

それから私は自分の夢に本格的に取り組み始めました。夢に関する本を読みあさり、その内容を自分の夢で検証する、という独学でしたが。学びのなかで夢のパワーを改めて実感したのが五十歳で結婚した時です。以前もふれたことがあるので詳細は省きますが（『ドリーム・ブック』ベティ・ベサーズ著　坂内慶子訳　中央アート出版　巻末のエピソード参照）、出会いから結婚に至るまでの紆余曲折を、夢は丁寧にサポートしてくれました。

この人と交際していいのか、ケンカしてしまった時どうしたらいいか、結婚に踏み切って間違いないだろうか……恋愛していると悩みはつきないものです。

ですが、夢はその人の心の成長に合わせて、時に優しく、時に厳しいメッセージを送り続けてくれます。もちろん結婚してからも変わりません。

私はますます夢を信頼していきました。そして夢療法家として独立しました。開業した頃はクライアントがまったく来ないということも多々ありましたが、そんな時も夢はサポートし続けてくれ、私は逆境を糧にする強さを身につけていきました。

結婚したことで、夢を語り合える相手がいたのも良かったと思います。私は、夢を語り合うのにもっともふさわしいのは伴侶だと思います。

夢分析は一人でもできますし、他人の考えに左右されないという点では一人のほうが良い場合も多いのは確かです。ところが、自分の良いところ、悪いところ、過去の辛かった出来事などを把握している人と話すと、思いがけないアイディアをくれたりすることもあります。ただ聞いてもらうだけで、心が落ち着いて冷静な判断ができたりもします。夢のアドバイスは正確なだけに辛辣なこともありますが、それすら二人で受け止めれば楽しいものに変わったりするのです。

結婚なさっている方はぜひご夫婦で夢を語り合ってほしいものです。お互いがお互いをより深く愛せるようになります。これから結婚を考えている方も、お相手と臆せずに夢を話し合ってみましょう。違った角度からその人に近づけるかもしれません。お子さんがいらっしゃる方は、夢を聞くことで彼らの言うに言えない悩みを発見できることもあります。

夢とともに生きる素晴らしさを少しでもお伝えできたでしょうか。もちろん夢を大切に暮らしていても、辛いことも悲しいこともあります。思いがけないことは起こるし、夢という導きがあってもなお失敗する自分自身にうんざりすることもままあります。試練が訪れない人生などありえません。

ですが、どんな時もサポートがあるという安心感があり、自分の行くべき道を歩んでいるという揺るぎない確信があると、人は必要以上に落ち込みません。日々を淡々と、それでいて精一杯生きる、そんなしなやかさを発揮できるようになります。

失敗や困難があっても、それらはみな「魂の磨き砂」。痛みを感じることがあっても、そこから必要なことを学んだらあとはまた自分の魂の目的地に向かって歩きだすだけです。このシンプルな姿勢になれた時、お金が有ろうと無かろうと、健康であろうとあるまいと、人は幸福なのかもしれません。

そうです、夢と生きることは幸福に生きること、なのです。

夢は神さまからの最高のシグナル　もくじ

☆夢は神の宿る超意識からのシグナル

☆キーワード辞典

■人物

■もの

■場所

■スピリチュアル

☆夢は神の宿る超意識からのシグナル

夢とは何か

夢はたいがい謎めいています。意味不明、理屈が通らない、非現実的、そんなことが普通に起こるのが夢の世界で、はじめはこんなものを分析できるのか……と不安になるかもしれません。しかし夢が謎に満ちているのには明確な理由があります。

夢は意識の三層構造で言うといちばん下の層、超意識からもたらされます。この層はあなたの魂の目的を明確に把握しており、それを顕在意識に伝えたいと願っています。夢が「これ以上ない確かな導き手」であるのは、この超意識が間違うことがないからです。誤解を恐れずに言えば、超意識とは神の宿る場所です。

では超意識は私たちの進むべき方向を、どうしてこんなにわかりづらく伝えてくるのでしょう?

それは、神さまのシグナルが超意識から顕在意識にたどり着くには潜在意識をくぐり抜けなければいけないからです。そして潜在意識の層には私たちの子供の頃の心の傷（いわゆるトラウマ）が一つならず潜んでいます。

心の傷はあまりにも深く、痛みが鋭く、二度と触れたくないものです。文字通り「思い出したくもない」ので意識の奥底にある潜在意識にしまいこまれています。そして、もし傷を思い出させるような出来事が起こってもほぼ無意識のうちに排除して、それについて考えない癖をつけているのが普通です。

その生き方の癖が性格や人格形成に大きく影響しており、人生における困難とも密接に関係しているのです。が、傷から目をそらす生き方の癖に無自覚な人が多いので、困難を自分が招いたものというより、逃れられない運命のように感じてしまう場合がほとんどです。

じつは、魂の真の目的を知る超意識からのシグナルは常にその傷や癖にまつわるものです。

「人生を有意義に進めたいなら、逃げずにその傷と向き合いなさい。あなたは逃げる癖をつけたことで人生を複雑にしています。向き合って克服できたら、恋愛であれ仕事であれ健康であれ、現在思い悩んでいることは全て適切な方向に向かっていきます。あなたがいちばんやりたくないことをやりなさい」

超意識は、要約すればほぼ毎回同じことを言います。つきつめて言えば、魂の目的とはトラウマの克服

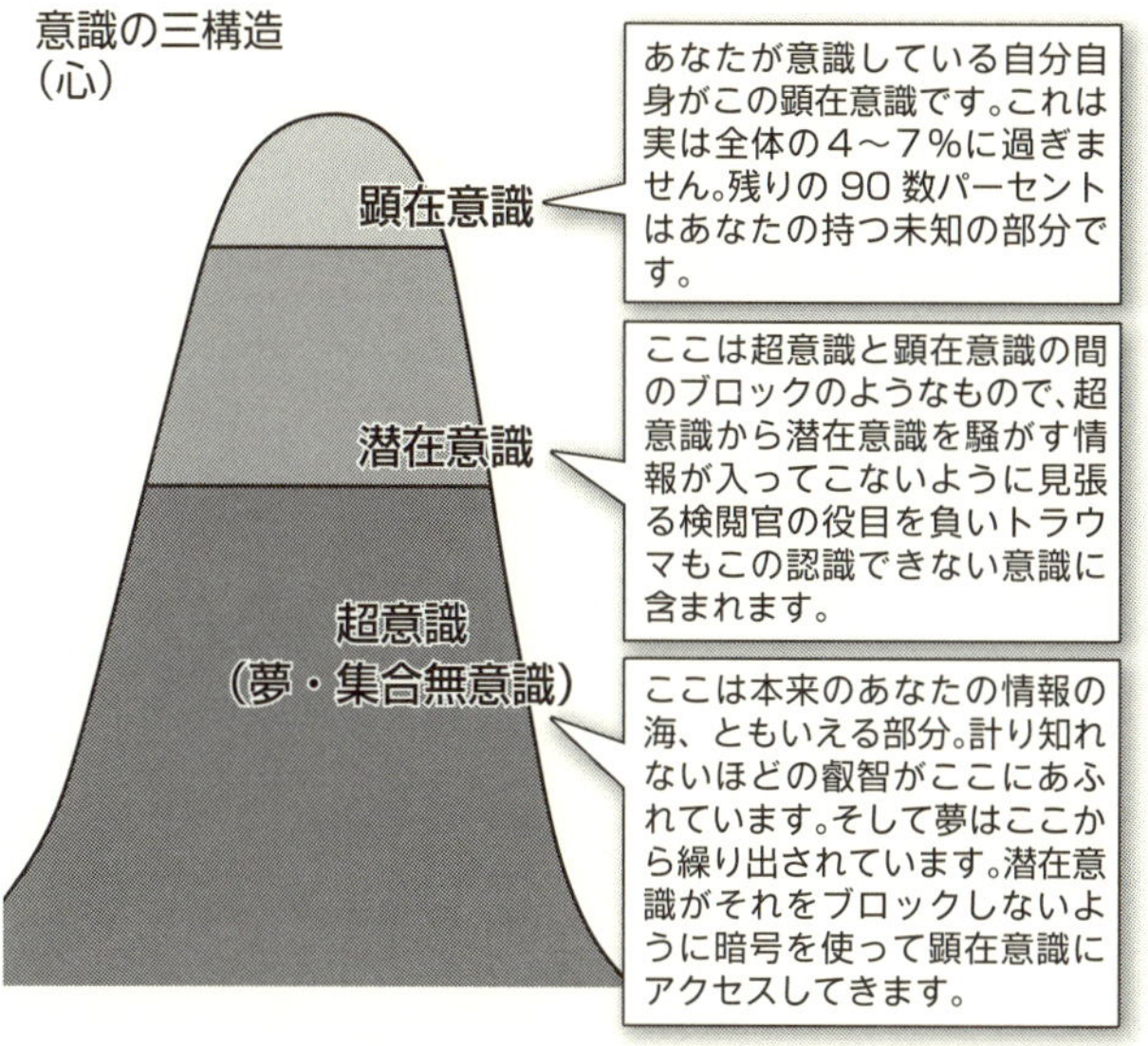
意識の三構造
（心）
顕在意識
潜在意識
超意識
（夢・集合無意識）
あなたが意識している自分自身がこの顕在意識です。これは実は全体の４〜７％に過ぎません。残りの 90 数パーセントはあなたの持つ未知の部分です。
ここは超意識と顕在意識の間のブロックのようなもので、超意識から潜在意識を騒がす情報が入ってこないように見張る検閲官の役目を負いトラウマもこの認識できない意識に含まれます。
ここは本来のあなたの情報の海、ともいえる部分。計り知れないほどの叡智がここにあふれています。そして夢はここから繰り出されています。潜在意識がそれをブロックしないように暗号を使って顕在意識にアクセスしてきます。

だからです。もちろん人それぞれトラウマの中身は違いますから、超意識はその都度、具体的なポイントを示し、同時に乗り越え方も示します。

しかし、それはきわめて厳しいことでもあります。忘れたいものを再認識せよというのです。触れたくないものにあえて触れろというのです。すぐには受け容れられません。

トラウマのすみかである潜在意識は、超意識からのこのようなメッセージをことごとくブロックしてしまいます。聞いてしまうと辛くなるからです。でも超意識はこの真理を伝えようとします。なぜなら人生の苦しみを取り除くには他に方法がないから。そして、深いところでは本人がこの真理を欲していることを知っているからです。

そこで超意識は、潜在意識が気づかない方法でメッセージを届ける方法を編み出しました。それが意味不明で理屈が通らない夢です。潜在意識に気づかれないように、トラウマに関する重要な情報は暗号化して顕在意識に届けることにしたのです。そのため、暗号が含まれている夢は謎めいていますが、その謎めいたところにこそ、夢の真意があるのです。ですから、そこにフォーカスして解読する方法さえ知っていれば、夢のメッセージを理解することはそれほど難しいことではありません。

そのメッセージの厳しさにおののくことがあるかもしれませんが、超意識は顕在意識が受け止められる「時」も見極めていますから、この夢を見た今、あなたは困難を乗り越える力を備えています。あとはその苦手分野をこつこつ克服していけばいいだけ。

まとめますと、あなたの人生を難しくしている原因であるトラウマの存在を教え、その取り組み方を教えてくれるもの。それが夢です。

夢療法のはじめの一歩

まずはよくある典型的な夢をいくつか見ていくことにします。ただ読むだけでなく、夢に登場したものの意味を本書のキーワード辞典でチェックしながら考えていただくと、もっと夢療法のポイントを摑みやすいと思います。

「性的な夢・セックスの夢」

性的な夢はもっとも夢らしい夢と言えます。こういう夢を見ると人に言うのも憚られるような恥ずかしい気持ちになるかもしれませんが、夢におけるセックスは霊性の極み。非常に大切なものです。

セックスというのは、妊娠に結びつく可能性があります。妊娠して子育てをすることは、大きなチャレンジであり、未知の世界の始まりです。つまり今、あなたの心は新しいステージに向かっていることが暗示されています。

夢は新しい状況に進むコツも教えてくれます。それは夢でセックスの相手として現れた人の長所を自分のものとすることです。たとえ相手が誰であっても、その人の美点を自分の中から引き出していきます。セックスの相手が異性でなく同性であっても同じことです。

「○○さんの良い所は……動物や子供に優しいことかな。いつも弱いものの味方になっている。私もそろそろ部下が出来るし、自分のことばかりでなく若い人の目線になってみようかな」

などと考えてみるのです。

セックスの相手の美点があなたの成長の課題であり、それを行動に移すことで思いがけない進展が見られるはずです。ちなみに、夢はその人との現実のセックスをすすめてはいません。単にその人の美点が自分にもあることを信じ、その人と同じように振る舞うことを奨励しているだけです。

もう一つの観点として、長くセックスの相手がいない場合、夢の神様が性的エクスタシーを与えてくれる場合があります。私たちの肉体はただの物質ではなく霊性の容れ物。本来非常にスピリチュアルで、丁重に扱わなくてはいけないものです。でも実際はどうだったでしょう。自分の肉体とどのように付き合ってきたのか、振り返る機会かもしれません。

こうした体験から、肉体の声を聞くことで、性が聖の極みだと納得するでしょう。

「飛ぶ夢・落ちる夢」

どちらも地に足がついていない、夢見がちな人に多い夢です。このタイプは真面目で精神性が高い反面、周囲に理解されないという孤独感があり、常にそこはかとなく生き辛さを感じているようです。

多く見られるのは地上数メートルを飛び回っているもので、落ちる場合もそれほど高くからは落ちません。大空や宇宙空間を気持ちよく飛び回っている夢、かなり高いところから落ち続ける夢なども基本的には同じことで、この世にいることがどこか解せない、この現実世界をしっかりと歩いていく実感が持てない状態だと思われます。

ではどうしたらいいのか。あなたは現実でもいつも宙に浮いたような心許ない感じがしますか。あなたを支えてくれる人はいないと思っているでしょうか。いるとしたら、宇宙の果てにいるかもしれないと思い描いているでしょうか。そしてそう思ってしまうのは、感じてしまうのはなぜでしょう。

私たちは非常に便利で快適な社会にいるので忘れがちですが、人は一人では生きていけません。常に有形無形の多くのサポートがあることに意識を向けてみる時かもしれません。あるいは、この世で生きていると悲しいこと苦しいことばかりのように思えることもありますが、生きているからこそいろいろな経験をすることができ、経験から学ぶことができます。生命あること、この地球に肉体を授かったことの有り難みについて考えてみてはいかがでしょうか。

あなたは「記憶」していませんが、自らこの地球に生まれて魂磨きをしようと決意したのです。夢には、この現実世界で地に足をつけるためのアドバイスがあることを覚えておきましょう。

「死の夢・殺人の夢」

これもインパクトが強い夢です。予知夢ではないかと恐れる方もいらっしゃいますが、現実的な死を意味することはほとんどありません。

死に関する夢の意味は大きく分けて二つあります。一つ目はあなたの中にある要らなくなった部分を捨てる（手放す）必要があるという示唆。二つ目はあなたが自分の美点を生活の中でまったく活かせていない（美点が死んでいる）という指摘。

前者は魂レベルの死と再生の夢であり、人生の転換点、ターニングポイントにいる可能性があります。夢の中で誰が死んだのか、その死から何を感じたのか、そこに多くのアドバイスが含まれているでしょう。親の死を夢に見た場合は「親殺しの夢」と言って、親を越えて成長できると知らされています。心の成長にとってとても勇気づけられる夢です。

後者の場合は、厳しい言葉で言えば怠慢なのです。あなたは素直に認められないかもしれませんが、誰でも他の人にない素晴らしい特別な資質があります。それを眠らせたままにしていませんか。閉じこめて殺しかけている才能はありませんか。

夢の中で死体になっていたり殺されたりしていたものは、あなたの中で死なせているもの。宝石も磨かなければ輝かないように、自分の潜在的な欲求を見つけ出し、大切に育てていきましょう。それを認め、あなたの特別な才能を生き返らせましょう。死なせた状態は本来のあなたではないと、夢は知らせてきたのです。

「追いかけられる夢」

何かに追いかけられている夢を見るのは、立ち向かうべき問題から逃げているからです。あなたは状況から逃げまわっていますがそれでは何も解決しません、今のあなたならできるのだから立ち向かいなさい、と内なる神様が厳しくも優しく励ましています。

何に追いかけられているのかをキーワード辞典で調べれば、あなたが目を逸らしている対象の正体が明確になるでしょう。調べるまでもなく自覚していることも多いでしょう。

追いかけられる夢はくり返し見ることがありますが、「もう逃げない、挑戦しよう」と決意し行動を始めるとピタリと見なくなります。あなたが新しい扉を開けたことで、次の段階の別のアドバイスがやってくるからです。

一方、いつまでも挑戦しないでいても、しばらくするとこの夢は見なくなります。あなたが現状維持を選択したので、超意識がこのメッセージは今は意味がないと判断するからです。後日、適切な時を見計って同じような夢を見ることになります。

目が覚めて後味の悪い夢は悪夢と呼ばれて嫌われますが、じつは悪夢ほどメッセージ性が強いのです。伝えてくるものがはっきりしています。人生を有意義に過ごしたいと願うなら、悪夢の忠告にこそまっすぐに取り組むことをおすすめします。先送りしても同じ課題が何度もやってくるだけです。

「お金の夢・買い物の夢」

夢の中でのお金は自分の決意のエネルギーを表し、買い物はそれに自分がどれほどエネルギーを注いで行動するのかを教えてくれます。つまりこの夢であなたが今手に入れたいものは何か、そしてそれにどれほどの力を注ぐつもりなのか、という意気込みのほどがわかるのです。

ですから夢の中で買いたいものがあったら、値切らずに正価で買いましょう。正当な対価を支払って、確実に自分のものにしましょう。それが現実に反映し、あなたは必要なものや人を人生に招き入れることができるようになります。

夢の中でバーゲン品を買っていれば、現実で何かを成し遂げたいと思っても、決意が弱いので事態を変えるほどの行動には出られません。

夢の中でお金を無くしたり落とすなら、あなたは現実の世界でエネルギーの無駄遣いをしているでしょう。取り組むことに優先順位をつけ、効率をはかりましょう。

お金を盗まれる夢は、他人のことばかりに関わり、自分が疎かになっています。周囲に目がいきすぎて自分のことを考える時間をつくり出せない、そんな傾向がないか振り返ってみましょう。


いかがでしょうか。夢はトラウマを、自分の課題を教えてくれるというポイントを押さえていると、ただ不可解だった夢が違って見えてきますね。

トラウマを指摘されたからといって「〇〇している私はなんてダメなんだろう」と自分を責めることはありません。夢はチャレンジできないメッセージは送ってきませんから、ニュートラルに現状を認識し、改善する行動をとっていけばいいだけです。夢はあなたを叱責しているのでなく、いつだって変容のきっかけをくれているのですから。

人によっては「トラウマは理解したいけれど、今はすごく疲れていて立ち向かう元気はないし、しばらくは現状維持で行こう。心や身体の調子が良くなったら行動しよう」と思うかもしれません。率直にそう思うなら、それも一つの選択です。無理をするよりは機が熟するまで待つほうが良いこともあります。行動する時も、はじめから難しいことに挑戦するより、ハードルを低めに設定して少しずつ進んでいくといいですね。万が一行き詰まったら、また夢を見て生き方を考えればよいだけです。

夢はアドバイスをいくらでもくれますが、真の成長を促すため、全ての決定権は私たちにゆだねています。動くも動かないも、自分次第。人生の決断を下すのは、私。舵を取るのは私の意志なんだ、ということは忘れずにいましょう。そして、それこそが人生の醍醐味だということも。

☆誰でも簡単に実践できる夢療法

1　夢に質問してみよう

夢はやってくるのを待つだけのものではありません。問いかければ必ず答えてくれます。今悩んでいることがある人は寝る前に心の中で問題を整理し、その解決法を「翌朝目覚める直前の夢で教えて下さい」と願って眠りにつきます。※特定の悩みがない方はこの項は飛ばして構いません。

2　夢の記録ノートをつけてみよう

夢を記録したノートは心の成長記録です。夢に取り組もうと決めたらノートを枕元に置き、記憶に残る夢を書き留めましょう。慣れてきたら、ノートに記録しなくてもスマホに入力しておいたり、頭で覚えておいたりして、その後の作業をすることができるようになりますが、最初はできるだけ夢の内容を正確に記録するためノートを付けることをおすすめします。

ノートは罫線の無い白地のものを準備して下さい。いちばん上の端に通し番号を書き、その下に日付を記入します。そしてその見た夢の内容を一ページにまとめて書き込みます。夢の内容を文章で記す時は、「〜した」ではなく「〜する」か「〜している」と現在形で書きます。

夢にはよく不思議なものが登場しますし、言葉よりも絵のほうが夢のイメージを表現しやすいこともあります。そうした時は、ノートの上段に文章で記録し、下段にイラストで描いてもいいでしょう。ここに見本として掲載したのは、ある五十代の画家の男性がその日見た夢を記録したノートです。本業が絵を描くことですので上手なイラストになっていますが、あとでノートを見たとき自分でイメージさえつかめればいいので、絵の上手下手は気にする必要ありません。

夢を見ても目覚めるとすぐに忘れてしまうという方は、目が覚めたら、そのままの姿勢を崩さず夢を思い出すのを待ってみましょう。よく思い出せない場合も、その時の感情に浸っているうちにゆっくりと思い出せるかもしれません。焦らないことが大事です。

記録ノートに直接書こうとすると、うまくノートがまとまらず、あとで開いても読みづらいと思ったら、メモ帳を枕元に置いておき、とりあえずそこに走り書きしておきます。そのあとでゆっくり記録ノートに記入してもいいでしょう。頭から記録ノートを書こうとしてメモ書きのように乱雑になると、読みづらく

て次の作業もしづらくなります。

記録ノートを書こうとして夢全体を思い出そうとしても鮮明なのは一部だけということもよくあります。そんな時は、無理して思い出そうとせず、覚えている部分だけしっかり書き残しておきましょう。忘れてしまう箇所は本人にとって必要のないことがほとんどですし、どうしても必要な場合は後日、形を変えて見ることもあります。ですから、夢の内容を思い出せないことに執着する必要はまったくありません。

3　夢を感じ、味わってみよう

夢を分析する第一歩は、夢の内容をしっかり味わってみること、つまり夢を追体験してみることです。記録ノートにある内容をそのまま分析すると、雑多な内容に振り回されてしまい、夢が真に伝えたいメッセージを見失いやすいからです。

夢を見てから時間がたちすぎると感覚を忘れてしまったり、夢と現実に距離が出来て追体験しづらくなります。夢は「今現在のあなた」に向けたアドバイスですから、追体験はできるだけその日のうちにして下さい。じっくり時間をかけて追体験できればそれがいちばんですが、短時間でもかまいません。

まず記録ノートを開いて、小説を読むように、再度味わってみます。夢のストーリーはおとぎ話のようですか。冒険物語や怪奇物でしょうか。どんな種類の物語だったか思い出してみましょう。映画や小説は味わううちに次第にメインテーマが浮かび上がってくるものですが、夢の追体験も同じです。テーマが浮かび上がってきたら、夢を要約してみます。省けるところはどんどん省き、単純化して短い文章にまとめてみます。

この作業がどうにも苦手だという人は、いちばん印象に残った夢のシーンを絵にしてみましょう。この夢が象徴しているのは……などと難しいことは考えず、いちばん心に残った場面を描いてみて下さい。絵の上手い、下手は気にする必要はありません。

ここまで終わったら、文章であれ絵であれ、そこにあるものをキーワード辞典を使って読み解いていきます。この時のポイントは、いちばんおかしなところ、謎に思えるところを中心に読み解いていくことです。そこにあなたの見たくない真実、つまり実行は大変かもしれないけれど、あなたの人生を好転させる鍵が隠されていることが多いのです。

追体験して文章にまとめるだけでなく絵も描いて両方を分析してみると、さらに明確な意味を読み取れるかもしれません。

夢を追体験するには、実際に身体を動かして体験してみるのもおすすめです。たとえば夢に出てきた海が強くイメージに残ったとしたら、実際に海に行ってみるのです。そこで思い浮かぶことも夢分析の大きな助けになります。

4　夢を生活に役立てよう

夢療法でもっとも大事なのは夢の真意を日々の暮らしに活かすこと、行動に移すことです。追体験で得た夢からのアドバイスを生活のなかに落とし込んでいきましょう。

せっかく夢から良いアドバイスをたくさんもらっても、それを頭で理解はしても、人生に反映させなければ何にもなりません。あなたがそのアドバイスを活かして成長していくことが大事なのです。あなたが成長すると、それに応じて夢の内容は刻々と変化していきます。

夢を見るだけで何もせず人生が動かなければ、夢は同じメッセージをくり返し送り続けてきます。あるいは「この人は今は夢を受けとめきれない」と判断して夢そのものをあまり見なくするかもしれません。これでは、せっかくの夢の導きを無視して、しゃがみ込んでいるようなものです。小さな一歩でいいのです。まずは勇気を出して動いてみましょう。

夢療法を体験した女性に、こんな方がいました。彼女は「マンタ（エイ）が大空を泳いでいる」夢がとても気になり、夢ノートに記録していました。じつはその頃、仕事が大嫌いで、今すぐにでも辞めたいけれど貯金はない、次の仕事も見つからない、そんなにっちもさっちもいかない毎日が続いていたのです。

この夢が何かを自分に伝えているのではないかと思い、夢を読み解いてみました。ノートを見ながら夢の内容を追体験してみると、やはり海にいるべきマンタが空にいたことが印象に残っています。辞典を使ってそのことを読み解いてみると、自分が今「地に足がついていない」「適切な場所にいない」ことを示していたのです。

また、自分が心身ともに疲れ切っているのは、ないものねだりをしているからだと気付きました。自分が何をしたいのかもはっきりしないのに、現在の仕事に文句を言っても仕方ない。そう思うと、適性もないのに雇ってくれている会社に感謝の気持ちも湧いてきました。まずは自分がしたいことをはっきりさせようと決意し、転職のための資金を貯金し始めました。こうして考え方を改めてみると、周りの景色が違って見えるようになったといいます。彼女は少しずつ生きいきとした感情を取り戻し、人生も好転し始めました。

なかには、頭ではわかっても、なかなか行動できないということもあるでしょう。そんな時は、夢療法の最初のステップに戻って「私が夢から頂いたメッセージを活かし、行動を起こすためにはどうしたらいいでしょう」と夢に質問をしてみてください。夢は、あなたに必要なメッセージをきっと送ってくれるはずです。

ここまでは夢のメッセージの読み解き方を紹介していますが、じつは夢にはもう一つ大事な役割があります。それは、夢それ自体に癒しの効果があることです。そのことも心して夢の世界に浸って味わって下さい。

次に夢療法の実例を二つ紹介します。ひとつは、四十代の女性で、夢の内容はスマホに記録し、夢に恐竜が登場した場面は手描きでイラストにしています。もうひとつは、先ほど記録ノートの例として紹介した五十代の男性の夢です。それぞれの夢の内容と、その後の追体験、夢の分析、後日談を紹介します。

○「エントランスに恐竜がいて大暴れしている」

・夢ノート

曇り空の休日。産後間もない妹の住む高級マンションに行き、生まれたばかりの甥と体調がすぐれない妹の面倒をみる。私なりに頑張ったつもりだが、その場にいた母に「あなたは子供がいないから気が利かない」などと嫌みを言われる。やれやれと思いながら一段落したのでマンションから帰ろうとすると、エントランスに恐竜がいて大暴れしている。たくさんの人が逃げまどっている。私はなぜか驚かず、不思議なくらい冷静に対処して無事帰途につく。

・追体験して感じたこと

夢の中での「やれやれ」という感じは、数カ月前に二度目の流産をしたにもかかわらず、まだたびたび小さな甥に会ったり、周囲から「あなたも子供を」と言われるのが苦痛、という気持ちの表れだと思う。恐

竜が大暴れしていても心が動かなかったのが不思議。「死にたい」などともまったく思わなかった。

・辞典で調べて思ったこと

この夢の場合、やはり恐竜は母だろう。幼い頃から母に言われ続けた「私は大事な仕事（通訳）を捨てて育児に専念したけれど後悔はない。女性にとって子供を持つのが一番大事だし、人間的にも成長する。仕事と育児では比べものにならない」という言葉が重くて、仕事している自分を情けなく感じていた。結婚して流産してからも言われ続けたため、「私は人間として成長できないダメ人間」「親不孝」という気持ちに覆われていた。心が絶望でいっぱいだったので（すでに死に近かった）、恐竜が怖くなかったのかも。

でも、そんな恐竜（母）をなんとかかわせている自分にも気付けた。目覚めてから、逃げまどっている人たちを助けてあげれば良かった…と思ったが、今の私にはまだそれだけのパワーはないようだ（それはそれで仕方ない）。

夢全体が曇ってどんよりして、心が晴れていない感じ。流産したばかりだから当然だが、まずは母の言葉に翻弄されないようにしようと思う。具体的には電話でいろいろ言われても気にしない（過去の生物が暴れているだけ。子供がいないという「私の現実」にはそぐわない考え）。夢では言われたら言われるがまだったが（これは現状認識。いつもそうだから）、これからは思い切って必要な意見は伝えようと思う。喧嘩にならない冷静な対処が今ならできるのかもしれない。

・後日談

数週間後、話し合う機会があった。勇気が要ったが、驚くほど冷静に話し合えた。母は母で仕事をやめざるをえなかったこと、復帰したくてもできなかった葛藤があったと知る。子育ては終わってしまうと充実感もあるが空しさもあると訴えていた。母のあの言葉は、子育ては大変だと自分自身に言い聞かせていたところもあったのかもしれない。私も思いを伝えることができた。

恐竜がまた少し違って見えてきた。

○「不良二人を車からひきずり出す」

・夢ノート

三歳くらいの男の子が道の真ん中に立っている。前から不良二人がニヤけてよそ見をしながら運転する車がノロノロ近づいてくる。このままだと子供を轢いてしまう。僕は車のドアを開け、不良をひきずり出し「何をやっているんだー」とどなる（三十三頁の記録ノート参照）。

・追体験して感じたこと

画家になって三年目。最初は売れていたのに、そのうち売れなくなって落ち込んでいた時に見た夢。不良がポイントだろう。しかも二人もいる。

・辞典で調べて思ったこと

不良は絵が売れないとふてくされている幼稚な自分のことだ。売れないなら何が原因なのか冷静に考えるべきところを、ただふてくされているだけ。画家にとっての創造性、自由な子供心が今危機に瀕している。自分には才能がないんだとか、原因を他に求めて反省すべきを反省していない。努力しないでいい方向にばかり考えている（つまり都合のいい解釈ばかりしている）。

・後日談

なぜ売れないのか。後日戻ってきた絵を冷静になって見たら、手を抜いていた。売れて調子に乗ってしまったのだ。まさに不良だったのである。

ここまで夢療法の基本的な流れを紹介してきましたが、もう一度ポイントを確認しておきましょう。

夢を見る→夢の内容を記録（記憶）する→追体験する→キーワード辞典を使って考える→行動する→夢を見る……

この作業をくり返すことで、あなたの魂が螺旋階段を上るように充実していきます。これを実感していくことが大事です。それさえわかれば、作業の仕方は自分のやりやすいように工夫して下さい。たとえば、枕元に置くメモ帳替わりにスマートフォンに音声でメモを残している人もいますし、忙しくて追体験をする時間がないので「通勤電車の中」と決めている人もいます。文章は苦手だが絵は好きなので、記録ノートにマンガ風に描いている人もいます。あなたに合った方法を見つけて下さい。

☆夢と上手に付き合うための心得

基本的には、夢とのお付き合いに難しいルールはありません。ですが、せっかく夢に取り組もうと決めたあなたが回り道をしないために、ぜひ避けてほしいことを三つだけお伝えしておきます。

夢に問いかける問題をくるくる変えない

たとえば

「今夜は上司とのコミュニケーションについて、明日の夜は彼氏にプロポーズしてもらう方法を夢に聞こう」

など、あれもこれもと欲張ると混乱します。

まず、いちばん聞きたいことは何なのか、自分の気持ちを整理してみましょう。それが「上司と穏やかに会話するには、私はどうしたらいいのか」ならば、それを夢に問うてみます。メッセージが受け取れるまで何日かかかるかもしれませんが、しばらくは辛抱しましょう。

一つの問題が一通りの解決を見たら、夢に深く感謝し、次の問題に移ります。

夢のメッセージはあくまで「私」向け

夢に関心を持つのは、何かに迷っていたり、不安を抱えているような時が多いでしょう。そんな時は、夢にお願いすれば叶えてくれると期待しやすいものです。しかし、夢があなたに示すメッセージは、あくまで「私」向けなのです。

たとえば、「どうしても賞が欲しい。他の人が成功しませんように」ではなく「私が賞を得るにはどうしたらよいか」を夢は示してくれます。「姑が意地悪をします。何とかなりませんか」ではなく「姑と適切な関係を築くために、私はどうしたらいいか」を夢は示してくれます。

ですから、「私」がどうあるべきかを問いかけてこそ、夢はあなたに必要なメッセージを夢を通して伝えることができるのです。

他人の心に踏み込むような質問はしない

「上司と上手くいくようになったから、次は彼に結婚を決意させたい。彼が私にプロポーズしますように」

夢に向かってこんなお願いをしたら、どうでしょうか。夢がくれるアドバイスは、あなた限定です。あなたがどうしたらよいか、それしか教えてくれません。誰かの心を操作するために都合のいい方法を教えてくださいと夢に質問しても無意味なのでやめましょう。

あなたに「誰にも侵されない自由意志」があるように、彼にも、そして他の全ての人にも自由意志があります。誰もが自分がいちばん幸せになる道を選ぶ権利があり、それを最大限尊重しなくてはいけません。あなたの夢はあなたの幸せを誰よりも願っていますが、そのために他人を操作することに力を貸してはくれません。

彼と結婚して幸せになりたいと願うなら「私は彼と結婚したいと願っています。どうしたらいいですか。私のとるべき行動を教えてください」と聞いてみることです。

他のことでも同じです。夢に向かって他人の心に踏み込むような質問はしないでください。そんなことをしていると、夢はあなたへのメッセージを変えるかもしれませんし、さらにわかりづらい夢を見せられるようになるかもしれません。

☆キーワード辞典

■人物■

ここでは自分や家族といった人物、医師や警官といった職業人、加えて人間の身体の各部分や病気について説明します。

夢に登場する人物は、あなたの側面を表します。つまりその人物はあなたの一部です。

お笑い芸人が登場したなら、あなたにユーモアのセンスがあり、人を笑わせる才能があると夢は伝えています。あなた特有の笑いのセンスで周囲とコミュニケーションしてみてはどうでしょう。

登場する人物が普段の自分から縁遠い人であればあるほど、あなたにその自覚がないことを表します。本書では職業の一般的な解説は省き（たとえば看護師ならば「病人の心身を看護する医療専門職」といった記述はしていません）、夢療法の観点からその職業の性質をお伝えしています。

現実においての病気は、大抵が心の内を適切な言葉で表現して来なかったツケです。解放できなかった思いを身体の特定の部分に負わせ、病気という形で表現しています。建設的な自己表現でないと魂の成長は期待できません。ではどうしたら病気のもとになっている心の癖がなおるのか、そもそも病気にならないようにするにはどうしたらいいのか……それらを知らせてくれるのが病気の夢です。夢の症状から現実的な対処を学んで下さい。

子供が病気になる夢を見たら、それは「病気になることでしか、親は自分の苦しい気持ちに気付いてくれないだろう」という子供の気持ちの表れです。子供の思いに耳を傾けて下さい。しっかり寄り添い聞き取ることが大事で、子供の願い通りにするかは話し合えばいいのです。大事なことは、親に本心を語っても無視されず大切に扱ってくれる、という思いを子供が持つことです。

［自分・家族］

☆自分

夢に登場する自分が思いがけない姿をとることがあります。自分であるのは確かなのに、今の自分とは違っていたり、性も歳も違っていたりすることすらあります。今の自分にはできないことを楽々とこなしていたり、知らない外国語や不思議な言語を使ったりすることもあります。とりあえずは、自分のさまざまな可能性を信じてみましょう。とはいってもにわかには信じられないかもしれませんが、夢で見たような側面があなたには確かにありますし、実際に活用しようと思えばできるかもしれません。

☆家族

あなたの人生に課題を提供してくれる人々を表します。理解者であったり、非理解者であったりします。安らぎを与えてくれる仲間であったり、敵として心に痛みをもたらす集団であったりします。

☆祖父母

夢の祖父母の特徴から判断します。優しさが特徴なら、あなたの優しさの質が問われています。人を肩書きで判断する特徴があるなら、あなたにもその傾向がないか内省しましょう。あるいは、祖父母の夢を見たあなたは、祖父母の仕事や趣味を受け継ぎたいと思っているかもしれません。その方面で上達する可能性を考えてみるのも良いでしょう。

すでに亡くなっている祖父母が夢に登場したら、彼らが伝えたがっている内容を素直に受け取ってみましょう。異次元通信となりますので、死者にとっては大変な努力で夢に現れたのかもしれません。死者に感謝して、こちらのことを心配しないでよいと伝えて下さい。大抵祖父母の霊は子孫の無事を願って登場します。

参「霊界通信」

☆伯父・叔父

あなたの男性的側面を表します。実在の彼たちが備えている才能や性格も含めた特質があなたの中にあります。それらを引きだすかどうかはあなた次第です。

参「伯母・叔母」

☆伯母・叔母

あなたの女性的側面を表します。あなたの中に彼女たちの才能や特質があります。女性の生き方の見本として、彼女たちを真似たいと思うか、問い直してみて下さい。参「伯父・叔父」

☆両親

あなたの結婚生活を両親と同じようにしたいか、違うものにしたいか、夢はそれを問いかけています。母は女性性を、父は男性性を示し、あなたの心の成長の基礎となります。それらはプラスにもマイナスにも働きます。また、あなたは確実に両親の持つ特質を備えています。彼らを真似るも真似ないもあなた次第です。

☆父親

夢の父親が実父や養父の場合は幼少期のトラウマと直結した問題があることを表していて重要です。そのことを自覚し冷静に自分の嗜好を認めると、相手選びに混乱を招きません。本来、女性にとっての父親は男性選びの基準になりますし、好きか嫌いかにかかわらず一番身近な男性で、意図しなくてもパートナー選びの基準になります。父の夢を見たらそのことを考えてみて下さい。男性にとっては父親は真似したくなる理想像か、あるいは反面教師になります。参「両親」「母親」

☆母親

夢の母親が実母や養母の場合は幼少期のトラウマと直結している場合があるので重要です。あなたが娘なら、母のようになりたいか、なりたくないかを考えてみて下さい。あなたが息子なら、パートナー選びの基準は母親です。母親の夢を見たら、そのことを考えてみて下さい。参「両親」「父親」

☆夫・妻

あなたが女性（男性）なら、夢の夫（妻）はあなたの男性（女性）的部分を総括的に表します。夫（妻）の特性は、あなたの成長に必要な要素です。夫（妻）の成長はあなたの成長でもあり、人間関係でもっともエネルギーを注ぐ価値ある相手です。真の伴侶はあなたの鏡像です。参「結婚・結婚式」「離婚」

☆兄弟姉妹

兄弟姉妹は友人や親、子供、あるいは恋人のような関係になるなど様々な面を持っています。夢で見たその相手を、あなたはどう見ているか、相手をどう思っているか考えてみて下さい。彼らの特質はあなたの中にもあります。

☆息子・娘

あなたの男（女）の子の部分を表します。または、あなたにも彼（彼女）が見せる特性と将来性があることを表します。引きこもりの息子が夢に表れたら、体面を気にして人目につかないように振る舞う自分のあり方にスポットを当ててみましょう。

☆赤ん坊

この夢は新規の才能を知らせています。これまであなたの中に埋もれていた才能が芽吹き出しています。よちよち歩きの才能が一人前に育つまで、献身的な世話をしていきましょう。才能を具体的に特定できたら、良い先生を探し、良書を読むなど努力を惜しまないこと。また、この才能の赤ちゃんに名前をつけてみてはいかがですか。学問分野なら「まなぶ（学）」、笑いのセンスなら「えみ（笑美）」というように。

［職業］

☆医師・医者

自己治癒力が働くこと。あるいは逆に自己治癒力を信用していないことを表します。治癒への信頼はつまるところ自分への信頼であり、人生の全ては自己責任だと知るべきです。

☆インテリアコーディネーター

あなたが望むなら、これまでの体験を基に新しい人生が始められることを表します。大掛かりな決心は必要とされていません。必要なのは明確なヴィジョンと変化を楽しむ心構えです。

☆宇宙飛行士

自分の能力に限界を設けないこと。高い理想をそのまま人生の目標にできることを表します。あなたは自己探求の戦士です。日々霊性を磨いて、新しい気付きを求めましょう。

☆占い師

決断ができません。あなたは自由意志をもてあまし、誰かに決定を委ねたいのです。夢に登場する占い師は大抵おしゃべりで、予言めいたことを言います。それがあなたの心を捉えても、取捨選択はあなたの尊厳において自己責任で行いましょう。タロットの「占い師」は選択の自由という権利を自分から手放してはいけないという戒めです。㊜「占い」「超能力」

☆ガードマン

住居の安全のため、常識的な点検と備えの必要性を表します。夢で高価な宝石や芸術品を守るためにガードマンが現れたのなら、自己の尊厳や才能をあなたがどう扱っているかを考えるチャンスです。あなた自身を飾りものにするために大金を払っていませんか。

☆外交官

あなたの外向性を磨く勇気を持つことを表します。夢で同性の外交官が現れた場合は、理想を実現するために初志貫徹をして下さい。あるいはあなたが女性で夢の外交官が男性ならば理想的男性像を表すことも。ただし、夢の外交官を将来現れる恋人になぞらえることには十分注意しましょう。華やかな生活にのみ目がいっていて、地道な日常を見ない可能性があります。類は友を呼ぶで、相手もあなたの外側だけを見る可能性があります。

☆化学者

覚醒に向けて努力していること。自分の魂の目的を知っていること。真理の探究を表します。あるいは、偏屈で自己防衛に終始していて方向転換できないことを表すことも。

☆科学者

人生を学びと捉え論理的に納得しようとすること。知識と知恵の探求を表します。また、実証的・合理的な考えや知性だけが拠りどころの自分を表すことも。

☆学生・生徒

人生の学びに謙虚な態度でいること。師や道を見つけたこと。新しい知識の吸収に熱心なことを表します。あるいは、モラトリアム人間で社会に漕ぎ出せない状態を表すこともあります。参「学校」

☆鍛冶屋(かじや)

根気よく自分を鍛え創造的態度を養うこと。鍛錬、忍耐力、体力を表します。

☆家政婦

あなたが他人の家政婦状態になっているか、あるいは反対にあなたが他人に頼りすぎているかを問うています。誰でも自分のことは自分でやるのが鉄則です。

☆看護師

傷ついた心身を癒す能力を表します。今までは自分を癒す手だてが見つけられなかったのに、ここへ来てあなたも自己治癒力に気付き始めています。夢の看護師の性と人柄によって、その能力の特質を図ることができます。

☆救急車・救急員

突発事故が起き、助けを求めたい気持ちであること。

あるいは、以前から起きていたことだけれどやっと助けを求める気持ちになれたことを表します。解決の助けになるパワーと気付きを得たいと願えば、自分のなかにそれを見つけられます。夢で他人のために救急車を頼んでいたら、あなた自身の人助けの能力を過大評価しないことです。あなたのできる範囲を明確にし、できないことは人に助けを求めましょう。参「救助・ライフセイバー」

☆教師・先生

あなたの人生の学びを進ませようと人物や物事が現れることを表します。あなたの成長に伴い、与えられる助言を温かみを持って受け取れるようになるでしょう。まだ批判的な場合は、自分の態度の反省が促されています。嘗て他人にやられたことをあなたがそのまま他人にしている可能性もあります。人生の教師の選択、学びの開始と修了はあなたの決定に任されています。人生の中で有能な教師は数回現れますが、終生の師は内奥の真我をおいて他にありません。

☆軍人・兵隊・自衛隊員

夢に現れる制服を着た人たちは制度や規律に重きを置くあなたの側面を表します。自分らしさの基準を確立するまでは拠りどころになってくれるかもしれません。あるいは、人生は戦い取るものという信念の表れです。監理下に置かれた兵隊の夢ならば、あなたが体制の奴隷になっていることを示唆しているかもしれません。人は自由意志を持っていますが、究極的には真理を司る大いなる神の奴隷であって、人や体制に盲従するものではありません。参「警官・刑事」

☆警官・刑事

警官の夢を見たら、日々の安全に配慮が行き届いているか慎重に確認しましょう。誰かに利用されたり、利益が犯されたりしていませんか。刑事の夢はあなたの問題解決能力を示します。参「軍人・兵隊・自衛隊員」

☆芸術家

生活に創造性を取り入れましょう。あなた自身が芸術家なら、超意識はあなたの孤独な生みの苦しみを理解して励ましています。あなたが芸術家でなくても、夢に登場した芸術家の分野で創造性を発揮してみてはどうでしょうか。それが天職であることは滅多にありませんが、現在の仕事に厚みが増すでしょう。参「芸術」

☆建築家・大工

あなたは人生という家の建築主であり、建築家であり、大工です。人生の設計図（魂の計画図）はすでに準備され、新築工事に取り掛かる手筈になっています。思い通りの家を造る、つまり思い通りの人生を生きる責任があなたにはあります。

☆コメディアン・お笑い芸人

この世に深刻なことは何もないと知っている、あなたの卓越した心の側面を表します。ユーモアは心身の最高の治療薬にして、人間関係の潤滑油です。夢に現れたのが特定のコメディアンやお笑い芸人なら、その人の芸風やセンスはあなたにそっくりなので、実際にやってみるようにという提案です。

☆裁判官・裁判所

自分に対する厳しさが抜き差しならない状態になっていることを表します。善悪しか判定基準がないと、罪悪感で一杯になってしまいます。自分を咎め立てせず、労り、変えるべきは変えて前進しましょう。全ての人が学びの途上なのだと知れば、誰も裁かず、自他に対して鷹揚になり、学びの速度は早まります。公正で賢い側面を表すことも。

☆指揮者

人生という交響曲を総括的・総合的に把握し芸術的にするため努力すること。全体を統括するリーダー、識者を表します。

☆商人・売り子

あなたが必要なものをお金というエネルギーと交換してくれる人を表します。夢でその人の持っているものを手に入れると、あなたは新しい自分を得られます。それには決意が必要ですが、夢では決意の度合いが金額です。参「セールスマン」

☆消防士・消防車・消防署

怒りに振り回されて大事になる前に何とか納められる能力を表します。怒りのきっかけが何であれ、その原因を知ろうとする態度が必要です。参「消火器」

☆スパイ

他人の生き方を観察・批評はするけれど、自分の人生の課題には直面せず逃げ隠れしていることを表します。自分から行動しなければ、平穏に暮らせると思うかもしれません。しかし霊的には何の進歩もなく、生きる意味を失います。人生から隠れ続けることは、じつは一番危険なのです。

☆スポーツ選手・アスリート

自分の限界に挑戦し、その努力が実って社会的評価を得られること。理想の恋人を表します。逆に、肉体美だけで知性も感性もないことを表すこともあります。スポーツ選手のネガティブな面を考えがちな人は、実際に身体を動かす必要があるでしょう。身体を動かすことで得られる幸せがあなたの理解力を高め、心身の繋がりについて気付きが得られるかもしれません。あるいは、あなたに恋人がいて、その人が夢に登場したスポーツ選手と重なるなら、夢のスポーツ選手が恋人の特徴を表していることも。恋人の新しい面を知る時かもしれません。

☆政治家

物事の調整や交渉がうまいこと。清濁併せ呑む懐の深さを表します。選挙戦で自分の長所のみを言い立てる政治家の側面から、オプティミストやうぬぼれ屋であること。あるいは空手形を発行する人を表すことも。

☆セールスマン

夢のセールスマンが何処から入ってきたかに注目して下さい。勝手口や裏口なら魂胆や悪心を抱いて近づいています。相手にならないことです。玄関や表口なら、新規に何かを始めようとしているあなたの心の代弁者を表しています。今こそ計画を綿密に練り実現に向けた行動を起こすときです。あなたの知恵の見せどころです。参「商人・売り子」

☆僧侶・牧師

この夢を見たら、誰かが決めたルールに盲従し、自分に犠牲を強いていないか振り返ってみましょう。自分の願いは何か、もう一度考え直してみて下さい。自分が仕えるべきは自分だけです。あるいは、この夢は自分の理念に忠実なことを表します。お坊さんの姿を見て葬式仏教を連想する人は参「葬式」

☆手品師・マジシャン

工夫と忍耐を省いて願いを叶えること。ファンタジーの世界に助けを求めることを表します。または、タロットの「マジシャン」と同じく、人生に奇跡を起こす才能と場所が与えられることを表します。意外などころから意外なものを取り出すマジシャンは、自分に限界を設けないことで枠を越えて活躍できることを示唆しています。

☆歯医者

話し言葉に改善が必要なことを表します。あなたの言葉が相手と自分に苦痛をもたらすのは恐怖心があるからです。せっかくの快い表現も呑み込まれてしまいます。恐怖心を自覚すれば改善は可能です。

☆俳優（男優・女優）

人間の本質が永遠の魂だとする霊的次元から見たら、あなたも「今生のあなた」を演じている俳優です。俳優の夢を見たら、その真実を思い出す時なのかもしれません。もしくは、夢の俳優の姿はあなたが他人に見せたい姿か、他人が見るあなたの姿を表します。あるいは現時点であなたに相応しい役柄を表すことも。魂は優秀な役者は感情表現に精通し、どんな人間になることもできるように、どんな役柄にも取り組むことができます。今生という舞台を思いのままに演じきりましょう。

☆パイロット

人生の操縦桿を誰かに任せたくなっていませんか。飛行機を操縦するパイロットは、アニムス（女性の無意識の中にある男性的な面）を表します。あなたが女性なら、理想の恋人であるパイロットに操縦されたいのかもしれません。しかし全面委譲は危険です。夢主が男性で、自分がパイロットになって飛行機を操縦している場合は、周りをびっくりさせるようなどでかいことをやりたいと考える一発屋です。いずれ飛行機は操縦不能になりますから、すぐにでもどでかいことから降りましょう。周りの期待は放って、ひとり静かに自分の心の声を聞く時です。

☆ピエロ・道化

道化を演じている自分に気付くこと。あるいは、真面目すぎる自分を笑い飛ばす必要性を表します。道化になって周囲を楽しませてみては、という示唆かもしれません。笑いは膠着した心理状態をほぐし、ものごとの発展を促します。

☆弁護士

利益を追求するためだけに人と関係を結んでいないでしょうか。高度な理論を展開して相手をねじ伏せたい欲求はありませんか。

☆ミュージシャン

あなたの創造性を性欲の発散で終わらせず、あなた独自の表現法を見つけ、その完成を目指して努力してみませんか。夢のミュージシャンがどんな歌を歌っているか、適切な行動をとっているか不適切かが、あなたの表現方法のヒントになるかもしれません。

【職業（集団）】

☆オーケストラ

能力の総動員。配慮と調和。細胞のひとつひとつ。あるいは心のありとあらゆる側面を機能させて人生の調和を計ることを表します。参「音楽」「楽器」

☆教団

誰かの信念に従順で、自分の神聖を求める面倒を嫌うことを表します。本来、究極的には人は体制を越えた存在です。

☆宝塚歌劇団

少女が一人前の女性に育つ前の予行練習を表します。白雪姫にとっての七人の小人の存在のように、生身の男性に立ち向かう力を性の問題を伴なわない存在を足がかりに養うことです。心と身体が一致しない疑似恋愛は責任が伴わない一時の気の迷いであり、ファンタジーを楽しむ気晴らしです。

【役割】

☆愛人

三つ巴の争いを表します。二股以上の恋愛関係は責任逃れが原因です。争いを止めたいなら、責任を持って自分のマイナス面と向き合い、二者択一をして下さい。

☆アイドル

夢のアイドルの特徴は、あなたの長所を表します。自分の性格の傾向を冷静に分析してみましょう。納得するには時間がかかるかもしれませんが、あなたの長所を生かした振る舞いをすれば、みんなハッピーになり、あなたも成長します。

☆アイヌ

自然を大切にすること。大自然を敬う暮らし方を表します。アイヌとは「人間」を意味するアイヌ語で、カムイ（自然を表す）と対を成す概念をもった言葉です。彼らの生き方に学び、生活に触れてみるのも一計です。参「インディアン」

☆生け贄（いけにえ）

自分を人身御供だと思い込んでいることを表します。あなたがそう信じているので、まわりはあなたを犠牲者に仕立て上げるでしょう。参「殉教者」

☆インディアン

夢のインディアンの印象によってメッセージの内容は変わりますが、大抵は自然を師として自由を謳歌する姿勢を表します。参「アイヌ」

☆宇宙人・エイリアン

未知の可能性を開発するチャンス。または、それを支援してくれる人に恵まれることを表します。あなたの夢が常識を超えたスピードで実現する可能性がありま す。気をつけたいのは、未知の領域に踏み込む時は自分の心の内をよく観察することです。その出来事があなたの感性や感覚にしっくりくるかを冷静に見極めます。冷静さは霊性を呼び覚まします。信頼できる相手かどうかはあなたの霊性が判断します。

☆英雄・ヒーロー

現時点での異性または同性に対するあなたの理想像を表します。あなたの心はその英雄のイメージに合わせて成長したがっています。あるいは、古い形の征服欲を表します。この場合は理想像の描き直しが必要です。その他に、あなたの業績に対して正当な賞賛が得られることを示唆しています。参「有名人」

☆王・皇帝・天皇

あなたは「あなたという王国」の主であることを表します。あなたには自分の国を理想通りに創りあげる権利と義務があります。タロットの皇帝の夢は、他人の意見を取り入れつつ、自分の意志を貫ける力量を持つ者の象徴です。参「女王・女帝・皇后」

☆王子・プリンス

あなたが女性なら憧れの恋人像を表します。夢の中のあなたが王子にふさわしい王女でなく、身分違いの平民である場合は、他力本願の人生を歩んでいないか内省してみて下さい。夢の王子がしっかりした権威のある王子の場合は注意が必要です。あなたの恋愛関係でも権威を求められている可能性があります。参「王女

・プリンセス」

☆王女・プリンセス

男性にとっては憧れの恋人像を表します。彼女の美貌やステータスに目が眩んでいないか、見極めが必要でしょう。あなたが女性の場合は、権威を嵩に懸けながらも責任は取らないでよい立場への憧れを表します。

参「王子・プリンス」

☆大人

学んだ経験から人生を眺められること。事態を冷静に検討でき、自分だけでなく他者の利益も計れる度量を表します。夢のストーリーによっては、身体は大人なのに心は子供だという未熟さを表すことも。

☆外国人

未知の自分が現れることを表します。あるいは夢の外国人が過去生のようだと感じたら、その時のレッスンが再燃する知らせを表します。夢で過去生を知ると、自分を裁いたり罰する気が起きなくなります。魂の旅の壮大さ、学びの恩寵を感じることができ、これこそが夢の醍醐味です。参「外国」「見知らぬ人」

☆観客

人生の大舞台に差し掛かっています。やるだけやってみましょう。あなたの思いと行動をひとつにすれば、散漫に思えた自分の過去が一貫したものとして見えてくるはずです。夢の観客がつまらなそうなら、あなた自身が楽しんでいないのです。人生の変化を心から楽しみ、観客とともに未来に胸を踊らせましょう。自己愛と自己受容を核にして、エネルギーを思う存分発散して下さい。

☆騎士

パートナー選びに焦点が当たっているか、あなたのナイト的特質を発揮するよう促されているかのどちらかです。前者なら、あなたを女王様として仕える崇拝者を人生の伴侶に求めていることになります。後者なら、与えられた役目に邁進することになるでしょう。結果はさておき、実行こそがあなたのチャレンジになるようです。参「武士・侍」

☆犠牲者

自尊心を捨てて他人の同情や哀れみを買うことを表します。本来、人は誰も犠牲者にはなり得ません。人生の選択権は自分にあります。

☆客・ゲスト

あなたのよそ行きの態度。ひとと打ち解けられないあなたの側面を表します。あるいは、知人が客になって夢に現れ、あなたに対する真の感情を知らせているのかもしれません。または客を装って天使や師が訪れる可能性もあります。

☆行者・修験者（しゅげんじゃ）・山伏

自己探究が第一になっていること。精神性や霊性を重んじるあまり物質世界を軽んずる傾向があり他人を排除して尊大になりやすいことを表します。自己否定や自己嫌悪を抱えたままの自己探求は、鍛錬を過大視します。世俗の価値を見直す時かもしれません。参「僧侶・牧師」

☆芸能人

多彩に人を引きつける才能。独自の視点。高度な知性、耳目を集めるためのエキセントリックな行動を表します。あるいは、行動の基準が周囲の価値観でなく自分の欲求や決断であることを表します。あなたは「自分は芸能人ではないから、あんな勇気もないし、破廉恥なこともできない」と考えているかもしれません。しかし自分の殻を破るには、破廉恥と思えるほどの衝撃的行動が必要です。やってしまえば何だこんなことだったかと思うでしょう。今あなたの創造性が固い殻を破って出てこようとしています。夢の芸能人が好きでも嫌いでも、あなたにはその人と同質の才能があります。参「コメディアン・お笑い芸人」

☆原住民

理論や知識にとらわれず直感を優先できる勇気を表します。先進国には「自分は文明人だ、原住民は未開人だ」と彼らを蔑んできた歴史がありますが、ここにきて彼らの自然とともに生きる姿勢に尊敬と恐れの念を抱いていることはご存知でしょう。これまで自ら蔑み、貶めていたあなた自身の資質に光を当てる時です。

☆恋人

自由意志を行使し選択し実行した証。あなたの中の異性の側面（あなたが女性なら男性性）。あなたの長所を体現する人を表します。夢で見ず知らずの人が恋人の場合は、その人が見せた好ましい側面に倣い、自ら行動に移し、これから出会う恋愛に備えます。夢の恋人が実在の恋人なら、その人を恋人に選んだ動機を再確認して下さい。参「別れた人・元かの（彼女）・元彼」

☆皇室

時代を先取りする理想の家庭像を表します。ステイタスを重視するか、目指すべき男女の在り方を重視するかは、夢のストーリーとあなたの生き方に掛かってきます。また、自分に先立つ無数の人間が存在していたことの証。生命と文化の連鎖を表すことも。

☆強盗

あなたの心の中に心配事、嫉妬心、罪悪感、新しいことへの抵抗感という盗人がいて、あなたの貴重な資質を奪っていることを表します。あるいは、あなたが置かれた状況に「ノー」を言えず、膠着状態で疲弊していることを表します。

☆後輩

あなたの問題が夢の後輩に投影されています。あなたの問題はあなたの問題であり、相手のそれは相手のそれであることを知らせるための夢です。あのとき私はできなかった、あるいはそうすることを許されなかったのに、相手は当たり前のように嬉々としてやっていると思いますか。それとも、あの人さえいなければ平和でいられるのに、とやることなすことにカチンとくるでしょうか。自分の正直な思いをくみ上げましょう。参「先輩」

☆コーチ

夢療法に取り組むことを促されています。人生を導くコーチは夢をおいて他になく、またあなたの夢はあなた専有の名コーチです。最高に効果のある鍛え方を教えてくれますし、あなたが「限界」を超えることをアシストします。あなたが人生を諦めても、夢はあなたを諦めません。

☆孤児

あなたは傷ついて孤独で、居場所がないと感じています。周りの理解も得られません。しかし見捨てられたと悲しむ必要はないのです。自らの判断力と行動力があなたの味方です。他人の期待も共感もない代わり、まじりっ気なしの自由があります。プラスを取るかマイナスを取るかはあなた次第です。

☆子供

あなたが大人なら、夢の子供は「あなたが創造性に欠けた人生を送っているのはなぜか」と問うています。

多くの人は、幼いとき制限を受けた過去があり、十分愛されたとは感じていません。思う存分わがままに無邪気に振る舞えなかった。あるいは、勝手な行動で親を悲しませた。その思いはあなたを自罰的にし、人生から自由を奪い続けます。今やあなたは大人の常識を備え、人との関係を調整しながら自らの創造性を開花できるはずです。躊躇せず行動して下さい。夢の子供が思慮分別に欠けるなら、あなたもその傾向があります。いじめっ子の場合は、根にある恐れに立ち向かえず、臆病風に吹かれているかもしれません。

☆詐欺師

欲が原因で自分の足をすくわれることを表します。

☆殉教者

誰かの世話に夢中になって、それを言い訳に自分の人生の課題に向き合わないこと。善良でありたいと願っていることを表します。あなたは良かれと思い誰かの世話を焼いていますが、それがたとえ親であっても、自分以外の人生に対する責任はありません。他人の人生の課題を引き受けると、人生は複雑になり、あなたのエネルギーは無駄遣いされます。自己愛が足りないので他人の不出来が気になります。参「生け贄」

☆巡礼者・お遍路さん

自らの心を真摯に探求しようと決めること。自分のペースで自己探求に取り掛かることを表します。あるいは、真理探究に自己陶酔していることです。

☆乗客

同類を頼みにすること。社会状況の波に乗ることを表します。「赤信号みんなで渡れば怖くない」と同じことになっていませんか。自分らしさに戻る勇気が必要でしょう。参公共の乗り物全般

☆女王・女帝・皇后

魂に男女の別はありませんが、生きている間は肉体に性別があり、心の在り方にも性的特徴があります。あなたが女性なら、夢の女王は、あなたが創造的であるには女性としての資質を最大限に発揮するようにとアドバイスしているか、周りを意のままに動かす女王のように振る舞うあなたを反省させようとしているかのどちらかです。あなたが男性なら、あなたのイメージする女王の長所を自分なりに取り入れてみましょう。

参「王・皇帝・天皇」

☆女性

女性的側面。創造的直感。親しみやすさ。受容性。順応力。繊細な感性を表します。あなたがこれらの女性的特質を創造的に用いているかが問われています。

参「男性」「陰陽」

☆仙人・世捨て人・隠者

この夢を見たあなたは、今は外部の価値観を取り入れず、じっと自分の思いを見つめる時です。あらゆる誘惑を退けられたら、あなたに奇跡が起きるでしょう。人との関わりを断つことは、外からのエネルギーの取り入れがないことです。それは精神的な死や冬を意味しますが、仙人のようにあなたが次なる再生のステージに向かうためには不可欠の段階です。

☆先輩

夢の先輩があなたがなりたい人物なら、理想の再確認をして下さい。先輩面をした横暴なキャラクターなら、人間関係を見直しましょう。あなたが相手から嫉妬心を引き出している可能性があります。人は対等の関係は維持できますが、上下関係は早晩破綻します。魂に上下も貴賤もないからです。参「後輩」

☆男性

男性的側面。合理性や理性。攻撃性。独断性・独善性。リーダーシップを表します。あなたがこれらの男性的特質を創造的に用いているかが問われています。

参「女性」「陰陽」

☆敵

あなたが気付いていない自分の嫌なところを表します。あなたは自分の人生なのに、ここに至るまでの事情を冷静に把握できていません。とんちんかんに自分を裁いて罪悪感にさいなまれ、自分自身を敵にしています。まずは戦うことを止め、敵の実情を知りましょう。つまり自分の本音を批判せずに受け止めるのです。自分の嫌いな面に寛容に接すると、それが敵でないことがすぐにわかります。敵は理解さえすれば味方になり、あなたの人生を力強く助けてくれます。

☆テロリスト

あなたの頑固さや狭量さがトラブルを招き、周囲に影響が出ています。あるいは溜め込んだ性エネルギーが暴発しそうです。いずれにせよ、あなたの自然な欲求を押さえ込むことになった最初の場面を思い出し、そこに意識を当てることで初心に返りましょう。現在あなたのエネルギー稼働率は高いのですから、それをプラスに使えば大きな実りが約束されます。

☆友達・友人・知人

「類は友を呼ぶ」は霊的に見ても真実だと知る時です。これが解ると友達との関係はもちろん、自分自身との関係にも改善が見られるでしょう。友人はあなたの分身であり、似た欠点を持ち、似た力を持っています。成長を共にできない場合は別れることになりますが、友人の欠点が目についてイライラしている場合は、あなたが自分の欠点に気付いていないだけなので、もっと親しくなる必要があるかもしれません。滅多にないことですが、友達があなたとまったく反対の特徴を持っている場合があります。この場合も友達を理解することが重要で、これができたらあなたの成長は格段に早まるでしょう。多くはあなたの教師か反面教師です。

☆奴隷

自己管理を他人に委ねることを表します。新しいことにチャレンジせず慣れた生活に埋没して無感動な日々を送っていませんか。自分の人生の責任をとりましょう。

☆泥棒

他人の悪意を見抜けないか、あるいは自分の悪癖が原因でエネルギーが漏れていることを表します。毅然とした態度で対応するのみです。生半可な解決策で妥協点を見つけようなどと姑息な態度は通用しません。

参「警官・刑事」「盗む」

☆難聴者・聴覚障害者

責任を取りたくないので真実に耳を塞いでいること。真実を聞き現実を知ったら、あなたは変わらざるを得ません。しかし、傷ついた心は聞く耳を持ちません。自分の中の欲求が満たされないうちは、真実を聞くことも、変わる気にもなりません。まずは傷ついたことを認め、癒しの時間を持って下さい。あるいは、人生を安全に歩むため聴覚以外の四つの感覚をいつも以上に活躍させる必要があることを表します。参「耳」

☆売春・売春婦・援助交際

売春や売春に似た行為、あるいはお金のために自分の大切な部分を売り渡す行為をしていませんか。あなたは自らのエネルギーを誤用しています。売春の場合、本来心と身体はひとつで分けることは不可能なのに、分けられる振りをしてお金を手に入れようとしていきす。たとえ嫌いな相手でもお金になればいいと思うかもしれません。しかし一度セックスやそれに類する行為をすると、肉体は別れても霊的次元で相手との交流は続きます。嫌いな相手の影響を受けるうちに、あなたは自分をも嫌うようになります。

☆陪審員

私心を離れ、公正に評価を下すことが求められています。鍵は客観性を伴った共感です。バランス感覚を持ち、厳正に走りすぎないよう注意しましょう。

☆博打打ち・賭博師・ギャンブラー

一攫千金を狙うこと。小さな努力で大成功を得ようとすること。射幸心を表します。あなたは勝ち目のない賭けに溺れています。そこから抜けるには、ここでしっかり自己反省をすることです。リスクは承知していたはずですから、計画から手を引くにしても、計画そのものを中止するとしても、多少の痛みがあるのは了解済みでしょう。この痛みを背負えたとき、意図しない成功を手にするかもしれません。

☆ハッカー

知識とアイディアのみで情がない残虐性を表します。まったく生産性がない競争に明け暮れ、被害者意識が強く、何かに復讐したいという衝動すらあるかもしれません。解決策としては、全てを曝け出し、思いを打ち明ける覚悟を持ちましょう。あなたの思いは、自分の意図を超えて世界と自分自身に影響を及ぼすという事実に気付くはずです。参「パソコン」

☆花嫁花婿・新郎新婦

今よりさらに円熟し、覚醒を目指して努力するようにという励ましです。あなたの異性である花嫁あるいは花婿はその姿を通して、あなたが努力する点を示しています。彼女、あるいは彼の美点を我がものとしましょう。既婚者が現在のパートナーと結婚式を挙げる夢を見た場合は、今後さらに精神性や霊性を重視した生活に変化させていくようにと示唆しています。参「結婚・結婚式」

☆犯罪者

自分自身に対する裏切り。内奥の神意を無視して、一時の激情あるいは極端な理性に任せた行動に出ることを表します。夢の中のどんな罪人も、あなたが人生を恐れ、自信がないことの表れです。自分の可能性を信じ、忍耐力を養いましょう。

☆人質

嫌っている、または気付いていない自分の側面を表します。役立て方が解らないので放ったらかしています。夢の人質は大抵腕力のない者たちです。嘆くばかりで行動せず、エネルギーを浪費しています。人質の特質をしっかり見ましょう。一見良いところがないように思うかもしれませんが、彼らは本来あなたの味方です。

☆批評家・解説者・アナリスト

自己卑下や自己批判が激しすぎることを表します。まずは自分を寛容な心で受け止め、等身大の自分を理解できると、視野が広がり他者への認識が変わります。

☆武士・侍

まずは参「騎士」。もし該当する意味が見当たらなければ、封建的な価値観、上下関係の不自由さに苦しんでいることを表します。反対に戦国・江戸時代のような階級社会への願望を表すことも。自由は常に責任を伴うので、縦社会は責任を回避させてくれるところがありますが、一方で咄嗟の判断が命に関わることも。武士の出てくる作品に触れ、本当の勇気とは何か考えてみてもいいでしょう。

☆双子

あなたのシャドーが夢に現れました。それが夢の双子です。そのシャドーの側面も自分の中に受け入れて下さい。気が進まないかもしれませんが、今はそれをしないと先に進めません。嫌なことや避けたいことが、あなたの行くべき道です。

☆ホームレス・乞食・浮浪者

自分の存在意義を理解せず、才能研きを諦めていることを表します。現状を環境のせいにせず、今ここにある恵みに感謝してもう一度努力をしてみて下さい。女性にとってのホームレスの夢は、男性優位社会に怖じ気付いて戦意を喪失していることを表します。才能もチャンスも性に関係なく偏在します。

☆不良・チンピラ

幼稚なエネルギー処理法を表します。一人前になれず、不満が爆発し、エネルギーのコントロールを失なっている状態です。

☆捕虜

自己主張する勇気がなく、憤慨しながらも他人に自分を明け渡していることを表します。仕方がないと自己憐憫に陥る必要はありません。こうしている今も、あなたの尊厳は手中にあります。人生を創造的にイメージし、立ち上がって行動する勇気を持ちましょう。

☆見知らぬ人

夢の見知らぬ人が異性なら、心の統合を目指して錬金術を起こす相手になります。これから出会う恋人であり、生涯の伴侶になる可能性もあります。今からその人のパートナーにふさわしい自分磨きに取り組みましょう。その人にふさわしくなろうと努めていると、その夢の人物が実際に現れることもあります。夢の人物が既婚者の場合でも、自分がその人のパートナーだったらとイメージし、その人が持つ長所や才能を自分の中に見い出して磨くようにします。どんな努力も必ず報われると知ることが、この見知らぬ人の登場目的かもしれません。

もし、夢の人物が好きになれない人なら、自分では認めたくない短所をそっと示す役割を担っています。この地球で生きている人は全て磨く必要のある短所を持っていますから、落胆することなく前向きに改善していきましょう。

見知らぬ人は人生の要所要所で夢に現れます。この人たちは私たちが多次元的な存在であることを教え、夢の学習を強化します。あなたの夢に現れた見知らぬ人を中心に夢の記録を編集してみると、あなたの魂の軌跡を辿ることができるでしょう。

☆盲人

霊的理想を明確にするように、というアドバイスです。あなたはどう生きたいのかが見えていないのかもしれません。あるいは理想はあるけれど、そのために失敗して惨めな気持ちになるのはご免でしょうか。あなたが行動を起こす時、天はあなたが躓く前に必ずサポートします。覚えておきましょう。参「目」

☆モデル

夢に現れたのが容姿に恵まれたファッションモデルなら、健康に注意するよう促されています。運動やバランスのいい食事が推奨されているのか、あるいは無理なダイエットへの忠告かは夢のストーリーから判断して下さい。模型や手本などのモデルなら、あなたの理想が形を成してきたこと、あるいは目標を明確にイメージして理想を実現させる過程を示しています。

☆やくざ・ギャング

自分の信念を他人に強要していませんか。あなたにとってもエネルギーのロスですし、周りの人たちも迷惑しています。

☆有名人

あなたが目指す理想像を表します。あなたは自覚していないかもしれませんが、その有名人のどこかに魅力を感じて、自分もそれを実行しようとしています。その有名人は、その意味であなたの先生であり元気の元です。あるいは、あなたは自分にも有名人のような長所があると気付いたのかもしれません。これまで自己卑下にまみれていたあなたが、やっと自分を認めたことを表します。参「英雄・ヒーロー」

☆予言者

自分の内側の声を信じず外に知恵を求めていることを表します。夢で姿を現した聖者や予言者には気を付けましょう。ほとんどが自信がないことへの痛烈な皮肉です。声だけの場合は、真我のメッセージです。自分の道は自分で決めるという姿勢を大切にし、選択の能力を磨いていきましょう。

☆酔っぱらい

あなたは今、正気ではありません。冷静になるには多少の時間が必要です。夢で恋人が酔っぱらっているなら、人生を賭ける程の相手ではないかもしれません。

☆リーダー

状況を把握し、意志を明確にして行動に移せることを表します。また、決断力、行動力、周囲を思いやる包容力があることを表すことも。リーダーシップは発揮することで磨かれます。誰でもはじめから完璧にはいきませんから、失敗を恐れず、まずはチャレンジすることです。

☆ルーキー

自分の可能性に賭ける勇気も、希望を現実化する気力に胆力も備わっていることを表します。とりあえずの希望は叶います。後は持久戦ですから、油断せず着実に努力して下さい。

☆老女

夢に老女が出てきたら、彼女の意向に耳を傾けてみましょう。直ぐに行動に移さず、少し間を置くだけでも夢を考慮したことになります。妊娠の可能性から解放された老女は、創造性に溢れた存在を表すことも。子孫を生み出すという創造性を越えて、心の核心から湧き出る思いをこの世に実現できます。夢の老女が老賢人やアニマ（男性の中の女性的な面）の場合は参「見知らぬ人」

☆老人

夢の老人が生気と知恵に溢れ、急がず、周囲の動きを読め、休む時を知る賢者なら、女性にとっては理想の恋人かもしれません。この場合は大抵未知の人なので参「見知らぬ人」

☆別れた人・元かの（彼女）・元彼

昔の恋人、離婚した相手、同棲を解消した人など、あなたが別れた相手と体験したことはあなたの学びであると教えています。そのことを感謝をもって眺められるまで、夢にその人が登場します。夢でその人に会うと、別れたことは間違いだったかと一瞬悔やむかもしれませんが、ここが踏ん張りどころです。その時のふたりの間の問題からあなたが卒業できるように、追試を受けさせられているようなものです。復縁の可能性と受け取っては見当違いです。立派に卒業することを考えましょう。卒業の暁には、新しいあなたにふさわしい人間関係が待っています。参「恋人」「結婚・結婚式」「不倫」

［からだ］

☆アキレス腱

過剰な自信が敵にあなたの攻略法を気付かせることを表します。ギリシャ神話の戦士アキレウスは、右足のかかとの腱に矢を射られただけで敗北しました。

☆顎（あご）

もっと自己表現が必要であると教えています。自己表現能力が完璧な人はいませんから、落胆せず着々と努力しましょう。夢で顎が開かないとしたら、それは感情の抑圧を表します。強すぎる顎は無責任な言動を表します。問題点を顎の形と動きで推し量りましょう。

☆足・足先

人生の支柱。現実を処理する能力。支払い能力を表します。ＴＰＯに合わない裸足の夢は、生活の糧にも心の糧にもならない仕事を表します。足を洗っているなら、現状から抜け出る努力が必要なことや、リフレクソロジーの治療がすすめられていることも。足にある経穴を示されて内臓の治癒点を知らされる場合もあります。

☆脚

太腿から足首までの脚は、前進のための意欲・活気を表します。夢の両脚のバランスから、脳の左右の機能が釣り合っているかどうかを見ます。夢で右脚左脚がリズミカルに動いていれば、左脳の理性と右脳の感性がうまく釣り合っています。参「膝」

☆味(覚)

今味わっている人生の味を表します。「酸いも甘いも嚙み分ける」には、喜怒哀楽を味わい尽くさなければいけません。苦みが走るようなら、人生の学びにならない不要な経験かもしれません。夢で味を感じていないなら、人生に退屈して心の栄養になる体験を避けているかもしれません。

☆汗

努力の結果に期待が持てる気持ちの良い汗か、要らぬ恐怖の冷や汗かは夢の文脈でわかります。冷や汗なら反省すべきことに焦点を当て、宇宙の真理に向けて「申し訳ありませんでした」と謝り、気持ちを整えます。汗まみれで目が覚める夢なら、あなたは恐怖心にさいなまれているので、何か症状が出る前にカウンセラーやセラピストに相談すると良いでしょう。

☆頭

人間の頭については「顎」「髪」「髪飾り」「口」「首」「はげ・坊主頭」「ほくろ」「眉毛」「耳」「目」の項目を参照して、自己表現が適切かを探ります。二つ以上の頭を持つ人間が登場した時は、結論が二つに割れて身動きできずにいることを表します。三つの頭を持つキングギドラが暴れた時は、性欲・食欲・睡眠欲のどれかが原因でバランスを崩しています。キングギドラが穏やかなら、本能のバランスがとれていて安定しています。

ギリシャ神話のキマイラは、身体ひとつに獅子と蛇と牡山羊の頭を持った奇獣です。多頭の奇獣怪獣は全てキングギドラの破壊的な面と同じ意味を表します。日本神話の八俣のおろち退治もこれと同じで、須佐之男命がおろちに酒を十分飲ませる戦略は、性欲・食欲・睡眠欲を満たしながら、その欲求を破壊から創造へと転換させることを表しています。

☆胃

胃は感受性の働き具合を表します。新しい体験や受け入れ難い難問に出合うと、緊張で感受性は鈍り、問題の本質を自分流に受け入れようとする頑張りが利かなくなります。絶食が身体の賢い対処法の一つであるように、しばらく問題に取り組まないのも手です。また、流動食や消化の良い食べ物で快復を待つように、易しい問題に少しずつ取り組み、体力気力の回復を待つのも一案です。参病気全般

☆入れ墨

自己イメージが勇猛さや悲壮感に凝り固まっていることを表します。自己認識は体験を経て自由に発達するもので、固定されると成長は見込めません。

☆陰毛

もっともスピリチュアルな自己表現は性的に行われることを表します。自分の性を表す肉体を、聖なるものとして大切に扱うようにと夢は伝えています。

☆腕

精神力と体力と自己表現力を表します。両腕で何かを支えていれば、その方面の支援がテーマです。赤ちゃんを抱っこしていれば、自分の新しい面の育成に取りかかりましょう。参「手」

☆オーガズム

現実の性的コミュニケーションがあまりに不足した場合、肉体と霊性のバランスをはかるために夢で未知の相手とオーガズムを体験することがあります。肉体は神が住まう神殿です。オーガズムは肉体と心と魂を貫く聖なる体験です。こういった夢による治癒は珍しい現象ではありません。禁欲が過ぎた人にとっては、相手探しを促しているかもしれません。

☆お腹

お腹は胃と腸を指し、悩みのチャクラと言われる第三チャクラの副腎の働き具合を表します。他人の言動を思慮なく受け入れると、消化不良を起こしお腹に手を当てる夢を見ることがあります。大きなお腹は食欲

に逃避している可能性を表しますが、小さなお腹は問題に取り組む意欲に欠けているのかもしれません。参「胃」「腸」

☆顔

正面切って事に当たることを表します。その顔が自分でも見知らぬ人でも、問題に立ち向かえる好機です。夢で暗闇に人の気配がしたり、ぼんやりと顔らしきものが見えることがありますが、それはあなたの師が恩寵を携えて共にいる場合もあります。参「顔色」「鏡」

☆顔色

知らなかった自分の本音や感情に出合うことを表します。夢で顔が知らんぷりしていたら自分の本性を知る必要性があるでしょう。参「顔」「鏡」

☆かかと

夢のかかとで問題になるのは、誰かにかかとを踏まれた場合と、誰かのかかとを踏んだ場合、靴のかかとが正常でない場合のいずれかです。あなたのかかとを誰かに踏まれたなら、現在進行している物事に邪魔が入るかもしれません。態勢を立て直し、自分の道を行きましょう。他人のかかとを踏む場合は、その人に引きずられています。その人に魅力があっても無くても、間合いを取る意味で自分の考えをはっきりさせましょう。靴のかかとが破れていたり、つぶれている場合は、日々の行動がいい加減です。思い切ってめりはりのある新しいライフスタイルに転換してみるといいかもしれません。身体の冷えが示唆されている場合もあるので、体調に留意して下さい。参「アキレス腱」「靴」

☆かさぶた

辛い思いが心の変化と時間で癒され、残像だけになったことです。これまでの自分を労う時です。今はまだ痛みの核心に触らないで。参「傷」

☆肩

背負わなくてよい責任や義務を表します。夢のメッセージの基本は、いついかなる時も自分に必要なものは自分で調達できるし、他人の責任をとる必要はないということです。しかし、夢でショルダーバッグを担いだり、肩に怪我したり、両親や恋人や伴侶の肩を抱いたりする夢を見たら、あなたは限度を超えた責任を負いがちです。反対に、肩車されたり肩を抱かれたりする夢は、他人の業績の上で楽をしたい甘えを表します。参「背中」

☆髪

夢の髪は、高位のエネルギーセンターである脳下垂体と松果体の力を表します。長い髪の毛ほどスピリットパワーが強いことを表します。髪の毛を整える夢は、問題の捉え方を見直し、スピリチュアルなエネルギーを美しく輝かせる努力の必要性を示しています。髪の毛がなくなったり坊主になってしまう夢は、自分の霊性を低めてそのエネルギーを引き出していないことを示しています。霊性を高めそのパワーを使うことで、あなたは自分にとっての神となります。神と髪の同音異語は、本質と行動の関連を示唆しています。

☆身体(からだ)

身体はあなたの真我が住む神殿であり、地球滞在中の乗物であり「地球服」です。あるいは、この世における自己表現のかたちです。身体があなたの魂にふさわしい課題を提供し続ける限り、つまり生きている限り、その手入れはあなたの責任です。参身体の各部位

☆肝臓

怒りがあり、不平不満でいっぱいであることを表します。自分を正当化して周囲の批判に走っています。

参病気全般

☆口

この夢であなたの人生への取り組み方、並びに自己表現が適切かどうかがわかります。私たちは口内にある歯と喉を使って食べ物を食べ、言葉を発します。夢の中での食べる行為は、人生に取り組み、味わうことと同じです。そして言葉は文字通り自己表現です。どちらも夢で見る口とその周辺の状態から達成度が判断できます。口紅の濃い女性なら美辞麗句や虚言に注意しましょう。参「歯」「喉」

☆首

喉のチャクラのエネルギー状態を表します。首は頭と胴を繋ぐので、ハートと理性を合体させたり、互いの行き来をスムースにする機能があります。情緒と理性にバランスが取れれば豊かな人生を送れるわけですから、夢で太くて丈夫な首は生き生きと生きるための能力を表します。しかし首は頭や胴より細く、両者の行き来は慎重でなくてはなりません。夢で首が回らないのはその機能が錆び付いていることです。すなわち

あなたが状況把握に無頓着で、ハートと理性の行き来ができていないことを示しています。夢で首をどこかに突っ込んでいたら、他人の責任を奪うこと。親切心のはき違えを表します。今までは良かれと思い、イエスと言っていたことを、これからはノーと言う勇気が必要です。参「喉」

☆**月経・メンス**

あなたの創造性を形にするための浄化と休養の時です。自身の創造性と宇宙の関係を理解する手立て。神の創造性の水路になる準備を表します。あるいは、女性としての体を慈愛する能力。自己受容を表します。物事の土壌作りを示唆していることも。

☆**更年期**

老いへの恐れ。必要とされなくなる不安を表します。あるいは、人生のサイクルがまた一つ高みに上ること。次元を超えた生産性を発揮する可能性を表すことも。

☆**肛門**

心の浄化の最終局面を迎えていることを表します。今するべきは、終わったことに執着しないこと。心配やわだかまり、体験さえ捨て去ることです。夢の肛門の状態によっては、終わるべきを終わりにできず、悶々としてストレスに犯されている現状を伝えているかも。

☆**声**

夢で姿がなく声だけ聞こえる時がありますが、大抵はあなたの高次の自己や、あなたの師の教えです。真摯に耳を傾けましょう。しかし、声の内容があなたを断罪したり、あなたの自由意志を奪ったりするものなら話は別です。あなたが自分を罰しすぎている可能性があります。理解不能な言語の場合は過去や未来、あるいは他の星からの知らせかもしれません。言葉の意味そのものを現時点で断定することはできなくても、その声を聞いてあなたの胸に浮かんだ思いとしばらく一緒にいましょう。生きる勇気が湧けば、それがメッセージです。

一方、夢で思いを言葉にしたいのに声にならない場合は、現実のあなたが伝えるべきことを伝えていないので問題が生まれています。以心伝心は幻想です。あなたの本心を言語化し、それを適切な形で伝えて下さい。言葉のコミュニケーションが困難な環境なら、環境を変えましょう。カウンセリングを受けるのもお奨めです。場合によっては実際に呼吸器系に疾患が見つかることもあります。その場合は身体の治療とともに、心のケアもしましょう。参「占い師」「喉」

☆呼吸

生命エネルギーの強さを表します。呼吸障害がある夢なら、あなたは気兼ねで押しつぶされそうです。人生は一呼吸にたとえられるほど短いもの。いらぬ心配をせず、精一杯生きましょう。

☆腰

肝腎要（肝臓、腎臓は腰にあります）ともいいますが、非常に大切なことを腰をすえて考えるよう言われています。金銭や物にフォーカスした現実的な考え方をしましょう。参「腰痛」

☆死

今までの生きる姿勢が役に立たなくなることです。人生は細胞レベルでも、感情・思考レベルでも死と再生のくり返しです。新規まき直しの前に、今までのあり方を手放す必要があります。死を受け入れたらこれまでの経験は糧になり、高次の覚醒が起こり、新しいあなたになります。これが成長のプロセスです。参「殺す・殺される」

☆子宮

あなたの創造性を実現させ得るという全能感。神の創造力に自己を明け渡す安心感。無条件の愛。想像妊娠する夢なら妄想による満足を表します。

☆舌

思いを言葉にする能力。自分自身を適切に表現する必要性を表します。酸いも甘いも嚙み分けて人生を味わう舌の力が付くと、味わいある表現を使えるようになります。自分に向けられた言葉や行為をゆっくりと味わうことで、一見攻撃や悪意と思われるものもあなた個人ではなく万人に向けられたものと受け取ることができるようになります。

☆死体・死人・死者

最早必要がない考え方や、すでに波長が合わなくなった人を表します。あなたはこれまで誰かの価値観に合わせて生きてきたかもしれませんが、他人の意向で動くのは嫌だと、身体が言うことを聞かなくなっています。それ自体一歩前進ですが、ではどうするかという局面です。自分の心に尋ねることをして来なかったので、自分の望みを自分で引き出せません。少しの間、このままでいましょう。死体が腐り再生すること、つまりこれまでの体験を咀嚼して栄養にする行程が必要です。新しい自分を夢見つつ、今動けない自分にオーケーを出しましょう。参「ゾンビ」

☆出産

新しい可能性が芽生える時です。女性だけでなく男性でも出産する夢を見ます。たとえその出産が現実の子供の誕生を意味したとしても、それは同時にあなたの新しい可能性が花開く予兆です。新生児に献身的な世話が必要なように、あなたの新しい才能をケアしましょう。大変なものを背負い込んだと一瞬後悔するかもしれませんが、直ぐにその気持ちは、産んで良かった、新しいことを始めて良かったという気持ちに変わります。あなたがそれを愛していると気付くからです。

参「赤ん坊」「妊婦・妊娠」

☆消化器

夢で消化器に問題が起きるのは、他人の無神経な言動を取捨選択できずにいることです。他人と対立することを恐れるあまり相手の言動を丸呑みにするだけで理解を拒んでいるため、体験は人生の栄養になっていません。参「胃」「腸」と病気全般

☆女性器・外陰部・ヴァギナ

創造性。受容性。生み出すことへの積極性。女性らしさを受け入れることを表します。メンスの出血は豊穣を、傷や怪我の場合は性エネルギーの漏れを表します。夢で性器を見るのは、自分の性を誇りと喜びを持って受け入れ、性が聖であることを知るためです。性器の形をした道祖神も性が神聖であることを教えてくれます。参「ペニス・男根・睾丸」「性器」「男性」「女性」

☆尻

豊穣を表します。大きな尻は安産を意味することも。また増収の示唆であることもあります。「尻が重い」「尻に帆を掛ける」「尻をめくる」などの夢は、問題に対するあなたの姿勢です。たとえば「どん尻」なら普段も誰かのあとについて行動していること。あるいは、行動が鈍重であることを表します。率先して動くよう心がけてみて下さい。

☆心臓

あなたの高位の自己を表します。愛そのものと言い

換えてもいいでしょう。矢や銛に突き刺された心臓は、これまで避けてきた悲しみに直面する用意ができたこと。または、他人の人生に踏み込みすぎてエネルギーを吸い取られていることを表します。心臓を切り開く夢を見ることもあります。その時はぜひ夢の通りに、あなたの愛をそのまま表現してみましょう。それによって相手も助かります。突き刺されたのか切り開かれたのかの違いを区別できない時は、夢のストーリーと現実生活であなたの愛の対象になっているものの状況から判断します。参「心臓病」

☆性器

生きる力。創造性。女性性または男性性。再生産の可能性。アイデンティティを表します。人間は自分が性的存在だと受け入れてはじめて、性的働きが可能になります。あるいは、この世の幻想の始まりを表したり、性器の出血の場合は不安と憧れを表します。一組の女性器と男性器は豊穣を表します。参「ペニス・男根・睾丸」「女性器・外陰部・ヴァギナ」「男性」「女性」

☆背中

人に見せない裏の自分を表します。丸めた背中は、気弱な生き方の表れです。背中に背負った荷は、意味のない自負心や自尊心の表れです。誰かに背を向けられたら、疎んじられ、嫌われていることがわかります。そっと離れるのが賢明でしょう。背中が曲がった夢を見たら、実際に脊柱の専門治療師を訪れるのが良いかもしれません。参「背負う」「背骨」

☆背骨

生きる姿勢を表します。エネルギーがスムースに流れるには歪みのないことと柔軟であることが必要です。しっかりした背骨なら、自己責任に厚いか、そうあることが求められています。参「背中」

☆大便

衣服やトイレが糞便で不衛生な夢の場合は、解決済みの昔のことが不意に思い浮かんで、悔しさや憤りでのたうち回ることを表します。夢を見たその日から心の罠にはまった感じになるかもしれません。その悔しさや憤りの中にしばらく浸かっていましょう。今はそんな感情を味わえる時、感情に振り回されず感情を解き放つ時です。覚醒に向かう大きな前進を遂げるでしょう。参「排便」

☆血・出血

活力、気力、体力を表します。それらのエネルギーが効率よく活かされていない時、夢は出血という形で警告を発します。たとえば、あなたが適切な意志表示をしないために周りが迷惑し、自分も自己卑下に陥ってしまった場合、右手の傷から出血したり、右手がちぎれるという夢を見ます。夢は残忍な場面を借りて、警告の度合いを強めます。大抵は恐れと生活の乱れがエネルギーの消耗を招いています。参「月経・メンス」と身体の各部位

☆乳房

豊穣のしるし。霊性に添った性的願望を表します。どちらかといえば、尻は物質的豊かさを、ハートに近い乳房は母性の豊かさを表します。男性にとっての乳房は、母なるものに抱かれる感情的充足を意味し、また性欲の満足とも繋がります。女性にとっての乳房は、創造性を育てる役目と性の充足の両方を意味し、自分が女性であることそれ自体を受け入れる意味があります。夢のストーリーによっては、乳房が母親や妻の強すぎる影響力を表すことがあります。男性の胸が女性と同じ形と機能を持つ夢を見ることもあります。これは、男性の中の女性的側面を育て表現するようにというアドバイスです。参「尻」

☆中絶

成長が予想できる可能性をあえて摘み取ることを表します。新しい生き方や計画のどんな要素を切り捨てるのか細心の注意を払って下さい。

☆腸

長年溜め込んだ感情。積年の恨みを表します。あるいは、それらの原因となった体験を心の栄養とすることを表します。夢の腸を余すところなく観察してみましょう。それを知り、学ぶことで人生への理解が深まります。参「胃」と消化器系全般

☆爪

他人とのエネルギー交換を安全に行うための最終チェックポイントを表します。爪が剥がれていれば、自己保護に走ってしまうでしょう。爪を伸ばしているなら、自分でも気付かない攻撃性が相手に向かっています。爪を噛んでいるなら、誰かの関心が自分に向かないので拗ねています。野獣の爪が表れたら、あなたは

理性と知性を脇に置いてただ本能に任せたい願望を持っているのかもしれません。爪先には力がありますから、その力を感性で保護し、知恵で使いこなしましょう。参「指」

☆手

心臓の両脇から伸びる手は、周囲とのエネルギーの交換を表します。右手で愛を差し出し、左手で愛を受け取ります。エネルギー交換が活発なほど、人生の豊かさが増していきます。右手の怪我は、エネルギー補給のないまま他人に与えるだけの状態を示し、左手の怪我は孤独をかこつあなたの閉鎖性を意味します。手の切断というショッキングな場面は、両手の機能に差し迫った問題があることを知らせています。

一方、手は自己の尊厳をあなたがどう扱っているかを知らせるシンボルでもあります。あなたは自分の尊厳を守るために、はっきりと自分を弁護したり意見を言ったりできますか。これが右手の機能です。左手は他人の余計なお世話を拒否する役目。手を洗うのは、今までのエネルギー交換方法をやめ、新しい方法に切り替えることです。参「腕」「爪」「指」

☆同性愛（ホモ・レズビアン）

セックス相手の長所を自分のものとし、行動に移すことを表します。淫靡な意味はありません。セックスの相手に習うことに抵抗があるかもしれませんが、その人はあなたの側面ですから真似ることができないわけがありません。単にあなたの性的傾向を示唆することもありますが、この場合は自分の本質を知ることで気を楽にできるでしょう。参「セックス」

☆内臓

内臓が皮膚から吹き出したり破れたりしているなら、これまで抑圧してきた感情を明らかにし、それらを受け入れる好機だという知らせです。表現を嫌って隠してきた感情はこれまで内臓が受け止めてきました。けれど、これ以上は無理です。感情を抑えることは創造的ではありません。

感情の浄化の第一歩は、まずその感情の存在を認めることです。夢の内臓の場所や機能から、あなたが溜め込んだ感情の種類を特定できます。下腹部なら創造エネルギーの誤用や性エネルギーの嫌悪かもしれません。臍近くは他人の言動に振り回されているあなたの苦心が窺えます。胸部の破裂は、愛されないことへの不満や不安です。夢は気付きを求めているのであって、今すぐに夢の場面が現実になることを示しているのではありません。意識の光は心身の負荷を取り除きます。見ないふりをしていた感情に向き合うことで、あなたのエネルギーの通りは良好になるでしょう。

☆涙

感情の解放がハートの優しいマッサージになり、この世の愛ある統一感を体験することです。感情を浄化することで心身のバランスがとれ健康になることを表します。夢の涙は気付きの一滴であり、無感動から抜け出すことを表します。参「泣く」

☆妊婦・妊娠

新しい人生が始まることを表します。あなたは自分の長所を積極的に発揮するようになり、人生が前向きになります。夢の妊婦が出産を迎える時期に、現実のあなたも新しい一歩を踏み出すでしょう。あなたに相応しい恋人の出現かもしれません。仕事上の抜擢かもしれません。今より責任は重くなりますが、人生は楽しくなります。とくに妊婦は健康に気を付けなくてはならないように、あなたも体調に気を配りましょう。新しい自分を受け入れる明るい気持ちで、新しい試みが流産しないようにしましょう。参「赤ん坊」

☆脳・頭脳

知情意のバランスを取ることで、三次元の制限を越えて生きられる可能性。眠ったままの豊かな能力。宇宙の英知が詰まったコンピューターを表します。このコンピューターを多様に使いこなすためには瞑想する他ありません。夢で脳に問題があるとしたら頭が固い傾向、頑固を表します。真面目すぎて生活に柔軟性がないかもしれません。参病気全般

☆喉（のど）

自己表現の能力を表します。相手に圧倒されて必要なことが言えない場合、ガムや食べ物が喉に詰まって喉をかきむしったり、首を締められる夢を見ます。参「首」

☆歯

直面する問題への咀嚼力を表します。歯は、日常の出来事やアクシデントを自分が取り組める形に噛み砕くことで、体験が心の栄養になることをアシストする

意味です。問題が自分の処理能力を超えている場合は、その歯が欠けたり抜けたりします。問題を簡単に考えすぎている場合は、虫歯になります。生え代わる歯は新しい咀嚼力、これまでにない考え方や対処法を表し、新規の取り組みを促しています。参「噛む」「ガム（チューインガム）」

☆はげ・坊主頭

夢では髪の毛が長いほど思考力があり霊性に富んでいます。ですから坊主頭は思慮に欠け、霊性が乏しく、性欲に振り回されているという指摘です。静かに内省してみましょう。達磨大師のような高僧の場合はバランスの取れた英知で成果を上げることを表しますが、ほとんどのはげた聖職者は外側に真理を求めること、自分独自の規範のないこと、厳しい戒律に頼りすぎていることを表します。参「髪」

☆鼻

まわりに煩わしい人がいる場合、奇妙な形の鼻が夢に出てくることがあります。自己主張できない自分を振り返りましょう。反対に自分が他人のことに鼻を突っ込みすぎているかもしれません。どちらにせよ、あなたは自分の課題から逃げています。あるいは高すぎる鼻が無意味なプライドに反省を促していることもあります。参「鼻炎」

☆ひげ

権威または英知を表します。あるいは、男尊女卑、性差の強調を表すことも。リンカーンのひげのように、イメージアップを促していることも。

☆膝

足の動きを支える膝の夢は、あなたの人生の推進をサポート・アシストするものを表します。夢で膝が硬直していたら、あなたの信念が頑なすぎて、あるいはプライドが高すぎて人生が前進していないかもしれません。不必要な思い込みを捨て、生き方を柔軟に変える必要があると教えています。膝が曲がらないのは、自分を曲げたくないと意地を張っているからかもしれません。参「足・足先」「脚」

☆肘(ひじ)

他人とエネルギー交換する際の支えになるものを表します。夢の肘が柔軟であれば、右手はあなたの元気を他の人と分かち合い、左手は人の親切を受け入れることを表します。あるいは、肘はエネルギー交換をするかしないか決めることを表します。夢であなたが誰かを肘でつついていても、誰かにつつかれていても、あなたの中には他人への羨望がありますが、その人とあなたの間では健康的なエネルギーの交換はなさそうです。

☆臍（へそ）

物事の中心。内なる自己との繋がり。太陽神経叢を表します。

☆臍の緒（へそのお）

肉体と精神・霊性との繋がりを表し、神の加護から分断されることがない証しです。あるいは、物心両面で保護される状態から離れられないことを表します。

☆ペニス・男根・睾丸

種、種まきを表します。子供の誕生も芸術表現も第二チャクラの性腺が働いて種が蒔かれて始まります。パワー。繁栄を呼ぶ男性性。人間が性的存在であると知ること。性的覚醒を表すことも。参「性器」「男性」「女性」

☆ほくろ

ほくろのある部位が示す美点を、自分の中から引き出すようにというメッセージです。あるいは、あなたは他人に自分の美点を見てほしいと願っています。どちらも、まずは自分の美点を自分で認めることから始めます。参「いぼ」

☆骨

物事の骨子。気骨。骨折り。ひとつのことを成就させるのに必要な屋台骨を表します。太い骨は、精神力を高めるようにというアドバイスです。骨折する夢を見たら、挫折をイメージするのではなく、あなたの無力感や諦めを反省して強い意志に変えていきましょう。誰かの骨を拾う夢を見たら、骨の主の努力や遺志を受け継ぐことです。動物の骨を見たら、あなたの中の本能が生かされず死んでいることを示しています。生きようという気概や気骨を取り戻しましょう。

☆眉毛（まゆげ）

隠した感情を表します。目と口は演技できても、眉毛に演技を強いることはできません。眉毛を剃り落とす夢は、本音を悟られたくないという願望です。眉毛のない顔の夢は、思いを隠すのは無駄な努力であると教えています。無駄なあがきで時を浪費しないために、心をオープンにしましょう。自分にも他人にも正直に。眉毛を整えたり眉毛の化粧をする夢は、感情表現に磨きをかけることを表します。

☆耳

耳の夢は聞くことの大切さ。聞く能力。人の意見や動向を聞き分ける能力を表します。行動を最終的に決定するには、目で見たり、肌で感じたり、鼻で匂いを感知したり、舌で味を確かめたりしながらも、本音か否か、時の流れ（時流やタイミング）は悪くないかを耳を澄ませて聞き分けることが大事です。ここ一番の賭けにでる時、これこそ頼りになります。参「難聴者・聴覚障害者」

☆脈（拍）

生命のリズム。成長。喜びの歌を表します。脈の乱れは、愛されたいという思いにかられ、周囲から愛を得ようと必死な時起こりますが、脈の夢は自己愛が不足し、生命の恩寵を忘れていることを表します。まずは、自分で自分を認め、身近なことに喜びを見いだし、喜びの歌を歌いましょう。

☆目

物事をあるがままに見通す能力。物事の裏側を見抜ける力を表します。夢の目が単眼なら神聖な意識を表し、神秘夢に属する場合もあります。両目でものを見ている夢は、状況を立体的に見るようにという示唆です。片目なら一元的で自分本位な見方を表します。眼光は、あなたの目の力をフルに使えば、周りのもめ事さえ収まる可能性を示唆しています。参「盲人」

☆指

五本の指の夢には、あなたを取り巻く人間関係とその人間関係が提示してくるあなたの課題が示されています。親指は親を、人差し指は自分自身を、中指は指導者を、薬指は恋人や伴侶を、小指は子供や弱くて幼いものを表します。提示する課題は、親指は親の生き方を通して自分の生き方を考えること。人差し指は自分を客観視することで本当の望みを知ること。中指は指導者の前での尊厳の保ち方。薬指は伴侶への気持ちを通して無償の愛を獲得する方法。小指は小さいものへの思いやりを通して自分の弱点の扱い方を学ぶこと。

親指が傷ついているなら、生き方がわからず不安です。人差し指が問題なら、エゴから生じた怒りや恐れがあるはずです。中指なら、目上を気取った相手の態度に腹立たしい思いをしています。薬指なら、伴侶に失望と悲しみを覚えているでしょう。小指なら、自分の弱さを認められない、偽りの自分を演じざるを得ない環境にイライラしています。

人差し指で行くべき方向を指し示していたら、生きるとは他の誰かがではなく自分が決めた道を行くことだ、というメッセージです。参「爪」

☆流産

計画が流れてしまうことです。あなたの心の準備が整わないので、アイディアを具体化できません。再度プロジェクトに挑戦するには、心の強さを取り戻すための休養が必要です。願いはいつか形になることを信頼できるようになったら、計画を練り直しましょう。

［病気など］

☆アレルギー

この夢は感情を抑圧しすぎていることを表します。感情を感じることは健全なことです。それを理解するために、カウンセラーやセラピストに助けを乞うても良いでしょう。夢の場面がアレルギーを起こす原因を教えてくれているかもしれません。

☆いぼ

自分の欠点や弱点に関心が行きすぎていることを表します。欠点のない人などいないのですから、あなたが心掛けるべきは、そんな自分を許しつつも改善を図るという前向きさです。参「ほくろ」

☆インポテンツ

失敗を恐れていることを表します。女性に恨みがあることを表すことも。過敏さが事態を深刻にしていますが、思い込みが過ぎるだけで、事態は深刻ではありません。

☆かゆみ

イライラが高じていることを表します。自分がイライラしていることを自覚すれば、収まります。

☆癌（がん）

感情を抑圧し続けており、発散が必要なことを表します。これまで怒りや不安、落胆や悲しみを避けてきたようです。これからは避けてきた感情の解放に取り組みましょう。癌の夢を見ると、誰かが癌になるのではと怯えるかもしれませんが、実際に発病することはありません。夢は「このままだとそうなりかねないけれど、今なら間に合う」と警告しています。未来を憂うのではなく、これを良いチャンスと思って、押し込めて無いものにしてきた感情と静かに向き合いましょう。

☆関節炎

厳しすぎる自己批判を表します。完璧を志すことが最善であるという考えは、自分に対しても他人に対しても批判を強めるだけです。リラックスして人生を楽しんでみましょう。参「リューマチ・慢性関節リューマチ」と病気全般

☆奇形

夢で見た部分の機能を磨いて成長に役立てるようにという知らせです。たとえば耳の奇形なら、他人の言葉や内奥の知らせに耳を傾けてはというアドバイス。足の奇形なら、地道な進歩を嫌っていないかという警告。背骨の曲がりは、姿勢を正し真っ直ぐ生きるようにという知らせです。参身体の各部位

☆傷

どこの傷であれ、その部位の機能を使い切れていないことです。たとえば右手が傷ついているなら、人助けのチャンスを無駄にしたのでしょう。心が傷ついた場合は、真実を受け入れていないことです。夢でも現実でも、誰かのせいで傷ついたと思うかもしれませんが、誰もあなたを傷つけることはできません。あなたが相手に幻想を持ったから傷になったのです。全て自分の責任だと心から思えたら、傷は跡形もなく消え去ります。参「かさぶた」「血・出血」と身体の各部位

☆拒食症

霊的学習を拒んでいることを表します。あなたは人生に起こる困難を嫌がり、魂磨きの必要性を理解していないようです。課題を目前にして理屈をこね、取り組まなくて良いことにばかり焦点を当てています。つまり逃避です。チャレンジを拒み続ければ、心の筋肉は萎えていくばかりです。少しずつでも行動するために、カウンセラーなどに相談しましょう。

☆怪我

怪我をしたのがどこであれ、あなたが使うべきエネ

ルギーを使わないので「それなら一時そのエネルギーは使えないようにしよう」と、夢が警告を発しています。怪我をした部位を調べ、その部位の肉体的、心理的、霊的意味を知りましょう。怪我をする前にアドバイスはいくつかあったはずです。夢の記録を調べ、何を怠っていたかを調べましょう。

使える機能やエネルギーを使わなかったのは、大抵感情に蓋をしたことから始まっています。たとえば過去に思い通りに誰かが反応してくれず、あなたはそれが許せませんでした。それ以降かたくなに心を閉じて、自分の心地よいコミュニケーション以外は無視を決め込んでいます。夢の怪我は、こだわりを持ったために創造力を発揮しないと決めたことが原因なのです。かたくなな思いを手放し、再び人生の流れに乗りましょう。こだわりを捨て、あなたの創造性をいかんなく発揮しましょう。参「たんこぶ」と身体の各部位

☆下痢

環境への甘えと過剰反応。この状況はコントロール不可能だと逃げ腰なことを表します。「焦らず・追わず・逆らわず」の気構えで、鋭敏になりすぎないことです。

☆甲状腺・バセドウ病

願いは叶わないと思っています。他人は満足させられるけれど、自分は満足したことがないという思いでいっぱいです。すぐにではないにしろ、あなたの願いは叶います。思い込みを捨て、たくましく創造的であろうと心掛けましょう。

☆痔（じ）

思いを言葉にするのが苦手で、思うようなコミュニケーションが取れない自分に腹を立てていることを表します。自分の本心と他人の要求の板挟みで苦しんでいませんか。参病気全般

☆しびれ・痙攣（けいれん）・麻痺（まひ）

目の前の問題に恐れをなして硬直していることを表します。麻痺の度合いが軽ければ軽い程、あなたが自分の恐れを認めたくない気持ちは強いでしょう。恐怖心は感情と感覚を鈍らせ生気を奪います。怖がっている自分を受け入れ、自分に寄り添う時間が必要です。

参「麻痺」

☆腫瘍（しゅよう）

頑固で自分の思いにこだわる傾向を表します。信念や信条は気付きのたびに変わるものです。変化を受け入れましょう。参病気全般

☆心臓病

自分は愛される価値がないと嘆き、自分自身が嫌いになっていることを表します。生きるのが怖いのです。

参「心臓」と病気全般

☆精神障害・統合失調症

望みと現実に折り合いがつけられず、人生から学ぶのを断念したことを表します。あるいは、自分は特別であるという意識があるもののそれが叶えられないのでくたびれ果て、無感動を決め込むこと。努力の放棄。人生は自己責任であると思えないことを表します。

☆喘息(ぜんそく)

無条件に愛されたいのに、倫理観で愛されている気がして息が詰まっていることを表します。あるいは、親を独占したい気持ち、幼少期へのノスタルジーが疼いていることを表します。自分の思いに蓋をせず、自由に吐きだしていいのです。むしろ吐き出すべきです。感情に良いも悪いもないのですから、恐れずに解放しましょう。

☆たんこぶ

不注意が過ぎます。落ち着いて下さい。

☆胆石・胆嚢炎(たんのうえん)

自信がないので、つい皮肉が口をつく傾向があること。固定観念にしがみつく癖があることを表します。

☆窒息

第五チャクラがある喉の閉塞を表します。あなたは思いを言葉に乗せて周りに伝えることが苦手で、素直な気持ちを飲み込まざるを得ないと思っています。夢の窒息の原因は食べ物やガムや煙など様々ですが、どれであっても思いを言語化しようとすると感情的になって混乱する傾向があると指摘しています。感情的になる原因は何でしょう。相手を説得しようと焦っているのか、どうせうまくしゃべれないという無力感からなのか原因を探って、冷静さを取り戻す必要があります。また具体的な改善方法として、普段から深呼吸を心掛けましょう。心が落ち着きます。参「首」「喉」

☆中耳炎

周りの意見(小言)は聞きたくないという気持ちを

表します。周囲の人々が心からあなたを思って忠告しているのではないことを、あなたは薄々感づいているようです。参病気全般

☆吃る（どもる）

本音を話したら嫌な目にあったので、本心を偽っていませんか。自尊心を守る力が自分にはないと諦めていませんか。あるいは問題の核心がわからず、理解力が散漫になっていませんか。自然で気負いのない人は、言葉少なくても自分の意志を自由に表現します。変わりたいという自分の気持ちに気付きましょう。

☆にきび

あなたは自覚していないかもしれませんが、心に良からぬ考えがあります。その欲求を表現してはいけないという知恵までは働くものの、解消方法が見つかっていません。にきびの夢を見るときは、大抵鏡の自分の顔を見たり、誰かの顔を間近に見たりしています。それは、現状を知る力があるということです。前向きにあなたの中にある欲求を直視してみましょう。そして、そのあり余るエネルギーを歌やダンスに昇華すると良いでしょう。方向付けのできたエネルギーはあなたを在るべき道に戻してくれます。

☆認知症

これまで叶えられなかった願いを叶えたい、と心が叫んでいます。無条件に愛してほしいという気持ちの表れです。参「徘徊」

☆鼻炎

引っ込み思案で萎縮していることを表します。周りの人が干渉しすぎると思っていませんか。他人はそれ程あなたのことに関心はありません。自分の要求を大切にして下さい。参「鼻」と病気全般

☆不感症・冷感症

劣等感が強く、自分の身体を受け入れ難いようです。あるいは無神経なパートナーへの無言の怒り。生きる情熱が感じられないこと。性は聖だと認められないことを表します。セックスは心と身体をひとつにして命の感動を交換する、最高のコミュニケーションです。身も心もできうる限り感性豊かでいましょう。五感で感じる喜びに神の御技を読み取りましょう。

☆太っている・肥満

豊かさ。実りの多いこと。恵み深いことを表します。

あるいは、隠れ蓑で本心を隠すこと、孤独を周りにアピールする手段を表すことも。寂しさが募ると脂肪というコートが必要になるようです。

☆扁桃腺（へんとうせん）

余計な言葉が多い傾向があることです。思慮を心掛けて下さい。参病気全般

☆便秘

変化・成長への恐怖を表します。あるいは、自分ではなく周りの誰かが先に変わるべきだと堅く信じていること。過去へのこだわりが強すぎること。感情の抑圧を表します。常識や世間体に寄りかかる今の生き方を手放せば、創造的に生きられるでしょう。

☆疱疹（ほうしん）

あなたは気付いていませんが、気を揉んでいます。恐れと緊張で神経質になっています。成り行きに任せましょう。

☆麻痺（まひ）

夢で麻痺が起こる場所によって、あなたの心に巣くうネガティブな感情を読み取ることができます。たとえば心臓麻痺なら、人生の悦びを拒否してきたことの表れです。顔面麻痺は、他人が信用できずいつも本音を隠していたことの表れです。このままでは本当に機能が停止してしまいます。まずは自分の本当の望みを知る時です。参「麻酔」「しびれ・痙攣・麻痺」

☆めまい

関心があっちこっちと散漫であること。あるいは物事の見切り発車をしていることを表します。今はエネルギー不足なので、行動に出る前にやるべきことに優先順位を付けておきましょう。あなたにはチャンスを見極める力があるのですから、好機を待ちましょう。

☆ものもらい

ちょっとした注意を怠っていることを表します。参「目」と病気全般

☆腰痛

十分なお金が無いと怯えていることを表します。じつは、人生においてお金は不可欠ではありません。それがわかるまで腰痛はくり返されるでしょう。あなたが現在働き手でないなら仕事を始めたり、いっそ大黒柱として稼ぐのも手です。参「腰」

☆リューマチ・慢性関節リューマチ

責任と犠牲を強いられてきたという思いを表します。自己批判と権威に対する怒りが関節に溜まり、関節が悲鳴を上げています。生きるのに力みは要りません。まずはリラックスして、自分の心の声に耳を傾けましょう。参「関節炎」と病気全般

もの

ここでの「もの」とは有機体でないもののことです。生命がないのであなたが命を吹き込まなければ、つまり使わなければ役に立ちません。夢で見た「もの」は何であれ、それが適した用途で使われているかをまず見極めます。そのうえで、それぞれの意味を調べていきます。

乗り物は、あなたが自分のエネルギーをどのように社会に役立てているかを知る手がかりになります。船は感情面のエネルギーの使い方を、電車やバスなどの公的乗り物は仕事や経済面を表します。あなたの自動車をあなたが運転しているなら、自分の人生を自己責任と捉えて活動しているので問題はありません。運転態度や運転状況も自制心の度合いを知らせます。動物の助けを借りた乗り物の場合は、その動物の項を見て下さい。責任を持って自己をコントロールできる最上の姿は、自分の足で歩くことです。最先端の機能を備えた大型の乗り物ほど、自分の意向ではなく、社会の意向を優先しているあなたの姿を映し出しています。

衣服は人に見せているあなたの姿であり、見せたい姿です。その扮装の人が事態（あなたが解決したい問題）をどのように捉え行動するかを考えてみます。それがあなたの抱える問題の原因か、解決のヒントのどちらかになります。着物の色はチャクラと合わせてメッセージを考えます。あなたが女性で、夢で紫色のスカートをはいていたら、セクシーさに研きをかけるように言われているか、女性である自分に葛藤があるかのどちらかでしょう。

[陸の乗り物]

☆自動車

自転車は二つの間のバランスを図ることを意味しま

すが、免許がないと運転できない自動車はそこに社会性が加味されます。夢の車が自分のものか、車種や性能、色や形、自分の技量に合っているかをよく観察して下さい。快適に運転できているなら、あなたは問題なく社会生活ができているようです。また車の状態は健康状態を表すことがあります。手入れが行き届いているかどうかも大切なポイントです。故障は実際にあなたの車に故障がある場合と、あなたの身体の手入れを促している場合の二通りがあります。事故車を夢見た場合も事故の可能性を回避するために万全を期して下さい。その努力は、創造力を実感するチャンスになるでしょう。自分に未来を造る力があることを再確認できるはずです。参「運転」「タイヤ」

☆オートバイ

オートバイは自転車よりさらに二つの間のバランスが必要です。無茶なスピードで事に当たっていないか、独りよがりではないか、内省が必要です。あるいは、我を通すことが必要か、骨休みのすすめ。参「自転車」

☆自転車

生活するうえでふたつの要素の均衡を図るようにというすすめです。大抵は心と身体のバランスですが、収入と支出、社会生活とプライベートなどの場合も。一旦両者のバランスを取ることを覚えれば、人生は自律的に前進します。

☆三輪車

生活をリードしてくれるものに頼っている状態です。仕事でも家庭でも自分でない誰かに責任を押しつけていませんか。三輪車は子供の遊具です。

☆バス

それほど社会に適応しなくても良いと自分に言い聞かせているかもしれません。バスは電車に比べて自由度が高いのです。参「電車」

☆タクシー

何事にも簡便さと体裁を求めています。面倒な手順や本音を脇に置いて、きれい事で成果を出したい気持ちの表れ。毎度通用する手段ではありません。

☆電車

あなたと仕事や社会との関わり、社会に対する適応力を意味します。経済的自立と精神的自律を得るにはこの適応力が求められますが、目的に合わせて電車に乗っているかどうかが重要です。

☆地下鉄

あなたの性に対する概念と仕事に対する概念が一般社会とどう繋がっているかを問うときは、大抵は地下鉄の駅や地下道で迷子になり、自分の居場所がわからない夢になります。現代社会で自分の居場所を探すには、社会活動とは別の自分を持つようにという示唆です。瞑想し自分の気持ちを汲み上げましょう。また地下の夢を見る人は、身体のウィークポイントが下腹部なので健康管理の目安にすると良いでしょう。参「地下・地下室」

☆パトカー

自制心が働かず緊急の助けが必要です。心の師に助けを求めましょう。参「警官・刑事」

☆ブルドーザー

建設的にも破壊的にも使えるエネルギー。大抵は新規まき直しのために、これまでのものを一掃すること。

☆エスカレーター

エスカレーターもエレベーターも、あなたがどのように目的に向かっているかを表しています。エレベーターは目的だけにしか関心がありませんが、エスカレーターは周りを楽しむ余裕があります。しかしどちらも現代社会の利益優先の生き方を示しているのは同じです。あなたは仕事でも、人間関係でも、休息の取り方でも、買い物でも、世間的な評価、ステイタスを気にしすぎていませんか。上昇は適切、下降は不適切を表す場合もあります。参「エレベーター」

☆エレベーター

エレベーターの行き先ボタンは何階でしたか。2階なら、ふたつの物事の間に均衡を計りましょう。3階なら、争いに解決を計りましょう。4階は健康管理を、5階は現状を変える行動を、6階は審美観を養うためと人の温かさを知るために直ぐできることをしましょう。7階は今やっていることが一応の周期に達します。8階は性生活を営む人との調和が問題になっているか、経済活動に問題があるでしょう。9階は物事が自然に終わっていくことを表します。10階はあなたの挑戦レベルがアップすることです。日常生活とかけ離れた場面のエレベーターを夢に見た場合は、自分で決断せず周りの状況に寄りかかる傾向を表すか、忙しさにかまけて自分のことが疎かになっていることを表します。上昇と下降は「エスカレーター」と同じ意味ですが、さらにエレベーターの下降は問題への囚われがより強く、感情の底にあるものをみる必要があるでしょう。

☆ブランコ

自由な高揚感を表し、インスピレーションとアイディアのフル回転、あるいは揺れるだけのどっち付かずの態度を表します。二つの間で行きつ戻りつしているようです。

☆ハンドル

人生を操縦することを表します。人生を何処へ走らせるかは、あなたが決めることです。ハンドルから手を離したり、人任せにしてはいけません。ハンドルがこわれて動かなければ車を止めて点検が必要なように、人間関係や仕事が機能不全なら一旦活動を止めて瞑想し、意志と行動の何処に不備が生じているか見極めます。点検の鍵は、自分は何をしたいのか、です。参「自動車」「運転」「タイヤ」

☆車輪

新しいカルマの輪に出会っていることを表します。何かのはじまり。新しい選択肢。目前に無限の可能性。新たな自分との出会い。あるいは人生の空転。古いパターンのくり返し。新しい視点を獲得しなければ一歩も進めないでしょう。参「水車」

☆タイヤ

摩耗度や空気圧からあなたのやる気と行動力が測れます。パンクは心身の疲れを無視して前進した無理の表れ。生活の何が原因で心身にバランスを欠いているか確かめて下さい。

☆免許

自動車を運転しているけれど、無免許だったり、不携帯だったり、盗まれて行方知らずだったりは、自分の人生を自分で仕切っていない表れです。誰かに頼ったり、誰かの陰に隠れて責任をとらずに済ませたい。そんなあなたを揶揄しています。夢でも免許は、常時携帯し誰にも渡してはいけません。自分の人生は自分で運転すべきです。参「自動車」

［水の乗り物］

☆船

人生行路を進むあなた自身のあり方。豪華客船に乗っているなら、タイタニック号のようなロマンスや贅沢を夢見ている可能性があります。下船しているなら決まり切った生活に飽きているのでしょう。どのみち自分の航海を投げ出すわけにはいきません。ガス抜きの方法を工夫しましょう。船の沈没は、いまの生活基盤を失うことへの恐れです。魂の航海そのものは投げ出せないけれど乗る船は買い換えられます。つまり生活をやり直すことはいくらでもできます。参「ボート」「ヨット」

☆ボート

感情面から見た自己管理の状態を表します。舵取りがうまくいっていれば感情に問題はないでしょう。漂流状態なら管理の外。沈没は現実の波に呑まれて感情のコントロールが利かない状態。その原因を探り、活き活きした感情を取り戻して人生行路をやり直しましょう。参「船」「ヨット」「オール・櫂・パドル」

☆ヨット

気分転換の大切さを表します。風を帆に受けて海を渡るヨットの操縦は、感情コントロールの象徴です。子供のような遊び心をベースに、大人の知識をフル稼働させて自己管理をしましょう。目先の流れに惑わされず、目的地を目指して下さい。参「船」「ボート」

☆救命筏

感情の波に翻弄されながらも、なんとか浮かんでいられる状態。自分から積極的に解決策を講じようとしていません。感情にも周期があるので激情が凪いで落ち着くのを待ちましょう。冷静に自分の立場が理解でき、そこから抜ける策が見つかります。

☆オール・櫂(かい)・パドル

今のあなたは自分の感情をゆったりとコントロールしながら、その流れを楽しめています。ひとりではなく複数の人と船を漕いでいるなら、思いをひとつにすることが重要です。参「舵」「船」「ボート」

☆舵(かじ)

行くべき方向を指し示すガイド。助言、忠告。口添え。参「オール・櫂・パドル」「船」「ボート」

☆羅針盤・コンパス

現在地を確認して今後の道筋を立てること。常に羅針盤の針が北を指しているのは、あなたの超意識が示すものを目指しなさいということです。

［空の乗り物］

☆飛行機

過剰な期待、時代の要望を表します。自分の掲げる成功の形に押し潰されそうです。学歴、社会的な地位、結婚の条件といった物質的価値観があなたを苦しめ、その期待に応じた大きさの飛行機が登場します。自由を求めてブレイクスルーしたい願望と、成功への条件がせめぎ合っているなら、ジャンボジェットを操縦することさえあります。免許のないあなたはハラハラドキドキしながら操縦席にいます。現世的価値観を大事にしすぎて魂の願いを無視していることによる心の苦しみに耐えられず、周りを巻き込みながら空中分解してしまうかもしれません。飛行機は心の成長、霊性の向上とは無関係です。自由な心や霊性は何も持たず自分の力だけで飛ぶ鳥として表れます。夢の細部があなたの取るべき行動を示してくれるでしょう。参「空港」「飛ぶ」「飛行船」

☆飛行船

仕事や家庭生活に飽いて、余暇や趣味に意義を見いだそうとしています。あなたの中で趣味の占める割合は大きく、期待は大きく膨らむばかりです。今のうちに本来の生き方に戻り、趣味の比重を小さくしましょう。趣味は人生のささやかな愉しみとしましょう。参「空港」「飛ぶ」「飛行機」

☆グライダー

一時的な自由。流れが変わったのでそれに乗りましょう。あなたにできることは舵取りだけで、あとは決められた時間を楽しめば良いのです。参「飛行機」

☆ヘリコプター

現状と期待の間にやや無理があり、目的達成には見積もりに甘さがあることを表します。急浮上を期待しすぎて、じっくりと腰を据えた取り組みができていません。時間の枠の中で生きている私たちは時間を味方にすることで目的を達成します。時間は忍耐力と感受性を育み、魂の成長に役立ちます。参「飛行機」

☆パラシュート

危機的状況を冒険のように楽しむこと。あるいは危機的状況を抜け出すチャンス。苦境から脱出する決意を迫られているのではなく、変化を受け入れる姿勢が求められています。

☆ロケット

理想や目標が高すぎて自分にプレッシャーをかけています。どでかいことをやって周りの人たちを驚かしたいという誘惑に駆られています。たとえ空中分解に終わってもそれが自分の存在証明になると信じています。気力体力に優れていても理想や目標の見直しが必要です。参「飛行機」

☆ＵＦＯ

理解の幅が広がることを表します。これから起こる人生の変化を楽しみましょう。夢で未確認飛行物体を見たり、船内に連れて行かれる体験をすることがあります。夢は異次元体験ですが、ＵＦＯに出会う体験も次元を超えたコミュニケーションです。ここで大切なのは、どんな驚きの体験であれ自分が経験しているということです。異次元存在に自分を明け渡さない強さが必要です。何を体験してもあなたなりの感情を大切に味わえば、心は自然に成長します。

［着物］

☆服

他人に見せたいあなたの役割、あるいは他人に見えるあなたの姿を表します。服が清潔で品があり場に適っているなら、あなたは自由と責任のバランスのなかであなたらしく生きています。参「色」「コート・マント」「スカート」「スラックス」

☆コート・マント

必要な保護や労りや援助が受けられる可能性。あるいは自分がどんな人間か悟られないよう、実情や本心を隠していることも。他人がコートを着る夢なら、その人への理解に問題があるかもしれません。冷静に観察することです。あなたの冷静さが互いを助けることになるでしょう。

☆スカート

（主に女性の）性的あり方やセックス観、性的魅力の表現方法を表します。セクシーさには自己の尊厳が備わっているものです。スカートの状態と色によってあなたの性生活と自尊心の関係がわかります。参「スラックス」「色」

☆スラックス
　あなたのセックス観を表します。男性も女性も履くスラックスは、男性的な行動力と女性の柔軟さが統合された形です。ここに理想的形を見るか、不適合を見るかは、夢のストーリーとスラックスの状態に因ります。参「スカート」「色」

☆着物・和服
　あなたの美意識の一側面。伝統や遺産、温故知新、あるいはあなたの価値観に古さや堅苦しさがあることを表すことも。形式を重んじる態度は、自己放棄や自己卑下、逆に自己拡大や自己尊大につながりがちで、霊性のあり方に危うさをもたらします。これらとは対極にある姿勢で物事を等距離に眺める高台に立ったときにこそ自信が得られます。はるか昔の衣装の場合は、あなたの過去生であるかもしれません。

☆制服・ユニフォーム
　他人に見せたい自分の姿、自分の独自性を否定して社会や他人に依存する態度の現れです。あるいは規律を重んじる傾向の強さ。いずれにせよ、鍵は柔軟性を失わないことです。

☆ウエディングドレス・花嫁衣装
　結婚への憧れを表します。ウエディングドレスであっても文金高島田であっても、結婚を実現するにはあなたの人生設計を現実化する覚悟と準備が必要です。何を準備するかは、衣装のある場所や模様やデザインが教えてくれます。参「結婚・結婚式」

☆喪服
　これまで頼りにしてきた価値観を葬る必要に迫られています。とくにコミュニケーションの取り方を積極的なものに代えてみると良いでしょう。

☆パジャマ・寝巻
　寝室でのあなたの役柄を表します。インナーチャイルドに自由を与えるか、セクシーに振る舞うか。あるいは快適な睡眠と休養が必要なのかもしれません。参「ベッド・寝床・布団」

☆コルセット・ガードル
　制限を加えること。第二チャクラ（臍のすぐ下）と第三チャクラ（みぞおち）を圧迫すること。あるいは妨害者の存在。性と創造性、感受性と感情を抑圧してきた時代はコルセットが大流行しました。

☆下着

保護と暖かさを表します。下着姿が場違いでなければ、身近なものや人のお陰で安全に暮らせています。あるいは恋人や伴侶の性への考え方が夢のストーリーによって見えているでしょう。

☆ポケット

安全な隠し場所。他人には知られたくない自分の拠り所、自分が思う自分だけの優位点。ドラえもんのポケットなら、依存心のかたまりになっていないか内省しましょう。

［装身具・靴など］

☆アクセサリー

付ける部位のチャクラ（身体の七つのエネルギーセンター）の働きを磨くようにと知らせています。ただし、形や宝石とも絡んでくるので、そちらも調べて下さい。参「アンクレット」「イヤリング」「ブレスレット・腕輪」「指輪・リング」「ブローチ」「ティアラ」「ネックレス・チョーカー」「ベルト」

☆王冠・冠

自我の確立。最終決断できる能力。達成や勝利のシンボル。目標を達成した褒美。覚醒の兆しを表すことも。夢に現れる王冠に現世の地位や権威を読むよりは、自分が自分の王であることの知らせと読む方がいいでしょう。たとえば、王冠を抱いて一国一城の主になる夢の意味は、その地位にふさわしい心構えを持てば事態を好転させられると伝えています。その気概を持てたら一国一城の主も夢ではありません。月桂冠はそれまでの自分を打ち負かした勝利の印。茨の冠は、人生を苦と捉え自分を犠牲者と考えるあなたへの疑問符です。参「ティアラ」

☆ティアラ

女性性の確立。あるいは女性であることに誇りと喜びを持つこと。女性が自分を成長させるには、まず自分の肉体を受容し、その特性を理解できることが必須です。あなたの大舞台がまもなくやって来るかも。女性としてあなたが理想と思う姿を実現して下さい。参「王冠・冠」

☆兜（かぶと）

甲冑の兜は人生は戦いだと思っていること。ヘルメット様の兜は身の安全を計る必要性を表しています。

☆帽子

役目を演じているだけで、あなたらしさを表現していないことを表しています。

☆髪飾り

あなたの趣味や自分らしさをアピールしたいと思っています。髪飾りが少女趣味、懐古趣味を表していることもあります。花魁のかんざしのように階級や虚栄を表すこともあります。あなたらしい知恵や生き方が表われていますか。

☆かつら・ウィッグ

他人の考えを真似ることを表します。あなたは今、誰かを真似る必要があるでしょうか。自分らしく生きているか、夢の文脈から判断しましょう。

☆仮面・お面・マスク

夢の舞台が仮面舞踏会ならペルソナ（あなたが演じている表向きの役柄）を、土着民族の儀式なら心の変容を表します。能のお面は日本人の心の原型であり、複雑なこころを単純化して見せてくれますが、このお面が夢に出てきたら、あなたの望む生き方はどれかを考えてみて下さい。

☆イヤリング

聞き上手でいましょう。適切な判断には、偏りのない情報収集が必要です。片寄った意見に流されないためにも、他人の意見に耳を傾けましょう。

☆ネックレス・チョーカー

第四チャクラと第五チャクラの意味（表現力や伝達力）を併せ持ち、あなたの優しさを洗練された品のある言葉で表現するようすすめています。あなたの思いを、あなたが考える最高の品性で言葉に込めて伝えることが大切です。

☆ブローチ

胸に着けたブローチはハートチャクラを意味し、あなたの優しさを表します。ブローチがどのように見えたかで、あなたの表現があなたに相応しいかどうかがわかります。

☆手袋

努力したり、汗水垂らして働きたくないこと。人と触れ合うことで傷つくのが怖いこと。好き嫌いという当然の感情を身体で繊細に感じとれないことを表します。あるいは尊大さ、保護、準備万端を表すこともあります。

☆**ブレスレット・腕輪**

腕を使った奉仕の機会がやってきます。奉仕することで、あなたの中の美が、才能が磨かれます。腕を使っての奉仕といえば、育児への関わりを思い浮かべる人も多いでしょう。実際赤ちゃんを授かる場合もありますが、それ以外にもたくさんの奉仕のチャンスがあり、惜しみなく働くことであなたの中の宝石がますます磨かれます。

☆**指輪・リング**

生きている限り魂を磨くという自分への約束、左手の薬指にはめるエンゲージリングは互いに高め合うパートナーになろうという結婚の約束を表します。結婚指輪は、相手が自分の中の異性を映し出す鏡だと認めることです。参「宝物・宝探し」「宝石」

☆**腕時計**

この世の決まりである時間を管理する能力を表します。仕事と家庭や仲間、そして自分自身に使うエネルギーの配分に偏りがないかを見て下さい。参「時計」

☆**扇・扇子・団扇(うちわ)**

変化を作ること。あるいは本心を隠すこと。誘惑を表すことも。風を起こす道具は、持つ者の意図した変化を作ります。意図がなければ、変化は起こりません。変化といってもちょっとした自己満足程度ではありますが。扇で顔を隠すのは、自信がないか誘惑しているか。いずれにせよ本心を隠すのは自尊心に欠けるからです。媚びを売っているならなおさらです。または末広になっている扇子は、徐々に物事が繁栄していく兆しを表していることも。

☆**ハンドバッグ・バッグ**

女性にとってのバッグは自己表明であり、自己証明であり、人生計画です。自分を活かしたいなら、まずは女性である自分を受け入れるところから始めましょう。財布を入れていたら、女性としての生き方とアイデンティティが深く関わっています。バッグを失くす夢は、女性として生きる自己認識が甘く計画通りにエネルギーを使えていません。失くした場所や発見方法が生き方を教えてくれるでしょう。

☆**ベルト**

ウエストバンドは太陽神経叢（みぞおちあたりにある自律神経の塊）の圧迫を表します。緊張感が必要なのか、度の過ぎる抑圧に抗し難い状態かは文脈から判断します。ベルトコンベヤーなら、機械的に物事を処理する是非が問われています。シートベルトは安全への常識的配慮。

☆アンクレット

性的関心の表れ。セクシャルな美しさを表現するようにというアドバイスです。

☆靴

人生を安全に歩くために必要な仕事、社会への適応力、人脈などの無形の財産を表します。夢でぴったりの靴を履いていれば、あなたは自分に合った職業と立場にいます。大きすぎる靴の場合は、自分の実力を過大に評価していないか考えてみましょう。小さすぎる靴は、自分に対する過小評価と変化が怖いピーターパン症候群の傾向が。シンデレラのお姉さんたちが小さいガラスの靴を履こうとしたのと同じで、楽して良い思いをしたいという気持ちがあります。左右違う靴を履いている場合は、天職が見えずにいろいろ試そうとしていますが、エネルギーが散漫になって思ったほど効果が出ません。種類の違う靴を履くのを待っているような夢は、「二足の草鞋を履く」ということわざの通り、多様な才能で生きられることを示している場合があります。あるいは気分転換を図るようにという暗示かもしれません。かかとが潰れている靴は、社会に不満を持つことで目標設定を放棄し、自分からは行動しない人生への警告です。

☆靴下・ストッキング

生活の維持。心身への思いやり。穴の空いた靴下は衣食住が脅かされることを表します。しかし生きて行かれないほどではありません。クリスマスの靴下は宇宙的恩寵に両手を差し出すことを表しています。

[鉱物・宝石・資源]

☆石

「いし」と同音の「意志」「医師」などから連想できるイメージが石の伝えるメッセージです。堅い意志を貫くべきか、頑固を改めるか、心身のケアが必要かは夢のストーリーによります。

☆金属

　持って生まれた特質。鍛えてさらに強くなるもの。我慢強いか頑固。無感動を表すことも。

☆鉛

　悲観した見方。心が重いこと。周りに気遣い、他人に合わせる生き方は、結局のところ自分にも他人にも毒にしかなりません。のびのびとあなたらしくあれば、他人もそれを真似るでしょう。誰も誰かの犠牲にならないで済みます。

☆鉄

　固い決意。断固とした意志。あるいは融通が利かない頑固さ。血液中の鉄分は、断固とした意志が人生に必要だという表れです。

☆宝石

　気付いていない貴重な才能を表します。あなたはそれに気付き、磨いて披露する義務があります。値段の付けられない価値ある能力は、宇宙があなたに与えた恵みです。ダイヤモンドはひたむきさ、ルビーはあくことのない情熱、エメラルドはこだわりのない優しさ、真珠は痛みを引き受ける勇気を表し、あなたがそれらを自分の中から引き出すようにと促しています。夢の宝石に輝きがなかったりイミテーションの場合は、あなたが善人のふりをしていないか内省しましょう。参「宝物・宝探し」

☆アメジスト

　治癒に限界がないことを表します。実際にアメジストを身に着けることも助けになるでしょう。第七チャクラの紫を味方に、脳下垂体の恩恵を受けましょう。

参「宝石」

☆ルビー

　赤に青が混ざったルビー色は、情熱に冷静な方向づけができた創造エネルギーへの賛歌を表します。あなたもエネルギーを奮い立たせて、創造的な行動に出ましょう。

［さまざまなもの］

☆アイロン

　問題を易しく捉えるべきであること。ごちゃごちゃ考えず単純化させて良いこと。あるいは、常識ある適度な決まりを守るべきことを表します。

☆空き缶

自分を粗末に扱うこと。自分に関心がありません。まずは投げやりな自分を客観的に見ることです。自分を大切に扱わないのに、他人が自分を気にかけてくれるはずはありません。

☆アドバルーン

これから楽しいことが起きるでしょう。それを素直に喜び、楽しみ、感謝しましょう。ゆめゆめ自慢げに見えないようにだけは注意して下さい。参「風船」

☆雨戸

自分を振り返る時です。反省は自分だけの作業です。他人を巻き込まないこと。まわりが争いや事件事故で激しい嵐の間は、じっと耐えましょう。反撃に出てはいけません。追っ付け夜は明け、嵐は止みます。

☆網

義理人情のしがらみに縛られていること。あるいは文字通り欲しいものを手に入れるために網を張ることを表します。

☆あやつり人形・マリオネット

他人をコントロールしているか、されているかを表します。どちらも自分で決定し、責任を取ることが怖いのでしょう。自分を生きていません。参「アンドロイド・人造人間」

☆アルバム

振り返って人生を確認すべきことを表します。アルバムに写っている時と場所と人が、前進するためのヒントをくれるでしょう。

☆アンテナ

あなたの受信能力を表します。アンテナの状態から感度の良し悪しを知らせています。あなたのエネルギーレベルを上げて、無用な情報を受信しないために瞑想をしましょう。また、あなたの思いはいつも発信され、あらゆる次元で受信されています。無用な発信をしないためには祈ることです。ありたい自分であるよう、祈ります。

☆アンドロイド・人造人間

魂のない存在を表します。心を既存の体制に売り渡しているようです。自分を取り戻すには今の感情を感じ取り、味わい尽くすこと。それから行動に移しても十分間に合うはずです。参「あやつり人形・マリオネット」

「ロボット」

☆Eメール

人とのやり取りがスムースでありながら希薄かもしれないこと。情報優先で思いやりの絡むところがないやり取りには感動が薄くなる危うさがあります。メールで文字を読んだら、相手の全体も合わせて考えながら意味付けをします。もっと心を込めたやり取りをすすめているかもしれません。参「手紙」「字・文字」

☆錨（いかり）

人生の船旅を一時休むことを表します。これまで感情的に厳しい旅が続いたのでしょう。そのねぎらいと今後の英気を養うために錨を下ろします。「錨」と「怒り」は同じ音です。あなたの怒りを降ろす必要を伝えているのかもしれません。海中深くに錨を降ろすためには、怒り（錨）の感情をひとりで味わい尽くすことで沈められます。これで波風は立たなくなります。

☆椅子

ちょっと休むか、腰を据えて取り組むか、考えどころです。椅子の形は、どちらにすべきかを教えていますが、他人に見せたい自分を表していることもあります。参「家具」

☆糸

糸は意図に通じて、縦糸は生まれる前のあなたの意図、横糸はいまのあなたの意図です。どんな人生にしたいかはあなたの心次第です。これまでが気に入らなければ、修正可能です。また糸は、布と布を繋げるもので、意図を広げることで人生の幅が広がります。参「編み物」「タペストリー」「縫う」

☆イルミネーション

束の間の楽しみを表します。「楽しみなさい」か「浮かれすぎ」かは現状から判断して下さい。イルミネーションは夜のものなので、昼に味わったこと、つまり過去の人生での楽しみや美しさ（＝恩寵）を見いだして味わうときであることも表しています。

☆印鑑

合意していること。自己理解に片寄りがある可能性を表します。自己管理に責任を持ちましょう。

☆インテリア

あなたの望む生き方。あるいは他人に見せたい自分を眼に見える形にすること。夢では、魂が目指す本当の方向と、あなたの願いが一致しているかを検証するために、インテリアの一部が奇妙に見えるかもしれません。参「家具」

☆絵

夢で見た絵が美しく心に残るものなら、それを自分で再現し身近に飾っておきましょう。あなた専用の曼荼羅絵やライフシールとして、見る度に心を豊かにしてくれるはず。リラックスして大胆に絵を描くと、多くの気付きを得るでしょう。参「絵本」

☆エアコン

人工的な環境、または保護された環境に一定期間いる必要性を表します。どちらにしろ長期間いるところではありません。モラトリアム（人間の発達を可能にする準備期間）が長すぎるとその後のダメージに苦しみます。

☆X線・レントゲン線

物事の本質を見抜く手段を表します。洞察を得るとは、内面の本質が放つ美を認識することです。自分でもできますが、今は専門家の助けを借りて自己の内側を探りましょう。たとえ問題があっても、管理の下で行えば納得のいく結果が得られます。

☆絵本

考えが複雑になりすぎているので単純化すること。本来、学びはシンプルなものです。特定の話の場合はそのエッセンスがメッセージになっています。たとえば「ピーターパン」はピーターパンシンドロームを、「裸の王様」は苦言に耳傾ける勇気を促しています。夢の絵本はあなたのライフシールのシンボルになっている場合もあります。主要なものを拾いだし自分専用の絵本を作ってみては。参「絵」

☆エンジン

やり抜く意志と体力・気力を表します。トラブルを起こしているなら、決意は確かか、体力はあるか、やり続ける根気はどうかと自分の内側を見ます。何のエンジンか分かれば、その項目を参照。

☆煙突

やる気が適切に表現される必要性を表します。火が昇華していく煙突が適切に機能していれば、あなたの心身浄化がうまくいき、霊的な自己拡大に繋がります。サンタクロースの煙突は無邪気な神意を表します。工場の煙突は公害のシンボルであり、黒煙を上げていれば仕事への過剰適応か、そもそもあなたに適性のない分野である可能性も。参「家」

☆贈り物・プレゼント

現在の課題を首尾良くやり遂げるように、という超意識からの励ましです。夢で贈り物をくれる人が課題解決のヒントを示しています。恋人ならあなたの優しさや本性をのびのびと表現し、上司なら仕事上の才能を発揮して下さい。あなたが贈り物をする側なら相手の特性を認めたことを意味し、その特性はあなたにもあります。夢でも納得のいかない贈り物はもらってはいけません。大切な自由意志を手放してはいけません。

☆汚水槽

済んだ問題にいつまでもこだわっています。まわりもそんなあなたに辟易しています。自他共に許し、わだかまりを流しましょう。状況がどうあれ、あなたの学びは終わっています。

☆斧

気力・体力・意志力を創造的に使っていますか。斧を振り回したり、斧を持って誰かを追いかけたり、誰かに追いかけられたりしていれば、創造的でない使い方をしているので事態が深刻になります。あるいは強い意志で過去を切り捨てるようにという促しの場合も。

☆おもちゃ

夢中に遊べた頃と同じ気分で問題に取り組むこと、難題をおもちゃと思ってみることを表します。でなければがらくたのような昔の出来事が整理できず、過去に囚われていること。きれいさっぱり捨ててしまいましょう。あなたは変化が怖いだけで、実際は変化しないでいることのほうがずっと辛いのです。十分に愛されなかったという悲しみを表すこともあるので、立ち止まり、手間暇をかけて自分の子供心の相手をしましょう。

☆温度計

今の感情か生命エネルギーの状態を知らせています。感情は高ぶりすぎると無鉄砲を、低すぎると無気力を生みます。生命エネルギーが高い場合は、熱意と洞察力と集中力があるので効率が上がります。低い場合は熱意も洞察力もなく、何より集中力に欠けます。体温計なら、実際に低体温かどうかを確かめます。妊娠を望んでいるなら、内臓全般と下半身を冷やさないこと。とくに内臓を温める健康管理が急がれています。

☆カーテン

窓のカーテンが閉まっているなら、あなたは自分の心を人に覗かれるのを嫌っています。用心しすぎです。カーテンの陰から外を見ているなら、閉じこもりがちなあなたがオープンになりたがっている兆しです。これはあなたのインナーチャイルドの要求かもしれません。叶えて上げましょう。カーテンを開けているなら、前進の兆しです。

☆カーペット・絨毯（じゅうたん）

経済的な余裕を表します。床に敷いて足下の冷えから身を守ってくれる絨毯は、エンゲル係数を押さえてくれるので贅沢を楽しめるでしょう。絨毯がきれいで破れていなければの話ですが。身体の器官で絨毯の役目をつとめているのは胃と腸とを隔てる横隔膜が考えられます。絨毯にシミがあったら、不適切な飲食や浅い呼吸のために身体に不調和があることを知らせています。

☆骸骨（がいこつ）・ドクロ

血が通わない存在。感情に流れがないことを表します。これらの夢を見たあなたは他人の価値観に振り回され、魂を誰かに操られて感情が動かないようです。自分を愛し、環境を変えて、感情を呼び戻しましょう。ただし、夢の骸骨は心の死を意味し、肉体的な死は意味しません。ゾンビは信念や信条を他人に委ねていることで、骸骨は感情が働いていないことを意味します。ドクロの場合は、加えて鋭利な知識に焦点が当たっています。参「ゾンビ」

☆懐中電灯

ひらめき、直ぐに役立つ直感、内なる光を表しています。参「火」「光」「電球・電灯・ライト・明かり」「ろうそく・提灯」

☆街灯

あなたは少しも油断できないところにいます。しっかり自分が歩いてきた道を反芻してみましょう。そして、これから起こるかもしれない危険を視野に入れて、対処法を考えておくことです。いまなら、あなたを襲おうと構えている人の気持ちを萎えさせることもできます。

☆かかし
田んぼのかかしは、ユーモアを持って被害を防ぐようにという忠告。または自分を大事に思えないので自分の本当の姿や望みに行き着けないこと。自己卑下が無用の恐怖を生み、自己決定ができないことを表します。とくにオズの魔法使いのかかしは、自分には考える力がないと思い込んでいることを表します。参「ロボット」

☆鏡
自分の現状を鏡を通して見ています。曇った鏡は思いに曇りがあることですが、原因は妬み心でしょうか。
参「顔」

☆鍵
本質を見抜く力。打開策を表します。鍵を持っているなら、文字通り解決策は手中にあります。

☆鉤爪(かぎづめ)
手に入れた獲物や状況を絶対に放さないという執着からくる嫉妬心を表します。それを手放せば、もっと優れたものがやって来ます。

☆家具
自己表現。夢の家具がインテリアとして統一されているか、家具の機能を果たし、整理整頓されているかで、あなたの自己表現が適切か判断します。

☆傘
怒りや悲しみを、涙で流せるときです。あなたの感情の浄化への理解が深まったので、傘が現れました。ひとりで思い切り泣いて、すっきりしましょう。

☆刀
自尊心のよりどころ。恥を知ること。あなたは自分に自信がないかもしれませんが、そろそろ外側に価値を求めず自分自身に価値を見い出すときです。封建時代は終わり、本音と建前の別はなくなりました。求めるところに行ける自由を楽しみ、その責任を履行するときです。

☆楽器
感性と感情を楽しむことをすすめています。楽器は感情を汲み上げるための道具です。夢の楽器が感性を磨く助けになるでしょう。演奏を聴いたり楽器に触れて本来の霊性の力を取り戻しましょう。楽器は異性の身体の象徴でもあります。弦楽器は女性の身体を、笛や打楽器は主に男性器を表します。私たちは異性に性的に目覚めながら、霊性を成長させます。さらに性のコミュニケーションを通して宇宙への讃歌が奏でられます。それにはふたりの間で時間をかけた修練が必要で、それは楽器の練習と同じです。自らの創造性を信じることで可能になります。人前で演奏する夢は、コミュニケーションを磨くようにというメッセージです。たとえ下手な演奏でも、自分の殻に閉じこもらずチャレンジしましょう。自分のやり方の不備に気付くことは最高の恩恵です。参「ピアノ」

☆金(かね)

エネルギー。変化を起こす決意を表します。お金を拾うのは他力本願で、棚ぼたを当てにすることを表し、お金を落とすのは、今はあなたの決意を時流に乗せるのが難しいことを表します。参「給料」「コイン・小銭」「買う」「値段」

☆カバー

保護すること、されること。あるいは自分にも他人にも隠すことを表します。隠している場合は、どこかにほころびや裂け目があります。

☆花瓶

今を受容することであなたが輝くことを表します。誰かの補佐でいることに複雑な思いがあるかもしれませんが、花瓶があってこその花です。実際に花瓶に花を生けて、静まっていく心を楽しみましょう。

☆かまど

先祖伝来の生き方の知恵を表します。あなたに秘められた才能は先祖伝来のものかもしれません。役立てる方向で考えたらどうですか。

☆紙

白紙なら、あなたの自由意志を働かせるときです。実際に目の前に紙を置いて、あなたの願いを書いてみましょう。日本語の「神」は「紙」と同音です。白紙の人生に意志を働かせることで、あなたは神である真理を表せます。夢の紙に何か書いてあれば、大抵それはあなた自身に向けられたラブレターです。人生はあなたの自由意志を限りなく尊重しています。

☆カミソリ

思考と、それに伴う行動の切れ味が鋭いこと。破滅の危険を冒すこと。嘘と真実の境目をはっきりさせる能力の存在。カミソリを使っているのがあなたなら、態度の浄化が促されています。参「ナイフ」

☆カメラ・ビデオカメラ

自分や自分の体験を客観的に見ることが求められています。あらゆる時と所に学びがあると考えて、感情を味わい冷静に人生に取り組みましょう。参「写真」

☆貨物

不必要な価値観を持っています。貨物が大きければ大きいほど、あなたは必要のない主義主張、生活信条を抱えて生きています。夢の世界では身軽でいることが鉄則になっています。

☆殻

抜け殻。虚無。引きこもり。外界が怖いこと。自分がつくった恐れに捕まっていることを表します。自分の存在を優しく受け取ることでエネルギーを充たし、興味のあるところから外界と繋がりを持ちましょう。破れない殻はありません。ブレークスルーの好機です。

☆ガラス

窓ガラスが割れた場合は、あなたのエネルギーを奪うものに注意し、油断せず周りを見回しましょう。粉々のガラスの場合は、夢が破れ、計画が失敗することを表します。もともと壊れやすい計画や願望ではなかったか検討も必要です。ガラスの城やガラスの靴といったメルヘンチックなものは実生活に役立たない壊れやすいものの象徴です。強化ガラスの窓から外を眺めているなら、安全を図るあまり行動力がありません。ガラスの破片を噛んでいる場合、あなたの言語表現が鋭くて、あなたを苦しめている可能性があります。

☆カレンダー・暦

物事のタイミングを計ること。計画を具体的にスケジュールに載せること。立春から立冬の間に、物事は着手から完了に向かいます。冬の間は内省と来春からの計画を練るときです。カレンダーの月は、四季で春夏秋冬のテーマを基準に考えます。また新月から満月は新年から盛夏を、満月から新月へは夏の終わりから冬の始めの変化と同じ内容を表します。新月から上弦にかけての夢はメッセージ性が濃くなります。参「月」「春」「夏」「秋」「冬」

☆瓦・屋根瓦

家全体は身体を表しますから、屋根は頭髪で、その中でも瓦は形式張った日本髪や、手の込んだパーティ用の髪型を表します。権威や技術力を誇示しているかもしれません。あるいは伝統と文化に目を向けることで心の浄化や安定を図ることを、鬼瓦は願いや目標をはっきり掲げることを表しています。

☆贋作(がんさく)

自他に自分を偽ること。自分の創造性を信じられないこと。真の自分に行き着くことはないと固く信じて、他人の真似に終始します。感性と直感が後押しする霊性を味方に自分の願いを知ることで、本来の姿を知ることができます。

☆乾電池

瞑想によって得られるアイディアややる気、瞬発力、あるいは手軽な気分転換を表します。

☆看板・ネオンサイン

注意喚起を表します。看板の文字や絵から連想を膨らませ、メッセージを汲み取りましょう。ネオンサインは看板と同じに特定の注意を促す意味か、勝手気ままな生活への注意です。ストイックすぎる場合は、憂さ晴らしの必要があるでしょう。

☆機械

機械的な動きをしていたり、自分が機械の一部なら、感情・感性と霊性がちぐはぐに働いています。正解を外に求める気持ちは感情を伴わない機械と同じです。自分にとっての正解は熱い思いと穏やかな情緒が教えてくれます。使いこなせない程に大きく複雑な機械はエゴの表れです。

☆切符

交通機関の乗車切符は、新しい体験に乗り出すようにという促しです。一歩踏み出せば景色は目まぐるしく変わり緊張を強いられます。それが嫌で現時点に留まっています。現状に執着しています。夢で切符を手にしたら、とりあえず行動を起こしましょう。いま乗り出さなければ、あなたの心身が再びこの状態に調うまで待たなければなりません。交通機関の夢は、社会のルールの中で生活することも示唆します。

☆給料

人生から学んだ分の報酬。自己採点。前向きに生きるための準備金。全てを因果応報だけで捉えないことです。もし金額が提示されているなら、それは最終評価ではないので多少にかかわらず感謝して受け取りましょう。参「金（かね）」

☆切り株

夢を諦めたようです。何を諦めたのかどの才能の芽を摘み取ってしまったのか、再検討しましょう。夢の意味を再確認できれば、問題解決は図れます。根は大地の中で生きています。

☆ギロチン

批判が過ぎて血の通った人間らしい態度を取れていません。合理性を追求しすぎています。一呼吸置いて人間性を取り戻せれば血の通った策が思い浮かぶでしょう。

☆釘

夢で誰かに「釘を刺す」のは念には念を入れることを表します。周りの意見は自分に語りかけていると受け止め、骨身にしみれば現在の計画は実現するでしょう。「釘付け」は自分か相手の自由を奪うことです。意図はどこにあるかを確かめます。「糠に釘」の夢なら、生活に張り合いがなく人生に手応えを感じていません。

☆鎖

習慣や常識や信念が生き方を制限しているかもしれません。サディズムとマゾヒズムで使われる鎖の場合は性の狭い概念に囚われていることを表しています。チェーンの一つが欠けている場合は分離または解放。文化的背景によっては参「縄」「紐」

☆櫛・ヘアーブラシ

髪をくしけずる櫛の場合は、霊的知恵で考えを整理することを表します。損得ではなく霊性を働かせて心の整頓をしましょう。じっくりと丁寧に内面を見て正すべきは正します。今のあなたは人前に出られません。ブラッシングして髪の毛をセットするように、手順を踏んで内面を整え、出陣に備えましょう。準備が完了すれば人前で堂々としていられます。夢のヘアーブラシと櫛は同意です。髪飾りとしての櫛の場合は、名誉や誇りに重きが置かれているかもしれません。人生の価値を外に求めていませんか。

☆薬・薬剤・薬品

心身のバランスに科学で対処することを表します。あるいは自然志向に走りすぎた態度を軽く諌めている場合もあります。さらに、心身の安定を安易な手段に求め、現実を直視したくない逃避の表れだったり、性急に悟りを求めて地道な手順を嫌っていることを表していることもあります。

☆クレジットカード

借りをつくること。今は払えないと自分を過小評価しているので、豊かな人生は先送りです。

☆携帯電話

あなたの他人に向けた表現や関わり方、あるいはあなたらしさについて誰かに助言を求めることを表します。オープンであることと秘密主義の落差が激しいと危険度が増します。参「電話（携帯電話）・メール」財布代わりに使っている場合は参「財布」「ハンドバッグ・バッグ」

☆毛糸

おしゃべり、好きなことへの没頭を表します。毛糸の色にも意味があります。参「編む・織る」「糸」「色」

☆警報器

夢の警報器、火災報知器はあなたが道から逸脱する危険を知らせています。とくに警報器はあなたの計画や財産管理、人間関係や心身のケアに油断のあることの知らせであることも。火災報知器はエネルギーのメンテナンスに問題があるので早急な生活習慣の改善を。

☆ゲーム

人生をゲームのように楽しむ術を表します。あなたはこの世を楽しんでいるでしょうか。検討してみましょう。夢でゲームを楽しむ相手は現在の人間関係を表しています。参「舞台」

☆消しゴム

過去を消去する必要性を表します。いつまでもくよくよ悩むことはありません。不本意な過去に囚われていると、あなた本来の望みを断念することになりかねません。消しゴムで消すような簡単な作業です。ちょっとした勇気を出しましょう。過去に何があろうと、魂の望みは叶います。

☆化粧品

自己イメージを上げて自信をつけること。反対に表面を飾り立てるだけで内在の光を見ていないこと。夢で厚化粧しているなら、本来の美しさに気付かず、自らの品位を下げていることを表しています。

☆煙

夢の煙は暗煙と清めの香煙にはっきり別れます。暗煙の火元はコントロールされない激情で、心の中が見えなくなっていることを表します。清めの場合は無意識のなかの訳の分からない囚われから解放されて、人生に方向性が見えてくることを表します。心の濁りが煙となって異次元に消え去ると、明らかな世界が現れます。この世を去った魂に香を焚くと、煙は私たちの邪気を払い、こちらの愛情をあちらに届けてくれます。

☆剣（けん）

諸刃の剣は真実を表します。蒔いたものは刈り取らなければならないこと。やればやり返されることを教えています。蒔いたものを刈り取ることで真実が見え、創造性が生まれます。あるいは破壊、報復、報償を表すことも。参「ナイフ」

☆原子爆弾

創造面で大飛躍を遂げそうなエネルギーがあるのに誤用しそうです。あなたは長いこと本来の自分を表現してこなかったので、そのエネルギーを効率的に使えていません。溜めに溜まった怒りのエネルギーは周りを巻き込んで自滅の道に向かいます。目覚ましい結果や思い通りの結末を得たいと自分勝手な結論を急いでいますが、自滅したくないならゆっくりとした確実な成長を目指すべきです。体を鍛える、食を自然のものにする、思いを言語化するといった工夫を凝らし、エネルギーを創造的に引き出す工夫を重ねて下さい。参「爆弾」

☆顕微鏡・拡大鏡

原因究明に精密さが要求されているか、こだわりすぎて、それが人生の枷になっていることを表します。顕微鏡は精密な視野、拡大鏡は頑固な信念を表しますから、それらをバランスよく利用する中立的な視点を養いましょう。

☆コイン・小銭

日常的な小さな決意を表します。夢で宝石のような高額のものを小銭で買うようなら、事態を甘く見積もっているので出直さないといけません。さらに夢の小銭で気を付けたいのは道ばたや川岸に転々と落ちていたり、足許に散らばっているときです。自分のまだるっこさに苛立ちながら、一方で変化が怖くて梃子でも動きたくない思いでいます。落ち着きに欠けてエネルギーが漏れ、小さな間違った選択をくり返している現状の反映なので、信頼できる人を捜して心の内を聞いてもらいましょう。カウンセラーのところへ行くのもおすすめです。いずれにせよ、コインを夢に見る時はエネルギー不足です。変化を起こそうとする前に、リラックスして状況を観察しましょう。参「金（かね）」

☆炬燵（こたつ）

　暖かさ、保護、郷愁を表します。あなたの炬燵にまつわる思い出と夢のストーリーを重ね合わせると、メッセージが判り易いでしょう。炬燵はインナーチャイルドの癒しが可能であり、現在の自分との和解も可能なことを表します。時に炬燵は下半身だけのよこしまな恋心を表します。あなたは人目を忍んでいるつもりでも、周りは気付いています。参「暖炉」

☆骨董品（こっとうひん）

　今までの生き方や考え方が古くなって、役に立たなくなったことを表します。成長するには新しい挑戦をするしかありませんが、あなたは馴染みのないことに恐怖を覚え、足踏み状態です。これまでの自分史を評価することで心のバランスを取る必要があるでしょう。あるいは温故知新の必要性も。

☆ごみ

　前進するには役に立たないあなたの側面。不要な価値観やアイディア、計画のこと。参「糞尿」

☆コンピューター

　自分というコンピューターの機能向上を図る必要性を表します。意識の範囲を広げ、自由意志を行使することで心の電力を増やし、あなたというコンピューターの性能を上げましょう。

☆サイコロ

「賽は投げられた」という意味で、運命の歯車が既に回ってしまったので前進するのみです。あるいは、人生は賭けであり意のままにならないという思い込み、でたらめ、出たとこ勝負になっていることです。夢のストーリーを吟味し、自己責任について考えましょう。

☆財布

　夢の財布はあなたのアイデンティティ、エネルギーの容れ物です。夢で財布をすられたり、盗まれたり、無くなったりしていれば、あなたが他人に生きる気力を抜き取られて、欲しいものを得られなくなっていると教えています。いつでも自分の活力を自分の意志で使えるよう、自分のエネルギーの安全を図っておきましょう。誰に気力を抜き取られているかも重要な問題です。参「金（かね）」「買う」「ハンドバッグ・バッグ」

☆**材木・木材**

温もりが欲しいこと。自然回帰。自然体を心がけることの必要性を表します。穏やかで温かい関係や優しい肌触りを無償で体験することが大切です。丸太でも一枚の板でも、地球から産み出されたものには安らぎがあります。

☆**盃・カップ・杯・ワイングラス・猪口**

罪悪感を持たず、現実を厳粛に受け容れることの必要性を表します。今は動き出す時ではなく、これまでの行程に感謝と豊かさを見いだす時です。普段の飲酒が逃避の結果なら、その気付きがあるでしょう。参「酒・アルコール・ビール」「ワイン」

☆**作物**

蒔いたものを刈り取ること。因果の法則。豊かな収穫は、自分を愛することとこの世の成り立ちへの感謝がもたらすもの。不作は、自分の力量に対する認識不足から適切な世話をしなかったことの表れです。

☆**錆（さび）**

怠慢が心を錆び付かせ、それが表面化したこと。光らせるべき才能や能力があるにもかかわらず使われていないことです。これから才能を発揮するには、犠牲者ぶるのをやめ、才能そのものを磨く努力の期間が必要です。

☆**皿・食器・茶碗**

これらは心の栄養になる人生の課題の容れ物を表します。どんなものが盛られているかで、これから自分が何に挑むのかがわかります。欠けたり汚れている食器は、問題に取り組む前の姿勢に不備があることです。食器を洗ったり片づけたりしていれば、問題は峠を越しています。あとは体験をどう消化して栄養とするかです。食器に料理が盛られているのに食べるのをためらっているようなら、なぜ躊躇しているのか心の内を探って下さい。あなたが誰かに料理の載った皿を差し出しているなら、あなたが相手に問題を提供しています。相手がそれに取り組むかどうかは相手の意志によります。

☆**CD**

手軽な慰め、気晴らしの特効薬を表します。参「音楽」

☆敷布・シーツ

安全な居場所。セックスのコミュニケーションを表します。新品の敷布は、自己探求の新しい局面を意味します。使用済みや汚れた敷布、拡げた敷布の上にがらくたや生き物がいる場合は、他人の生き方や価値観、本能レベルの衝動に突き動かされている現状の反映です。参「ベッド・寝床・布団」

☆時刻表

社会の規律を表します。時刻表通りの電車に乗るのは、あなたの社会に対する適応力が優れているからです。時刻表は会社の都合で変わります。同じように社会の規律も価値観も前ぶれなく変えられます。この世は時間の制約で成り立つ幻想の世界です。時刻表は幻想をもとに作られたとりあえずの約束と知って、便利に使いこなしましょう。

☆磁石

プラスとマイナスの働きが互いに影響しあって働くものを表します。本能的に引き合うか反発するか、その仕組みをよく見ましょう。

☆蛇口

意識的に感情の切り替えができる能力を表します。蛇口から水が漏れているなら、情緒不安定でエネルギーの浪費をしています。感情を疎かにせず押さえつけず、大切に味わいましょう。感じきればどんな感情も浄化され、あなたの霊性向上を後押ししてくれます。

☆写真

写っているものから、現在のあなたの状況と必要なものや考え方がわかります。思い出の写真なら、そのときの体験が現在のあなたの問題解決に役立ちます。現在のあなたは当時と似た問題を抱えており、それは魂のレベルアップのための追試験のようなものだからです。参「カメラ・ビデオカメラ」

☆賞・賞金・賞品

課題への取り組みで成果を上げたことを表します。次に進む前にそれをしっかり認め、自分を誉めましょう。ここでそれをしておくと、次の課題に取り組むときの活力になります。夢のストーリーによっては、過剰な自己評価や功名心の表れであることも。

☆錠・錠前

心に錠をかけていること。型にはめた自分。自分の殻に閉じ籠もることです。思い通りに行動したり、心を開いたら恐ろしいことが起きるだろうという錯覚があります。

☆消火器

ちょっとした怒りを抱えていることです。今のうちにその怒りに意識の光を当て、自分の中の原因を見つけましょう。するとその怒りは大きくならず、あなたの霊性を下落させることは起こりません。参「消防士・消防車・消防署」

☆肖像・肖像画・肖像写真・ポートレート

誰の肖像であろうと、あなたの自己イメージを表わします。それはあなたのペルソナ（自己の外的側面）かもしれません。あなたの振る舞い、あなたが見せたい見てもらいたいと思っている自分の姿を振り返り、どこに本当の自分があるかを考えましょう。たとえばナポレオンの肖像画なら実際より自分を過大評価している可能性があります。参「像（立像）」

☆食卓

夢で食卓に供されたものを食べる行為は目前の課題に取り組んで心を養うことを表します。テーブルを共にする人はともに問題に取り組む同志です。その人とどう向き合い、どう問題に取り組むべきかは夢のストーリーが教えてくれます。テーブルに置かれたものは取り組まれるのを待っている課題を示します。参「机」

☆地雷

悪だくみに自らはまること。策を弄して策にはまること。怒りのあまり自分や他人を貶めようと頭を巡らせることです。あなたの尊厳が脅かされるようならその場から離れましょう。参「爆弾」「原子爆弾」

☆信号

対人関係のあり方を表します。人によってあなたへの対応がまちまちで、戸惑っていませんか。そんなときは周りをよく見て、対人関係の上手な人がどう対応しているかを参考にしましょう。信号の色が見えたら色の指示通りに行動すべきですが、油断は禁物です。

☆人工衛星

社会的に承認を受けた目的や信条に忠実なことを表します。それが自分の願いや目標と一致しない場合は、いずれエネルギーが枯渇します。一致していれば、社会的評価の高い行為になるでしょう。どちらにしても、定期的な内面チェックが必要です。

☆新聞・ニュース

注意を喚起する必要性を表します。政治面は霊性を、経済面はエネルギーバランスを、社会面は感情の状態やストレスを取り上げています。自分に何が起きているかを知る必要があります。

☆巣

結婚や家庭への憧れ。血の繋がりが欲しいこと。居場所が欲しいことです。巣ごもりの場合は新しい創造性が形になる前の闇と静寂の時期を表しています。

☆水車

感情をエネルギーに変える機能を表します。知性は一時のエネルギーしか生み出しませんが、喜びの感情は尽きないエネルギーをあなたから引き出します。参「車輪」

☆彗星(すいせい)

社会変革を起こすほどの激しさを持つ創造力を表します。自己変革を成し遂げても、周りの賛同が得られる期待は薄いですが、自分は深く納得できます。

☆スーツケース

問題を整理せず棚上げしていることを表します。自分には解決能力がないと思い込んでおり、自己卑下に陥っています。問題が見えたのは、その解決能力があると宇宙に認められたからです。身ひとつで立ち向かう覚悟を。参「荷・荷物・ナップサック・旅行鞄」

☆スケジュール

自分を鋳型にはめること。仕事中毒を表します。前進するのに必要なのは、自分の現状を把握しつつ、いつでも不測の事態に対応できる余裕です。予定表に従うだけなのは、自分の決定に自信がなく、心にゆとりがない表れでしょう。あるいは規則正しい生活の必要性を表すことも。この場合も余裕が鍵になります。

☆砂

瞑想の必要性を表します。砂は悠久の時間を体験し、状況の変化を眺めてきた証言者です。瞑想すると、この悠久の時間を一瞬のうちに感じることができます。
参「砂漠」

☆スプーン・匙(さじ)

心の栄養や薬になるものを少しずつ自分に与える必要性を表します。または食べるに困らないので心配は要らないことです。

☆スポットライト
認められることを表します。あなたにスポットライトが当たります。怖がる必要はありません。結果を心配する必要もありません。やるべきことをやりましょう。あなたの実力は多くの人に知られ、人類の宝になります。

☆炭
自分の中に手軽に使えるエネルギーがあること。あるいはコミュニケーションに手間を割く必要を表します。火がつくのに多少時間は掛かりますが、茶室の炉の炭、囲炉裏の炭、焚き火の炭、肉を焼く炭など、それぞれ手間を掛ける方面を知らせているでしょう。

☆墨
夢の墨は、創造的な自己表現、あるいは頑固なやり方を表しています。

☆請求書
請求書を渡される側なら、備わった能力を使って奉仕をするよう請求されています。請求する側なら、相手の能力を引き出すチャンスがあります。私たちは生まれた時点で、請求書を渡されているとも言えます。

☆税金
自分自身と仲間への責任、ひとりでは生きられないことを表し、互助の精神や奉仕の必要性を表しています。

☆石鹼
あなたの考え方や行動を子細に吟味し、不要なものをきれいに洗い流す必要性を表しています。

☆線路・レール
あなたは敷かれたレールを走りたがっていますが、いずれ独自の道を切り拓く必要性を表しています。

☆像(立像)
魂を入れ忘れた形ばかりの存在を表します。自分独自の望みを知らないと活き活きと生きていけません。自分の生き方を変えられない頑固さや、外見に重きを置いていることに気付きましょう。参「肖像・肖像画・肖像写真・ポートレート」

☆双眼鏡

遠くから見る必要性を表します。現状を過去あるいは未来の自分が眺めたらどうだろう、と考えてみて下さい。感情に呑まれず冷静に、距離を置いて自分を眺める必要性があります。参「望遠鏡」

☆掃除機

問題を一気に片づけようとしていることを表します。心の焦りなのか、逆に問題を一掃できるのかは夢のストーリーを見て判断します。参「掃除」

☆太鼓・ドラム

生命の鼓動、生きる意欲を奮い立たすことを表します。あるいは相づちや調子を合わせたコミュニケーションの必要性を表しています。

☆ダイナマイト

仕舞い込んだ怒りを慎重に扱うよう警告されています。一切を台無しにしないよう、まずはこれまで無視してきた怒りの存在を認め、それを悲しみと感じるまで感じ続けて安全な感情に変化させましょう。あるいは罠を示唆し、慎重に迂回路を探す必要性を表すことも。大地深くでドラマがくり広げられたり、知っている人同士の戦いがあったり、いつの時代か何処で起きたことか定かではないけれどリアルな状況を夢に見た場合は、あなたにとって人生上の大きなテーマが示されています。折に触れて思い出し、その夢を知っていることで安心していられる自分に気付いて下さい。それがどんなに残虐な夢でも、幸せな夢でも、あなたはそこから愛を学べます。参「地雷」「爆弾」

☆たいまつ・かがり火

今あなたは方向を失っていますが、希望はあります。地下の宝を照らすたいまつはクンダリーニ（人体内に存在する根源的生命エネルギー）が目覚めることを示唆します。いつも手元にあって、自分で火を灯せる方法は瞑想です。参「火」「懐中電灯」

☆ダイヤル・チャンネル・プッシュボタン

異なる意見や考え方を適切に聞き分け取り入れる能力、この世を超えた次元を感じる力、場の波動を受信する能力を表します。自分の居場所や立場を正確に把握する感度があれば、つまりエネルギーセンター（チャクラ）を整える力量があれば、必要な情報を必要なだけ得ることができます。夢でダイヤル合わせをしていて声が聞こえたときは、あなた自身の真我からの重要なメッセージです。参「テレビジョン」「ラジオ」「電話（携帯電話）・メール」

☆たき火

達成や成功の喜びを昇華すること。課題の成就を天に返すことを表すことも。落ち葉はこれまでにあなたが達成したものの証です。しかしその功績のうえに次の課題を載せることはできません。いったん達成感を意識の火で燃やし天に送ってから次のステップに進みます。たき火で暖をとる夢は、これから人間関係の学びがあることを示しています。あるいは自然と自分の関係について理解が深まります。参「火」

☆凧（たこ）

子供返りしてファンタジーに遊ぶこと。インナーチャイルドを慰める行為。一時の自由に高揚感を味わうこと。あるいは自由の履き違えを表すことも。

☆盾

自分を守るための言い訳。言いがかり。言い逃れ。または攻撃をかわすこと。直接対決を避けているので、課題は残ったままです。

☆棚

自分が言い出したアイディアを自分で棚上げにしていること。取り組むと決めたことを忘れていること。自分で責任を取りましょう。

☆たばこ

おしゃぶり。習慣の奴隷。あなたには価値があっても他人には迷惑なもの。密かな罪悪感を表す場合もあります。またはストレスの駆け込み寺。根本的な解決法にはならない一時の気休め。コミュニケーションの煙幕。身体的、感情的、霊的束縛を表すこともあります。

☆タペストリー

人生を表します。生きるとは一枚のタペストリーを織っているようなものです。人として生きる長さのマキシマムを縦糸が決めます。そこに経験という横糸を織り込みながら一生かかってひとつの絵物語を創ります。しかし、裏側から取り組むので織っている間は全体の仕上がりは見られません。大切なのは意図を持って織り続けることです。人生を終えて、はじめて自分のタペストリーを見ることになるでしょう。ただし、死と夢の状態は同じなので、夢で制作途中のタペストリーを垣間見ることはあります。大抵は横糸が異質だったり、うまく結び目が作れていなかったり、色が気に入らなかったりする場面で、自分らしく生きていないときです。あなたの人生の意図を明確にすると作業が進みます。参「編む・織る」「糸」

☆弾丸

言葉の暴力を表します。言葉を発する目的は何か、もう一度考え直しましょう。

☆箪笥(たんす)

心の奥深いところに追いやった想い出。持っていて損はないと判断した価値観。保留したアイディア。取得したものの活用していない資格を表す場合もあります。心の整理のときです。溜め込んだ不要品を処分して部屋を掃除しましょう。

☆暖炉

帰るところ。自然回帰。家族団欒への憧れ。内なる炎を知る必要性を表すことも。身も心も温かさを求めています。心身を暖め弛めるために、実際に暖炉の前に行ってみましょう。参「炬燵」

☆地図

人生のブループリント。現在地と行くべき方向。ガイドラインを表すことも。将来を知りたいというあなたの願望に夢が応えてくれています。しかし大抵の場合、夢の地図は現在地のみ書き込まれてゴールは明確ではありません。人生の地図はあなたの意志によって創られるというメッセージです。

☆注射

即効性はあるもののその場限りのもの。プラスにもマイナスにも直ぐに働くエネルギー。覚悟して使わないと依存する危険性があります。夢で資格のある者が注射をしているなら、同意して利用できますが、資格のない者同士なら、マインドコントロールの意味合いが含まれます。

☆杖

頼りになるものが必要です。もし羊飼いの杖なら見失った自己を再び探し出す必要があります。医神アスクレピオスの蛇杖も心と身体がひとつであること、杖の形をもってエネルギーが体内を巡ることを表します。人生行路で杖と頼めるのは、このエネルギーの活性にほかなりません。参「蛇」

☆机
取り組みを待っている問題を表します。夢の机上にある仕事の計画や大事な手紙、読みかけの本、料理、おもちゃなど、どれもあなたが着手せずに引き延ばしている人生のテーマを表しています。ぐずぐずしている自分に気付くときです。周りの誰かがあなたの責任のなさに反旗を翻すかも。いまなら大丈夫、早急に手を打ちましょう。机上の空論を戦わすために人生を生きているわけではありません。参「椅子」「食卓」

☆積み木
何度も同じアプローチをしていることを表します。これまで試したやり方を反省してみましょう。あなたはまだ変化と成長を望んでいないかもしれませんが、変わらなくては済まないところに来ています。

☆釣り竿（つりざお）
内面に答を求めること、自分の感情の流れを観察しながら無意識の中に存在する価値ある解決の糸口を見つけることを表しています。参「魚」「魚釣り」

☆手紙
自分自身への心配り。愛のメッセージ。世界があなたを気遣い、いつも優しく注目していることを知って下さい。手紙の内容、文字や数字や記号などからその主旨を汲み取りましょう。夢で文字を読むとき、文字には明るく柔らかな光が当たっています。あなたの理解度もそれと同等に鮮明になっているはずです。参「字・文字」「Eメール」

☆手本
実行前に見本を見せられているので、課題は越えやすいでしょう。あるいは一時の信念や信条を表すことも。これはあなた独自の生きる姿勢を見つけるまでの仮の目標です。

☆テレビゲーム
実態が伴なわない体験。実のない挑戦。実体験の練習にもなりません。しばしの憂さ晴らしです。切り替えが必要です。

☆テレビジョン
退屈しのぎ。感情を麻痺させるもの。心を社会や時代の流れなどに預けることを表すことも。あなたは人生に退屈していませんか。事態に対処する自分の姿を内省しましょう。参「映画・ビデオを観る」「舞台」

☆電気

自分は電気エネルギーが流れる生命体だという自覚。心の電波。あるいはテレパシー。霊的にも精神的にも肉体的にも燃料補給が必要だということを表しています。参「エネルギー」

☆電球・電灯・ライト・明かり

明かりが点いている場合は心身が安定して頭脳明晰であることを表します。状況把握ができており、役立つアイディアもあります。明かりが点かない場合はその逆なので、瞑想をして心の電流の流れをよくしましょう。参「スイッチ」「ろうそく・提灯」

☆テント

仮の自分、基盤のない自己確認の必要性を表しています。

☆電話（携帯電話）・メール

夢で電話を掛けるのは、あなたの思考回路を変えて必要な援助や助言を得る必要性を表します。そのためには心のエネルギーレベルを調節して周波数を一定に保つ必要があります。夢で電話がうまく掛からないとしたら、情緒不安定でそれができていません。電話で話している場合は、エネルギーレベルをうまく調節できていますから、夢で助言が得られなくても現実生活でそれを受けられます。掛かってきた電話で話している場合は、宇宙の英知からの特別なメッセージがもたらされています。注意深く全身全霊を持って受け取ります。参「携帯電話」

☆戸・ドア・扉

自分を知る時、生活が広がる時の到来を表します。あなたの思わぬ才能が花開く時、ドアの前に立つ夢を見ることがあります。鍵がかかっていないなら、開けて向こうに行きましょう。閉まっていれば、心の中の恐れを見ましょう。あなた自身が新しいチャンスに恐れを感じているはずです。自己発見を意味する扉は、大抵鍵がかかっていません。夢で扉が閉まっていても、あなたにやる気があるなら現実で一歩踏み出しても問題は起きません。夢で橋を渡ったり、川を泳いだりして新しい世界に行くよりも、あなたにとっては馴染みやすい現実の世界が開かれるはずです。

☆道具

望みや目的を叶えるために使う品々。恐れを退けるものを表すことも。出発に備えて、あなたの目標達成のために必要なものが用意されています。心強く用いて下さい。

☆道路標識

行く手に夢の標識通りの困難が予想されます。狭路なら周りの人の視線が厳しくなってくるので油断をしないことです。目標を見失わず、不必要な衝突は避けましょう。夢の標識が落石注意なら、予想外の出来事に見舞われる可能性が。あなたの視野も狭くなっているかもしれませんが、スピードを緩め過ぎず素早く通り抜けること。夢で困難を前もって知らされた幸運に感謝し、大事にいたらぬ心構えを。参「道・道路」

☆毒

創造性を奪うマイナス思考。恐怖と批判と嫉妬心は克服すべき最強の毒です。自己愛の欠如が他人への憎悪という毒を生み出しているかもしれません。

☆時計

物事のタイミングを計る必要性。もしあなたが女性で母親、妻、キャリアウーマンの三役をこなしているなら、時間を三つに振り分ける機能を備えた時計が登場するかも。そのときは時間を整理する必要があります。文字盤の数字に意味のある場合がありますが、時間に相応しい行動をとっていれば問題はありません。

参「数・数字」「腕時計」と時の項目

☆ドライフラワー

過去へのこだわり。色あせた価値観。苦い想い出。決して息を吹き返すことのない人間関係を手放せないのは、その関係を思い出すことで恩恵を得ているからです。何が恩恵になっているのかはっきりしたら関係を手放せ、想い出は学びとなってあなたの中で輝き続けるでしょう。

☆鳥かご

安全のために自ら設けた制限が逆に牢獄となっていること。あなたは本来自由なのに、庇護される安心が手放せず、自己責任の行動を恐れています。かごに鍵はかかっていません。自分を信じ、自分の意志で環境を変えましょう。

☆ナイフ

事態を冷静に捉え、英断を下し、創造性を発揮するために必要なものを表します。ナイフは冷静さを欠けば破壊にも繋がる道具です。ナイフで追いかけられたり斬りつけられる夢は、恐怖心がエネルギーロスをひき起こしていることです。滅多にありませんが、ナイフの当たった箇所に鬱血が起きている場合があります。

参「血・出血」

☆鍋

問題を煮詰める能力を表します。解決策を十分に検討して、結論を出す最終段階にもっていけるかどうかが問われています。鍋と中身の状態はこれまでの検討の仕方を知らせています。生煮えか煮すぎて焦がしているかで、今後の方針を立てます。あなたの消化力（学習能力）に合わせた料理（人生の課題処理案）を作り、食べて（積極的に取り組んで）みましょう。参「料理」

☆縄

捕り縄の場合は今までのやり方が前進を阻んでいることを表すので、振り返り、やり直すことを促しています。しめ縄は霊性を清く保つために、自分の依って立つところを神聖に区分けするようすすめています。

参「鎖」「紐」

☆荷・荷物・ナップサック・旅行鞄

あなたの計画、自己証明、人生に必要だと思っているものを表します。あるいは重荷を背負いながら生きること。他人の責任まで背負ったり無駄な苦痛に耐えていること。ユーモラスな夢だと、張りぼての岩をかついでいることも。重荷を下ろし、身軽に人生に挑みましょう。大きすぎる荷物は大抵不必要です。参「ハンドバッグ・バッグ」

☆日記・日誌

成長の記録。人生を意識的に捉える努力。将来設計。あるいは隠し事。夢日記なら魂の記録です。仕事関係の日誌は魂のバランスシート。利益追求なら、日々の状況確認と反省吟味の必要性を教えています。

☆縫いぐるみ

暖かい肌の触れ合いが欲しいこと。あなたは無条件の愛を求めています。生きた人間を大きく見すぎて怖くてコミュニケーションが取れません。そもそもコミュニケーションは対等なものです。いずれにせよ、自分を許し愛することが必要です。

☆布・生地・反物

あなたの望みや役目を明確にし、それを形にするものを表します。材料の種類によってはあなたの才能の分野を表します。布を前に作業を始める夢なら、創造性を発揮するチャンスです。反物や生地に埋もれているなら、妄想ばかりが膨らんで、実際の地道な作業を嫌っています。アイディアと材料の両方を吟味しましょう。参「糸」「縫う」

☆ハードル

あなたの価値観が行く手を阻む障害になっています。柔軟さと軽快さが事態を打開する鍵です。

☆灰

燃え尽きてやる気がないこと。取るに足りない無価値なもの。あるいは心を改めた証。新境地を開くこと。不死鳥となること。

☆配管（水回り）

配管の夢は大抵、家の水回りの故障として登場し、感情の浄化ができていないこと、行動が改められていないことを知らせてきています。あるいは腎機能に疲労がある可能性もあるので、その場合は清浄な水を飲むことで心身両面の浄化を図りましょう。

☆秤（はかり）

あなたが秤に掛けている物事。あるいはエゴの価値観と真我の価値観のどちらを選ぶか悩んでいること。選ぶための基準そのものを吟味する時です。

☆爆弾

溜め込んだ恨みつらみが爆発しそうです。自制心が効かない危ういところにきています。これまで感情をただただ押し殺してきたため、感じて学ぶことをしてきませんでした。感情は生命エネルギーの基になるもので、溜め込まず日々の学びと受け止めて流すものです。夢で感情の爆発場面を見たなら、後処理に時間はかかるかもしれませんが、いま体験していることがあなたを救います。原因と結果を理解したからです。参「ダイナマイト」「爆発」「原子爆弾」

☆箱

夢で箱を手に持っていようと、箱の中にあなたが居ようと、その箱の大きさは、あなたが自分でつくった現実の大きさです。それがわかれば、その現実と向き合えるようになります。パンドラの箱、オルゴールの箱、宝石箱、あるいはコンテナーや段ボールの箱など明確な場合は、それがあなたの課題を教えています。

☆ハサミ

成長のために用済みになった心の一部を切り取ることを表します。慣れ親しんだ心の動きと別れることができていないと、ハサミがうまく使えなかったり錆びていたりします。誰かの死を暗示する場合もあります。この場合は、心と身体をつなぐシルバーコードを意志のハサミで切ることを表します。参「切断」

☆箸(はし)

夢で迷い箸やねぶり箸などマナー違反をしているようなら、問題に取り組む意欲に欠けていることを表します。まだ問題に取り組む時が来ていないのか、問題が大きすぎるかもしれません。気の進まない問題に取り組む必要はないので、早めに態度を決めましょう。

☆柱

物心両面に責任を取る独立心。それを具現化する才能。背くらべの柱の傷は自立(自律)心の度合いを表し、自分に対するリーダーシップは自分で取るように教えています。参「床」

☆パスポート

非日常への通行手形。自由の世界へ飛び出せるチケット。あるいはハードワークへの警告。約束された出世を表すことも。いずれにせよ全てはあなたの自由意志に任されています。

☆パズル

人生を難問と見ていること。不明瞭な点を勘で埋めようとしていること。あるいは、逆に人生を安易なゲームと捉え、取り組みがいい加減なことを表していることも。人生が不可解なら瞑想して自分の内奥の声を聞きましょう。

☆パソコン

心を持たないものに心を奪われないよう注意するよう教えています。最終決定するのはいつもあなたです。普段のあなたとパソコンの関係はどうなっていますか。煩わしい仕事、最先端の情報、有能な秘書、生活を潤す趣味、地球をひとつに感じられるもの、財テク。いずれにせよ、あなたが自律心を持って扱わなければ、この魅力ある道具はあなたを奴隷にしかねません。参「ハッカー」

☆旗

あなたの意志、自信、勝利、さらに集団意識の誇りと栄光を表します。旗の図形があなたの意識を高めるものかどうか吟味して下さい。あなたが義務や慣習で旗を大事にしているのか、自由意志に因るものなのか、夢があなたに問うています。

☆バッテリー・蓄電池

あなたと内奥にある神聖が一体となり常時使用可能なエネルギーを蓄えていること。瞑想の必要性を表します。瞑想は、魂のバッテリーを充電し、あなたが常に必要なだけのエネルギーを使える状態に導きます。

☆花束・ブーケ

正当な評価、成長の証、才能への賞賛、親切への報償を表し、それぞれ意味合いは違っても、自分への賞賛を十分味わうようにすすめています。もし夢で萎れていたり痛んでいたりする花束をもらったら、達成感にいつまでも酔いしれているかも。成功しても過去は過去、また一から出直しましょう。参「花」

☆歯ブラシ・歯磨き

言葉磨きに精を出すようにと教えています。他人との率直なやり取りは、毎日言葉を磨いてこそ洗練されます。ポジティブな言葉を選び、ネガティブは避けましょう。他人の噂話や陰口にうっかりのらないこと。

☆針

創造の道具、あるいは油断のならないもの、イライラするものを表します。確認してみて下さい。

☆絆創膏（ばんそうこう）

心の傷を隠していることを表します。傷はそのままだと膿むだけで治りが遅くなります。心の傷は涙で洗い流し、直視しましょう。治りが早まるでしょう。

☆ピアノ

創造と調和を表します。夢で耳障りな音を聞いたら、独善的な人間関係を改めることです。あなたの独りよがりな言動が不協和音を生み出しているかも。内なる音に耳を傾けましょう。参「楽器」

☆引き出し

自分の本質を出したり仕舞ったりしていることの表れ。その場しのぎの対応をしているなら、いつまでたっても一貫性がなく、あなたの独自性は養われません。

☆ピストル・拳銃

男性的な性エネルギー。男性的な問題解決法を表し、目前の難問は取り除けても根本的解決にはならないことを教えています。ピストルを向けられる場合は、セックスへの恐れです。ピストルで撃たれた場合は、そのチャクラからエネルギーが漏れています。足を撃たれた場合は性体験への恐れ。手の場合は愛情表現としての性交を理解できずにいます。参「ペニス・男根・睾丸」

☆筆記用具・鉛筆・ペン

意志決定と意思伝達の能力。あるいはその実践のタイミングを表します。他ならぬ自分自身に伝えたい事柄があります。夢のなかで筆記用具を使いこなすことはほとんどないので、目が覚めたら直ぐに身近な筆記用具で自分に向けて手紙を書いてみましょう。何も考えずにやってみましょう。書いた内容は夢からのメッセージです。参「字・文字」「手紙」

☆柩(ひつぎ)

一つの体験を終えること。あるいはあなたの一側面を閉じていることを表します。どちらにしても現地点から抜け出ることがテーマになっています。

☆避妊具・避妊薬

予め問題の根を断つ賢い防御法を表します。あるいはエゴが魂の願いをねじ伏せていることです。自分の創造性を否定しているか肯定しているかは、あなたの直感で決めるしかありません。他の夢も参考にあなたの創造性を肯定する道を取りましょう。

☆紐

経済的にあるいは精神的に誰かと繋がっていることを表します。繋がる方も繋がられる方も繋がることで相手をコントロールしています。参「鎖」「縄」

☆肥料・肥やし

積極的に体験を過去のものとしましょう。今のあなたは過去の失敗からも成功からも学びは終わっていて、それらを手放せます。その確認は瞑想でできます。瞑想で心に肥料を施します。

☆瓶

栓をした瓶は思いを閉じこめていることを表します。これまでの体験で開け方は解っているはずですから、今こそ開けた方が良いでしょう。海岸に流れ着いた手紙入りの瓶ならば、あなたの超意識から問題解決法が届いた知らせです。

☆風船

あなたのインナーチャイルドが安らぎや慈しみを欲しがっています。この子供を慈しみましょう。風船が欲しかったのに買ってもらえなかった実際の経験があるかもしれません。もしそうなら、自分のインナーチャイルドのために買ってあげましょう。もしくは、あなたは今浮かれて子供じみているかもしれません。そんな自分の相手をしたり、話を聞くことが必要なのでしょう。いずれにせよ、インナーチャイルドに真心で接して下さい。無視するのは最悪の解決法です。参「アドバルーン」

☆武器

性エネルギーの誤用、言葉の暴力を表します。あるいは心の傷の治療の可能性を表します。武器から出る光線が病んだ部位を焼き切ることをイメージして心の傷を癒しましょう。参「剣」「ピストル・拳銃」

☆蓋(ふた)

蓋は定位置にはまっていなければ、蓋の役目を果しません。目的を明確にし、それがどう使われているか、夢のストーリーに添って判断します。参「鍋」「瓶」

☆糞尿

糞が服に付く夢は、経験を心の栄養にしたにもかかわらず、過去に拘って先に行けずにいることを表します。まず自分の態度をチェックしてみましょう。夢で糞尿まみれの自分を見ることもあります。ここまで来ると、あなたの学びは覚醒に向かっていることを表します。参「ごみ」

☆塀

安全性の確立。あるいは用心のためにしたことが逆に障碍になることです。事態を変えるには、過ぎた用心深さや仮面で隠した自分の在り方を再考すべきでしょう。夢の塀の形状と建材を見て攻略法やその難易度を測ります。たとえば刑務所の堅固な塀なら自責の念が強すぎるか、反対に自省の足りないことを示しています。参「壁」「垣根・生け垣」

☆望遠鏡

自分を遠くから見ること。つまり自分の喜怒哀楽の感情と距離を置くあまり、霊性の在り方を把握するのが難しくなっています。参「双眼鏡」

☆箒(ほうき)

魔法の箒ならば、問題に直面することを避けています。行動を改めることが必要です。普段やらない家の掃除をするのもいいでしょう。あるいは、天使があなたの家を訪問する知らせかもしれません。いつでも迎えられるように全てを清々しく整えておきましょう。

☆放射線

宇宙にあまねく行き渡る加護の光を表します。放射性物質は、エネルギーと意志を持つ生命体ともいえます。生命体は不可侵の存在です。原子炉爆発に因る放射能汚染は、この不可侵の存在に人間が手を加えてしまった付けです。加護の光と対極の、あってはならないものです。放射能汚染にまみれた世にあって、その働きを聖なるものになし得るのは、瞑想で内なる光を高めていくことと、自然と調和する生活態度です。外側の汚染を内奥に向かうための知らせと受け取りましょう。

☆ボール・玉

陰陽。心身と霊魂。意識と無意識などの二元論の統一がもたらす完全性を表しますが、ボールで遊んでいる場合は遊び心の必要性を表します。また、ボールのやり取りはコミュニケーションの本質を示します。あなたが誰かにボールを投げることで相手はボールを返してよこします。その手中に収めたボールがあなたのプレイボール（スタート）となります。そこからは行動あるのみです。

☆本

魂の記録、時空間を超えた記録を表し、あなたの過去と未来を知るものを表します。今生を神の前に差し出すようにとのメッセージでもあります。これから大切な展開がやってきます。本が読めれば、その内容から実際的なメッセージが受け取れるはずです。

☆マイク

多くの人にあなたの思いを伝える必要があります。演壇のマイクかカラオケのマイクかで、伝えるべきものが解ります。自分の心の内をしっかり簡潔に伝えましょう。あなたの前にマイクが差し出されたり置かれたりしていたら、みんながあなたの心の内を知りたがっています。あなた自身を救うために神が差し出したプレゼントでもあります。

☆枕

超意識への架け橋を表します。一般常識に縛られた殻を破り、内奥の叡智へと踏み出しましょう。夫婦の枕がふたつ並んでいたら、ふたりの問題を叡智で解決するようにと促しています。

☆マッチ・ライター

手軽に浄化の火を灯せるもの、手っ取り早く邪気を払う方法があることを表しています。

☆窓

夢で窓から外を見ていたら、外との関わり、つまり人との関わりに神経質になり億劫になっています。心の奥ではやっぱりひとりは嫌だ、人と関わりたいと心が動き始めていますが、心の準備が調うまで、今の自分を認めてゆっくり待ちましょう。無理に飛び出さなくても誰かが尋ねてくるかもしれません。

☆ミイラ

思いが罠となり再生を阻んでいることを表します。再生のための死は、未知なるものへ全てを委ねた後に起こるものです。今の思いを手放さないと、死は迎えられません。夢でミイラの身体の一部を食べる場合も、その部分が示す思いを手放すよう促しています。たとえば鼻なら、プライドを手放すことです。

☆結び目

緊張感。ストレス。切れないと思っている人間関係を表します。思い当たることはないですか。

☆眼鏡

自分の目で見てしっかり判断し直す必要性。問題の再検討の必要性を表します。状況の認識に偏りと曖昧さがあります。他人の眼鏡や似合わない眼鏡、壊れた眼鏡などで見ているなら、もっと自身らしい見方で物事を見直すように促しています。

☆物干し

日常を真摯に生きることが心の成長に繋がると伝えています。日々の態度や行動に反省が必要です。干したままの洗濯物ならば、内省はできているものの行動に問題があるようです。決意に欠けるのでしょう。

☆木綿・コットン

優しさ。人肌のぬくもり。自然回帰。自分の心に優しさが溢れているか、自分も自然の一部であると感じているか、振り返ってみて下さい。

☆紋・紋所・紋章・クレスト

行動の基盤である価値観が同じ仲間を表します。ただし、家紋や徽章が「寄らば大樹の陰」の大樹を表しているなら、あなたの独自性のプラスにはなりません。

☆矢

自分に望みを掛ける力。目標を定める集中力。未来を創るのはあなたの願いの力であり、その願いを形にするイメージの力です。その力が強いほど、夢の実現が早くなります。参「弓」「射手・アーチャー」

☆薬缶（やかん）

自分や他人を優しく扱ったり、リラックスするための道具を表します。今は創造的な体験を求めるのではなく、休息やゆとりが必要です。

☆郵便配達・宅配便

嬉しい知らせを表します。きっと、大切なメッセージが真我からもたらされるでしょう。

☆弓

初志貫徹。目標。目的。理想像。また、ゴールに向けてジャンプするための柔軟性を表します。参「射手・アーチャー」「矢」

☆ラジオ

高次の自己からの情報を得るために、高性能のトランシーバーになって心の周波数を合わせましょう。夢の文脈からその方法を探って下さい。誰とはわからないけれど仲間とラジオを聴いている夢なら、自己探求のワークショップに参加してみましょう。ひとりお風呂で聴いている夢なら、温泉やエステティックがあなたの感性を高めてくれます。

☆ラベル

分類。分け隔て。個々の違いに意識が向いていること。反対に、同等なもの、同種なものに目を向ければ、自分の長所を引き出して調和と統一に向かえる可能性があります。

☆ランプ

心の内に静けさと思慮と知恵を探索することを表します。人生の暗闇に明かりを灯すには、自愛をもって温かい気持ちで瞑想に向かい、内なる種火を見つけて自分に明かりを灯すことが必要です。参「火」「光」「電球・電灯・ライト・明かり」「ろうそく・提灯」「懐中電灯」

☆リカちゃん人形

みんなと同じでいたいという願望。着せ替え人形のように社会の提供する価値観に同調していたいことを表します。しかし本音では、自分のユニークさを認めてほしいと望んでいます。夢のストーリーもあなたの特殊性が何かを教えているはずです。

☆ルーレット

チャンスをものにするようにと教えています。勝敗は直ぐに決まるでしょう。有利にゲームオーバーへと持って行くには細心の注意と見極めも必要です。

☆冷蔵庫

心を凍らせていることを表します。感情も情熱も興味も活動させず自己防御に入っていませんか。シャットアウトこそ安全と勘違いしていても、自分へのいとおしさを感じることができれば、そこからエネルギーを活発化させ、暖かさを取り込み、変化の世界へと出ていくことができます。夢に出てくる冷蔵庫に入れたり出したりする食品の種類で、あなたのどの側面を凍らせているかが推測できます。

☆レンジ

料理用のコンロは問題に取り組むあなたの集中力を表しますが、火が付かないようなら力不足かもしれません。あるいは気力が散漫で物事の優先順位が決められない状態かもしれません。電子レンジやIHクッキングヒーターの場合は、問題に取り組む姿勢そのものがお仕着せかもしれません。あなた独自の情熱の在処を探しましょう。

☆レンズ

問題に焦点を当てて仔細に観察する力を表します。遠目にざっと見るだけでは済まない、冷静な鑑識眼が必要な時であることを表すことも。

☆ろうそく・提灯（ちょうちん）

心の奥に変わらず灯る光。クンダリーニ（人体内に存在する根源的生命エネルギー）。全ての魂は光です。気付きの光を強めると、ものごとの核心を見抜く力が強くなり、あなたの行く手が見えてきます。参「火」「光」「電球・電灯・ライト・明かり」

☆ロボット

教えられたことが全ての拠り所であること。不測の事態に対処できないため羽目も外せないこと。心情に蓋をして機械的に生きていること。自分で選択した結果が今のあなたです。参「あやつり人形・マリオネット」「アンドロイド・人造人間」「かかし」

☆賄賂（わいろ）

我欲を通そうと画策すること。相手によっては効き目はあるけれど結局は自滅することを表します。また、カルマを作ること、魂への負債を表すことも。いずれどこかで魂への返済を迫られます。

☆罠（わな）

自分を貶める行為。自分に限界を設けること。現状を環境と周りの人のせいにすること。そんな幻想の罠から抜けるには、気力を集め、正直な自分を捉えることです。

■場所■

夢に場所が登場した時は、そこがあなたにどんな感情をもたらすかをまず感じてみて下さい。身近なところは、あなたが日常を受け入れていてそこから学んでいこうとしている姿勢を表し、遠くや知らないところは、まだ知らない自分の開拓すべきところや、日常を受け入れ難くて心を遠くに飛ばしている現状を伝えています。

自然豊かな山や川や海といった場合は、そこに行く必要があるでしょう。その場所に立ってはじめてメッセージが理解できるかもしれません。自分を楽しませ、遊び心を養うようにという夢のすすめかも。

［建築物・人工の場所］

☆アーチ・アーチ路

アーチ形の天井の下を通るのも、バラが絡まる庭園の門をくぐるのも、それが意味する新しい経験に乗り出すようにと誘っています。予想を超える楽しいこと、うれしいことが待っているでしょう。

☆家

家はその形から身体全体を表します。家の補修管理は家主の責任です。管理でとくに問題になるのは、水回りと火の扱いです。水は清浄な水が絶えず使える状態であるかどうかが問題です。壁や床下に巡らした水道管に亀裂があって水が漏れている夢ならば、腎臓、膀胱を洗い流す水の摂取が必要だと知らせています。

参家に関する各項目

☆遺跡

放ったらかしの才能。埋もれた才能があることを知らせています。それに気付き研鑽を積めば心身ともに満足のいく結果が得られるでしょう。次元を超えて得られる才覚は誰にでも備わっています。

☆裏口

裏口から入ってくる人は下心の持ち主です。フェアーな関係でいたければ、裏口に現れた人には油断しません。予知夢として知らされているので、誠実に対処する責任はあなたにあります。あなたにも秘めた本心があるはずです。

☆駅

あなたの人生を予定通りに進めるために必要なチェック地点。行く先や目的を明確にするところを表します。夢の駅が乗換駅の場合は目標を変えられる停留地。目標をはっきりさせるための休憩所を表します。終着駅は文字通り終着地です。もし乗った電車に先を走るための線路や駅が無い場合は、社会的な活動にこの先見込みが無いことを表します。転職を考えましょう。前もって知らせがある転職なので、魂の望む方向に人生が進むでしょう。

☆押入

寝具が入っている押入は、夢との繋がりや性に関する潜在意識に影響を受けた態度を表します。夢の押入に想い出がつまった服やおもちゃが乱雑に入っていれば、トラウマとの関係で何かが引き金になって心の痛みが甦ったことを表します。大抵は心配のしすぎなので心身のためにきれいな水を飲みましょう。なお「屋根裏部屋」は第六チャクラの管轄に、「押入」は入っている物によって第三チャクラの管轄に属します。

☆落とし穴

自分で作った罠を表します。夢で落とし穴に落ちているなら、墓穴を自ら掘ったのだと覚悟しましょう。隠れるところはありません。事態を把握して、抜け出すことに集中しましょう。落とし穴一歩手前で立ち止まったのなら、これまでの行程に問題があったのです。後戻りして方向転換を図りましょう。参「落ちる・落とされる」

☆階段

家の階段の夢は、生活状態がまとまりを持って展開しているかどうかを表します。1階と2階を繋ぐ階段の場合は、昼間と夜の生活、身体と心の繋がりがうまくいっているかどうか考えてみて下さい。玄関アプローチの階段の場合は、私生活と社会生活の移行がスムースかどうか考えてみて下さい。ビルや公共の建物の階段の場合は、階数にメッセージが込められています。
参「上がる」「数・数字」「下りる・降りる」「上る・昇る・登る」「家」

☆垣根・生け垣

他人や社会との間に境界線を設けること。踏み込まれたくない安心安全域を表します。他人との間に垣根が必要か不必要かを問うているでしょう。とくに生け垣や竹垣や背の低いものの場合は防御姿勢が緩やかです。参「塀」「壁」

☆学校

あなたは地球学校だけではなく宇宙学校の生徒でもあります。夜は夢の世界で宇宙学校の授業を受け、朝目覚めると地球学校に戻って、実地試験を受けたり、宿題をやったりします。つまり夢の世界にいる時は手取り足取り親切な先生の指導を受け、地球にいる時は教えに従って教科内容を実践するようになっています。

そんなあなたの夢に学校が登場したのは、あなたがこの世は学びの場であると納得できず、直面している問題に嫌気がさしているか、自信を無くしているかで、そんなに深刻にならなくて良いと注意しています。夢に登場するのが過去に通ったことのある学校の場合は、その頃の態度が問題解決に役立つことです。あるいは同じテーマが今も再試のようにくり返されている状態です。その学校に通っていた時より今は成長していますから、気楽にチャレンジしましょう。

☆壁

他人との間に適切な境界線を作るようにとのアドバイスです。トイレの壁が無くて用が足せない夢は、プライバシーに境界を設けられず、他人を巻き込んでいるので心の掃除ができないことです。壁の穴から向こうを覗く夢は、自分を隠して相手を詮索することを表します。他人に無防備すぎても、ガードを固めすぎても、個性の維持と霊性の発展を叶える力は身につきません。

☆喫茶店・カフェ

手軽な接待。気取った応対。素顔を見せられないコミュニケーション。これらは安全なコミュニケーションですが、実のある人間関係には発展しないでしょう。この夢はしばしの息抜きが必要だと伝えていることもあります。

☆キッチン・台所

問題に取り組む前に、キッチンの状態を通して問題に対するあなたの態度がふさわしいものかどうかを問うています。夢のキッチンが清潔か、料理道具は整理されているか、流し台が高すぎないかを見ることで、効率の良い取り組みがなされているか、ひとりよがりな問題認識になっていないかを考えてみて下さい。

☆教会

夢の教会は聖なる魂が宿る肉体を表します。教会の形であなたの各チャクラ（身体の七つのエネルギーセンター）がどんな状態にあるかを読み取って下さい。

参「神社仏閣」

☆銀行

銀行は、いつでも引き出し可能なあなたの膨大で優秀な才能と理解力を表します。たとえ預けた覚えがなくても、適度に引き出さないとこの内的資源は無用の長物になってしまいます。使われることでさらに規模が大きくなっていきます。銀行自体は地球の次元を超えた資源の宝庫です。夢の銀行窓口に行くには瞑想が手段です。参「倉庫・倉・蔵・庫」

☆空港

野心のままに目的の実現に向けて飛び立つことを表します。その目的を達成するために用意した手法は実際的であっても、霊性に叶ったものではないという含みもあります。参「飛行機」「飛行船」

☆刑務所

怠惰に過ぎたこと。行動すべきを知りながら行動せず自らが設けた座敷牢を表します。ここでの鍵は変化です。目標に向かって行動を起こして下さい。

☆劇場

夢の中のあなたが観客なら、自分の人生を客観的に見るようにと促されています。劇場の支配人や監督やプロデューサーなら、あなたの人生を人任せにせず自分のことは自分で決めましょう。人生の主役は自分です。それは責任を伴うものですが、最大の責任は自分の人生を上演することです。あなたの好きなように人生を創りましょう。夢の劇場はその自由を自分に取り戻すようにと伝えています。参「映画・ビデオ」「舞台」

☆下水・下水管

感情の浄化に支障がありそうです。あるいは胃腸や腎臓の機能が低下しているか、リンパ液の流れに滞りがあるかもしれません。体内にきれいな水を十分に行き渡らせているでしょうか。感情の浄化にも体内の解毒にもきれいな水は必須です。夢のストーリーによっては早急に清浄な水の摂取と洗腸が促されています。

☆研究所

理想に向けてプランを練ること。状況判断と目標の再構築が可能です。それは、あなたが心の錬金術師として変容を望んでいるからです。

☆玄関

夢に出てくる玄関エリアは、人に対するあなたのオープン度を表します。あなたの心は開閉自在でなくてはいけません。主導権はあなたにあるので、ドアの鍵の管理や補修はあなたの責任です。心の玄関に花を飾り、真心であなたを扱ってくれる人を招き入れましょう。

☆公園

夢の公園は、リラックスかコミュニケーションかスピリチュアリティのいずれかに焦点を当てて、気付きを得るよう促しています。リラックスなら、実際に自然のある公園で太陽に当たりひとり静かに休養するのがいちばんでしょう。コミュニケーションなら、子供を持つ親にとっては公園にまつわる緊張があるかもしれません。夢の文脈を検討し、注意深くなければならないところと気楽に楽観的に行けるところを見分けるようにしましょう。スピリチュアリティなら、公園そのものがどう見えたかで、あなたの今の霊性を知ることができます。あなたの霊性があなたの生き方に変化を起こし、それが誰の目にも明らかになっているという意味で公園が夢に登場します。

夢に出てきた公園は人が寛いでいましたか。植木の剪定も清掃も草花の手入れも完璧な公園を見て、あなたは心安らぎましたか。拠りどころとする信念や信条に従うあまり、努力の甲斐があったとは思いつつも、息苦しい思いをしていないか考えてみて下さい。参「庭」

「噴水」

☆高速道路・ハイウエイ

猛スピードで人生を走っていること。一度立てた目標の達成を効率よく手に入れたいという願望を表します。夢で自分の車を自ら運転していれば、それも可能です。しかし気を緩めてしまえば命取りですから油断は禁物です。危険を望まないなら目標に向かうスピードを緩めて無駄な時間を設けることで、より自分にふさわしく修正することが可能です。

夢の焦点があくまで目的地にある場合は、目標に向かってまっしぐらに進んで下さい。逆にスピードを重んじる現代生活に適応しすぎているので、もっとスローペースにという忠告の場合も。社会的適応力がそのまま霊性の発達を意味するわけではありません。どう使っているかを考えてみましょう。

☆参道

夢の参道は産道と同じです。自分の真我が居ます神殿にアクセスするのが結婚であり、それには参道を通ることになります。この参道は女性器の膣ばかりではなく、喉を表すことがあります。前者は第二チャクラを、後者は第五チャクラの働きを意味します。参「鳥居」「神社仏閣」

☆ジェットコースター・サーカス

あなたの人生はジェットコースターのようにスリリングです。客観的観察力を身につけて、自分が何をしているかを把握しましょう。刺激的な変化を得ることで得意になっていませんか。

☆車庫・ガレージ

エネルギッシュにやってきた自分を休ませるところ。人生を切り開くばかりでは、体験が学びとして定着しません。私たちの生活も活動したら休みます。休んでいる間に、手入れをします。それが車庫の意味するところです。

☆十字路

交差している道路を地図で見たり、歩いていると十字路にさしかかったり、自分のいるところが四つ角だったりする夢は全部選択を迫られていることを表します。今抱えている問題に対して態度を明確にし、右か左か決着を付けましょう。これまでなら右を選択していたが、それは常識的ではなかったと思うなら、敢えて左を選択してみて下さい。

☆修道院・僧院

逃避か避難を表します。取りあえず衣食住の心配はありませんが、精神的、霊的な意味で助けを必要としています。今まではあまりに現実的で実際的すぎて心が疎かになっています。バランスを取るためには集中的に内面と向き合う必要があるでしょう。

☆商店・店

あなた本来の必要を満たしてくれるもの。あなた独自の人生をやり抜くための資質を表します。店の前で商品を見たり選んだりする夢は課題に納得し始めていることを表します。品物を買う夢は心の資質に従って生きていこうという決心の現れです。内面の変化が起き、ものの見方が変わってきています。店に並べられた品物の特色はあなたに与えられるチャンスを示しています。参「買う」「デパート」

☆城・楼閣・宮殿

建物は大きければ大きいほど、才能を発揮できる可能性が大きいことを表し、なかでも城は使える才能が膨大であることを表します。ただし歴史ある古い城であればあるほど、その才能を使い切れていないかもしれません。それがどんな理由なのかゆっくり考え、自分の尺度を取り戻し、心の中に新しい風を吹き込みましょう。

過去生に端を発したテーマを知らせるために宮殿や城や楼閣が表れる場合もあります。日々の中でくり広げられる人間関係と過去生のテーマが重なって、あなたを含めた関係者の学びが見えてくるでしょう。それにともない周りの環境に理解と共感が生まれるはずです。砂上の「楼閣」の場合は、いずれ朽ちる今の立場を表します。

☆寝室

性生活か休養か内省のどこかに問題があることを表します。インテリアは寝室にふさわしいかどうか、プライバシーは保てるかどうかをチェックしてみて下さい。何より清潔であることが必須条件です。休養も内省も神殿に向かうのと同じことなのです。

☆スーパーマーケット・市場

スーパーマーケットでは日々に必要なものを買います。日常を大切にし、小さな積み重ねを楽しみましょうと教えています。参「デパート」

☆倉庫・倉・蔵・庫

あなたがやりたいことに使えるあらゆる才能とアイディア、可能性の宝庫であることを表します。人には興味の行く分野に熟達する能力が備わっています。それを倉庫から取り出して使いこなすには、いくらかの訓練が必要です。才能を花開かせる鍵は、この訓練だけです。参「銀行」

☆大学

大学時代の問題がまた巡ってくることを表します。その時の人間関係や人生への取り組みや人生観を考え直すことで、目の前の問題に立ち向かえるでしょう。取り組み方に大学並のレベルアップが期待されているのかもしれません。課題は今までより難しくなります。
参「学校」

☆地下・地下室

自己探求とは自分の無意識に光を当てていく行為です。その自己探求のひとつの入り口を表すのが地下の夢です。地下は性に対する考え方とその表れを示します。とくに地下室は大抵、性器・生殖器の状態を伝えています。間接的に大腸・小腸も表します。女性の場合は、意に染まない性生活をしていると地下室に傷ついた女が息も絶え絶えに嘆いているという夢を見るかもしれません。

パートナーが自分勝手で排泄処理のようにセックスを挑んできた場合、あるいはあなたが何らかの利益のために性交渉を持った場合、あなたの心を黙らせても身体は嘘をつきません。心と身体を引き裂いたあなたに、性器と腸はやがてその付けを払わせるでしょう。まず自分を愛することから始め、知恵を働かせて感情を豊かにし、天使さえ羨むセックスをしましょう。女性が身体で恋人の関心を得ようとする場合も同じです。

光に満ちた地下室の場合は、創造性を豊かに表現する可能性を表します。地下は第一チャクラと第二チャクラを表すので、物心両面の創造的可能性を読みとることもできます。地下のエネルギーは、自己表現の第五チャクラに誘導して現実のものとなります。適切な誘導がなされるよう、地下には番人や怪物が見張りをしていることがあります。彼らの仕事に礼を尽くし、地下に埋もれた宝を生かす手だてを考えましょう。参

「地下鉄」

☆出口

現状から抜け出る好機、捕らわれや固定概念から自由になる選択肢を見つけることを表します。

☆デパート

未だ知らないあなたの才能。あなたに与えられるチャンスを表します。あなたが願うこと必要とすることは、どんなことでも実現できる才能が心の内にあります。問題は、あなたが何を選ぼうと決心できるかです。バーゲン品を買うあなたではなく、高級品を正価で買うあなたでいましょう。そんな高貴さと独自性を尊重し、その芽を伸ばそうと努力して下さい。参「スーパーマーケット」「買う」「商店・店」「商人・売り子」

☆天井

うぬぼれや卑下に陥らないように心を見張っていましょう。大抵夢のストーリーは、天井の異常でその罠に落ちる危険を知らせています。また寺院の天井画は自惚れと卑下を超越することの大切さを示します。実用可能な才能は自惚れとも卑下とも関わりのないものです。悟性の獲得を目指す我々にとって、現在の自分の枠を示す天井に守られる安心感は必要です。

☆トイレ・便所・洗面所

問題は終わり、今はそれを手放す時です。学びは終わりです。過去を手放す寛容さが試されています。トイレが不潔で使用できないという夢は過去を手放せない言い訳を意味します。トイレ探しの夢はグレードアップが見込まれることです。熱意を持って今の大変さに立ち向かって下さい。健康な排泄という見事な成果を得られるでしょう。参「大便」「小便・小水」

☆塔

塔は第六、第七の上部のチャクラを表します。物事を見通す精神力、霊力が第四チャクラのチェックを得て、現実生活に生かされているかどうかを確認して下さい。塔に幽閉されている夢は、知性だけの世界であなたが物事を処理したがっていることを示します。塔の夢は自己満足の世界を表すこともあります。

☆灯台

夢の灯台は感情の海を見張って心の安全を図る目安になるもの。無謀な心の船旅を避ける能力を表します。

☆動物園

動物園の中の動物は、第二チャクラである性エネルギーの種族保存本能と、第三チャクラである太陽神経叢の食欲の生命維持本能のどちらにも不協和音があることを表します。あるいは両方の本能とバランスを取るために遊び心を養うことです。動物たちが見せる滑稽さや幼さや可愛らしさと親しむことで緊張がほぐれるように、自分の動物的本能に不必要な罪悪感を持たないようにと示唆しています。参「動物」

☆都会

過度に機能的で密な人間関係が強いられること。殺伐とした弱肉強食の人間関係を表します。また、経済至上主義の多大なエネルギーが渦巻いていること。我欲を満たす夢が実現する好機が提供されること。そのために自分の多くの側面を総動員して事に当たる必要性を表します。自分自身でいるために自分の周りに光の保護膜があるとイメージし、影響を受けすぎて自分を失うことのないように心掛けましょう。人は本来自然の番人であることを望まれています。

☆床屋・美容院・理髪店

イメージを変えて気力体力を付けること。ファッションで自己イメージを明確にすること。自信を付けることです。また、散髪調髪の夢は治癒をもたらします。
参「髪」「美容院」

☆図書館

図書館は知識の宝庫ですが、自分には知り得ていない英知の資質が備わっていると認識すること。人生上の学習内容を故事に学ぶことを表しています。あるいは人生は学習であるという真実を知ることを表します。また学び終えていないことを学ぼうという積極性が必要です。

☆トンネル

トンネルに入るのは、出口の先に目標地点があるからです。新しい世界や洞察を求めて目標を定めると、一時的に暗いトンネルに入ったような思いにかられます。大切なのは目的を反芻し歩みを止めず、一心不乱で前に進むことです。参「暗闇・闇」

☆流し台・シンク

問題に取り掛かる前に何が本当の問題なのかを洗い出すこと。料理に使う食材を洗うところなので問題を単純化させることを表します。食器も洗うところなので、問題のアプローチを終える確認作業も表します。どちらも冷静に取り組めば処理できるでしょう。シンク周りは常に清潔を心掛けないと不潔になりやすいですが、自分が何をしているか確認できていれば、心に汚れを貯めずに済みます。

☆庭

あなたのこれまでの心の成長を表します。あなたの魂が修得した結果です。庭は日常的な手入れが必要なように、夢の庭はあなたが自分の心の手入れをどのようにやっているかを見せています。雑草がはびこっているなら、自己把握に問題があります。肥料が少なければ、成長は緩やかです。心の手入れにもっと時間を掛けましょう。やるべきことに優先順位を付けて再充電を計りましょう。参「公園」「噴水」

☆バー・居酒屋・一杯飲み屋

ムードの切り換え。気分転換。憂さ晴らし・社交術が必要なこと。あるいは、しばしどこかで逃避を決め込む必要性を表します。参アルコール類

☆墓

土葬の場合は、多くは自分を掘り下げる作業が限界にあることを表します。自己に関わりすぎて実際の活動に移れないでいるかもしれません。生気を取り戻すために太陽の光を浴びましょう。この体験から恩寵を受けていることを感じて下さい。夢での墓参りは、死んだその人と優しい気持ちでつながっているという知らせです。あるいは、その人から学んだことを役立てるようにという知らせでもあります。実際に墓参りして、あなたの思いを送って下さい。

☆博物館

あなたが知識をどう扱っているかを表します。謙虚に学ぶ姿勢になっているでしょうか。あるいは知識に逃げて人生の流れから外れているでしょうか。または古き良き時代を懐かしんで、現実の煩わしさに辟易しているでしょうか。温故知新で、時代の流れを止めずに知識と向き合いましょう。

☆橋

あなたが今やろうとしていること。あるいは、これから着手しようとしていることを表します。橋を渡ったら、新しい世界が広がります。だから渡ってみましょう。石橋をたたいても渡らないあなたでしたが、ど

んな危なっかしい橋も今のあなたなら楽々渡れます。やろうとしていることが、お見合いパーティーであろうと、グループ旅行、はたまたベンチャービジネスであろうと何でもチャレンジしてみましょう。どんなにイメージを膨らましていても、橋の向こうの世界の素晴らしさは予想できません。あなたが大きく成長する世界が待っています。

☆畑・田んぼ・田畑

夢の田畑は、人生の課題あるいは仕事を意味します。取り組むべき課題の場合は、夢で誰と何をしているかが重要です。母親と畑で野良仕事をしている場合は、母親があなたに示す生き方を自分の考える生き方と比べてみると良いでしょう。延々続く畑の夢は、自分をワーカホリックではないかと自省してみましょう。生きるために仕事をするか、仕事のために生きるか、あなたにとっては大問題のはずです。

一面花畑を夢に見た場合は、極楽浄土を表していて、あなたの再生が叶うか、誰かを極楽に送り出すかです。畑に種まきをしている場合は、新規に努力することが見えてくるでしょう。あなたの努力に応じて収穫時には収穫があります。これは妊娠も同じです。肥沃な土地ならおいしい作物が実ります。畑は母胎に、種は精子にたとえられますから、妊娠を望む場合は、畑の状態からメッセージをくみ取ってみましょう。参「農作業」

☆波止場・埠頭(ふとう)

感情面のチャレンジから一旦引き上げることを表します。安全策を講じるために感情の動揺や浮き沈みを客観視し、感情の凪いでくるのを待ちます。あるいは、このままでは感情面の危機が来ることを予告しているのかもしれません。勇気を持って休息を取り、全体を把握する機会にしましょう。

☆バリケード

前途に難題が横たわることを表します。あなたの中のアンビバレンスな感情や決断が下せないジレンマがその正体です。心の中に分け入って、解決の糸口を探りましょう。深刻にならず、回り道も脇道もあるので自分のペースで解決を図ります。

☆バルコニー・ベランダ

地面から離れた部分に張り出した屋根のない台は、視界を広げ、視点を上げて物事を見ること、捉えることを表します。丁度山登りの途中で視界が開け、眼下の景色が見えるようなものです。

☆美術館

人生を芸術にしたいというあなたの願望を表します。創造的な人生は自由意志で始まります。先達の人生観や業績を眺め、自分とは違う世界のことだと決めてかからず、まず何かひとつのことに取り組んでみましょう。たとえば、あなたが美術館で見る芸術品は自分が意識できなかった感覚や才能を刺激するでしょう。あなたらしさの自己表現の助けになるはずです。参「芸術」「芸術家」「タペストリー」

☆病院

夢の病院は、たとえお見舞いに行く場面であっても健康管理という治療に取り組むよう伝えています。治療法は夢の細部に表れますから、まず夢では病院のどの部分に焦点が当たっていたかに注目して下さい。たとえば、配膳なら普段の食事を検討します。病院の下水処理に問題があるなら腸壁の汚れが考えられます。専門の科がわかるなら、心の負担が身体のその部分に集中している現れです。夢の状況によっては、人間ドックで検査をするのもいいかもしれません。

ただし、現行の医療行為に夢の情報は加味されません。アスクレピオス（ギリシア神話の医術の神）の出現を待つのではなく、私たちひとりひとりが自分のアスクレピオスになりましょう。参「家」

☆美容院

美容院で髪の手入れをしている夢なら、考え方を整理し、他人にも知ってもらえるように心を決めましょう。顔の手入れやメイクの場合は表情に気遣いが必要です。どちらも専門家の助けがあれば好ましいです。

参「髪」「髪飾り」「床屋・美容院・理髪店」

☆ビルディング

既存の影響力、権威の象徴を表します。夢でビルを眺めていても、ビルの中にいても、今のあなたは自分自身に挑むためのエネルギーに不足することはありません。周りの状況や自分の立ち位置に応じて権威ある影響力を活用するか、そこから出てまったく新しい自分なりの価値観を創るかはあなた次第です。

☆プール

これから起こることは、不意を食らってもプール内で起こる程度のことです。感情の浮き沈みを泳ぐ力は十分ありますし、感情の流れや波も十分読めます。対処に困るほどのことは起こりません。

☆舞台

あなたが人生の舞台の主役です。そこであなたが見せる演目と役柄はいつでも変更可能です。参「ゲーム」「スポットライト」「役者」

☆踏切

他人にチャンスや道を譲る必要がありそうです。あなた独自のやり方を確認する必要もあります。警報が鳴っているなら、無神経に他人の領分を侵しそうな自分に気付きましょう。

☆風呂(場)

創造的に生きるために、まずはひとりでリラックスしましょう。休養と休息を第一にして頭を空っぽにします。今日の汗と汚れを今日のうちに風呂で洗い流すように、今日の心の垢も今日のうちに洗い流しましょう。参「トイレ・便所・洗面所」

☆噴水

健康で安全な感情表現を心掛けること。感情に蓋をしたり無闇にまき散らすのではなく、感情表現は美的に成し得るものだと知ることです。噴水のマイナスイオンが夢の中でもあなたの心身のバランスを整えてくれるでしょう。

☆ベッド・寝床・布団

人生の三分の一を過ごすベッド・寝床は意識から潜在意識を経てさらに超意識へあなたを連れていってくれる乗り物です。夢のストーリーから夢が伝えたいメッセージが性生活についてなのか、魂の宇宙への帰還についてなのか、休息の取り方についてなのかを読み取ります。参「パジャマ」「敷布・シーツ」

☆部屋

あなたの内面の状態を表します。夢の部屋が乱雑な場合はまとまりのない考えを、異質な配置になっている場合は実際的でない考えを表します。知らない部屋なら、あなたの未知の可能性、まだ手がけていない才能を表します。参「家」「インテリア」

☆ホテル・旅館

人生の旅の途中で少しの間留まるところを表します。あなたが手に入れた物や資格や人脈を感謝をもって振り返りましょう。この振り返りが、ちょうど旅に出て、ひとりでホテルに泊まるようなものです。人生の幸運をひとり味わうことで霊的成長を目指す旅をこれからも続けられます。参「旅行」

☆道・道路

あなたの人生行路を表します。夢の道路が悪路なら前進に時間がかかります。水たまりがあれば避けるべきことがあります。道路の整備が進んでいれば前進も楽ですが、砂利道やぬかるみ道は自分の力との兼ね合いで慎重さが必要となり、その分達成感を覚えるでしょう。あなたがどんな人生行路を進んでいるのか、道の状態を知ることで気持ちが楽になるでしょう。参「高速道路・ハイウェイ」

☆港

船の発着場所である港は、人生航路上で覚えた感情のうねりを鎮めること。あるいは、避難と修復の必要性を表します。挑戦は感情の高まりを伴ってこそ可能です。しかし感情のコントロールができなければ、失敗します。成功するには、時宜に合わせて休息と避難と修復が必要です。

☆迷路

夢の迷路は、予測できない日常の怖さと、それに対処できることを表します。迷路は自分の混乱と情緒不安が造りだしたものです。冷静さという一本の糸さえあれば、切り抜けられます。参「迷う・迷子」

☆メリーゴーランド

過去と同じ役回りを演じています。慣れた役回りはこのくらいに、という忠告です。このままでは前進は見込めず、霊的向上も望めません。

☆物置

不要物の棚上げ。人生への詰まらぬ条件づけを表します。人生の整理を迫られています。

☆門

門は別世界への扉を表します。こちらの世界とあちらの世界の区切りは門だけで、一跨ぎで未知の世界に行けます。今は人生の変わり目です。決意を行動に移し、門をくぐりましょう。門が開いていても閉まっていても、門をくぐる鍵はあなたの決意次第です。

☆屋根

夢の屋根は身体の天辺、頭髪を表します。あなたの考え方、ものの捉え方が安全であるか形式的であるかを見て下さい。夢の家の外観は他人に見せたい自分の姿か、他人から見えるあなたの姿を示していることもあります。参「瓦」「屋根裏部屋」

☆屋根裏部屋

家の最上階は身体の脳（とくに第六チャクラで松果体）を表します。屋根裏部屋には今は使わない懐かしいものがたくさんありますが、可能性ややる気を引き出すには、あなたの中にある懐かしいもののなかにヒントを見つけることで、その方向性と洞察を得ることができます。参「押入」「屋根」

☆遊園地

あなたは仕事ばかりしている人ですか。それとも遊んでばかりの人ですか。仕事一筋で遊ぶことを知らないのなら、人生は遊園地に遊びに来たようなものだと夢は教えています。謹厳実直だけでは人は成長できません。仕事が嫌いで遊んでばかりいる、そんなあなたが遊園地で遊んでいる夢を見たら、いい加減にしたらと叱っています。遊園地は社会で勤勉に働く人たちのためにあると教えています。

☆床

生活の基盤、仕事と生活費に対する考え方を表します。あるいは胸部と下腹部の境を被う横隔膜や腹部の皮膚を表します。夢の床に傾斜がある場合は、仕事に対する考え方と現状に開きがあるのでしょう。収入が滞らないうちに調整と吟味を。

下腹部の内臓の働きが夢の床の状態を通して表れている場合もあります。軽い自覚症状を伴っているはずなので、貴重なサインと受け取って衣食住全般の見直しを。参「柱」「床下」

☆床下

床下は腹部の内臓を表します。とくに大腸と小腸の状態を伝えているので注意が必要です。たとえば、床下をひっぺがしたらかびが生えていたという夢は、大腸の内側にヘドロ状の汚物がつまって発酵していることを表します。ストレスが便秘か下痢という症状として現れていることもあります。腸の浄化が必要かもしれません。参「床」

☆用水路

用水路の夢は、感情の流れを滞らせず、わだかまりの無い状態をつくることを表します。飲料・灌漑・工業・発電・防火のどの用水路であっても生命維持に水は必要です。とくに飲料用なら血液の流れに、防火用なら短気を鎮めるために水の摂取が求められていることも。

☆留置所

自己責任さえ考えずにやってきたようです。このままでは事態悪化を避けられないので強制終了になります。全てを自己責任として受け止め、再生のための具体的ビジョンを描き、その実現に着手しましょう。

☆レストラン

心と身体に必要か不必要な栄養食品並びに人間関係を表します。夢で何を誰とどのように食べるかが手がかりです。誰かと一緒に食事をしている場合は、その人との関わりがあなたの成長にとって大事な課題になっています。たとえば、好きだと思っている異性と楽しく食事をしているようであれば、恋愛関係に発展する可能性があり、店の前でUターンするような望みはありません。結論はあなたの自由意志に任されますが。

☆廊下

大抵暗い廊下の先には般若や幽霊や怪物が現れます。これは日頃畏れているものの実態を見極めるようにと伝えています。廊下の明暗はあなたの洞察力を示しています。たとえば居間から寝室へ通じる廊下が暗くて足元がおぼつかなければ、家族との関係からひとりになる切り替えがうまくいっていないようです。大抵はトラウマと関係しています。

☆路地

視点の変更。方向転換。計画変更。気分転換を表します。あるいは、郷愁、懐古趣味を表すことも。路地は狭く曲がりくねっていますから速度を落とし油断せずに進まなければなりません。今現実に選ぼうとしている道が罠か近道かをよく見極めて下さい。

［水に関する所］

☆池

目の前で起こっている問題がどんなに大きく見えても、池で起きる嵐くらいの波風であると教えています。手に余る程のことは起きないはずです。参「湖」

☆泉

命は枯れたことも枯れることもありません。感情を感じなくなっているので、泉を見て自分を取り戻し、命を感じるようにという夢からの配慮です。夢の泉の直接的な意味は瞑想ですが、実際に泉の傍に行ってみましょう。感情が立ちのぼるのを覚え、元気になるでしょう。

☆井戸

夢の井戸は、心がその奥深くに静かに流れる感情の宝庫であることを表します。井戸の水が表す感情の流れを止めない努力をして下さい。感情の感じ方で、自分の霊性発達の度合いを知ることができます。感情の枯れを感じたら瞑想と芸術に触れましょう。呼び水になります。

☆入り江

入り江は一時的に停船する場所ですが、夢の入り江に立っていたら、身体のメンテナンスが必要でしょう。今は前進するタイミングではなく、保守保全に努めることが必要です。参「湾」

☆海

海は生命の宿るところ。創造性を生み出すエネルギーの源です。夢の海は無意識のなかに可能性が宿っていること。感情エネルギーの理解のおよばない大きさを表します。海のような無意識の世界から本来の才能を引き出すための自己探求の入り口は海岸や港です。そこに立ったら、無意識の海では慎重さと賢明さ、さらに自分への尊敬の念をもって探求しないと、そこにある創造性に触れることはできません。

じつは自己探求には「地下室」「地下鉄」という性のあり方から入る人、「森」という心の鉱脈が示す才能から入る人、海という感情エネルギーを扱うことから入る人の三通りに分かれます。しかし、どの人にとっても、海には癒しの効果があります。海は命の母胎だからです。夢に海を見たら、まずは海に行ってそのダイナミックなエネルギーを感じましょう。海の全てがあなたを優しく癒すでしょう。海が荒々しくても穏やかでも。参「地下室」「地下鉄」「森」

☆オアシス

砂漠のオアシスは乾いた感情を潤す必要性、感情の呼び水の必要性を表します。瞑想で静寂の時を過ごすと、感情の水脈に行き当たります。

☆小川

この夢を見たあなたの日々の流れは穏やかで、困難なことは無いはずです。心配事は思いすごしです。無邪気に流れを楽しみましょう。

☆温泉

この夢は心身の健康のために日常とは次元の違う休暇の必要性を表しています。

☆海岸・浜辺

生活を営む陸地と、未知の世界の海が出会うところが海岸・浜辺ですが、静かな波の打ち寄せる海岸にいる間は危険はありません。この夢を見たあなたは今まで、自分の心を探ろうとか、自分のなかの宝を見つけようと考えたことがないのかもしれません。今はそれが大切に思えていますが、直ぐに海に飛び込むこと、つまり自己探求を急ぐことは禁物です。ゆっくり周りを見回し、これで良いと決意ができるまで、今の状態を楽しみましょう。

水と命、水と健康、水と霊性、水と身体など、水に関係した思いを実感するために海岸の夢を見ることもあります。たとえば全身の健康状態を知らせるために海岸を散歩している夢を見せられることがあります。実際の身体の状態に照らし合わせてメッセージを読み取りましょう。

☆川・河

魂の始まりと終わりが川となってとうとうと流れている人生の流れを表します。魂が何処から来て何処へ行くのか、今のところは知る由もありませんが、少なくとも雄大な時空間に支えられている自分であることを知る時です。小さく足元ばかりを見すぎていませんか。夢で川を渡っているなら、あなたは別世界へ行こうとしています。彼岸は別次元、新世界を表し、危険を冒してもたどり着きたいという新境地です。川の流れに乗れずに戸惑っているようなら、自分に対する要求水準が高すぎるので、条件を軽くしましょう。方向を見失っているなら、努力の仕方が見当違いです。まずは情緒の安定を図って下さい。

☆滝

滝は電磁気エネルギー作用で癒しをもたらしますが、夢の滝は、一見繋がりのない体験と体験を繋げる気付きと慰めをもたらします。あなたが滝の流れるように健康的に感情を解き放つなら、これまでわからなかった人生の意味を知るでしょう。

☆ダム・水門

ダム・水門は川の水を生活用水に切り替える働きをしていますが、夢のダム・水門は感情の流れの調節機能を働かせることを表します。感情の淀みや滞りは生命力を奪います。あなたの感情の調節機能はどうなっているか心身両面から吟味して下さい。他人から身を引くことで貯め込んだ感情を建設的に吐き出す方法も探してみましょう。参「川・河」「海」

☆沼・沼地

事態が少しずつ下降線となり、泥沼状態になりそうです。あなたは今情緒にむらがあるので、つとめて理性を働かせて感情の浄化を計りましょう。まずは、きれいな水をたくさん飲み、清潔な風呂やシャワーを使うことで心の泥を流しましょう。次いで人間関係を洗いだし、泥沼状態を招きそうな人とは距離を置くようにします。その人と交流があると何かと便利だと密かに思っていたかもしれませんが、自分の心に打算がないか振り返ってみましょう。参「泥」

☆湖

感情を反映し、感情の資質を表します。湖が示す感情の資質は、感受性の質と深みのことです。湖に霧がかかっていれば、感情の創造的側面に霧が立ちこめていることを表します。あなたが今、情緒不安や自信喪失に陥っていても、所詮は湖でのことです。どんなに広い湖でも、海ほど危険ではありませんし、その縁を歩いてみると大きさを確かめられます。自分の感情のうねりに圧倒されたとしても、岸に這い上がることができます。安心して助けを待つのも良いでしょう。参「池」

☆湾

海が陸に入り込んだ規模の大きいものが湾ですが、夢の湾は人生航路から外れて一休みしたい時を表します。ストイックな生活としばらくさよならしましょう。人生全体を見渡す力は、勤勉と放蕩の両方を体験しながら培われるものです。参「入り江」

[陸に関する所]

☆頂

自分の目標をやり抜くことを表します。夢で山頂が見えていたら、あなたの到達点が見えているということです。山頂が見えていないなら、まだ目標が見えないところにいます。頂を隠しているものを確かめましょう。参「山」

☆田舎

田園風景には神の、宇宙の諸力の御業が宿っています。この夢は、疲れた心、傷ついた心が癒され、再び創造力と結びつくところにいることを表します。

☆丘・岡

人生の視野が開けて見通しの良いところにいること。そこに立てば全体把握が容易なことを表します。または、なだらかな人生の時を迎えることを表します。

☆外国

夢の外国や外国人はあなたの知らない取り組むべき問題と気質を表します。過去生での体験が現在に影響しています。今の状況はかつて、あなたが蒔いたものを刈り取るチャンスになっています。潜在意識に追いやった問題が浮上してきたので心許ない思いをしますが、夢の外国を調べ体験することで安心して立ち向かえるでしょう。

☆崖・断崖絶壁

この夢は切羽詰まった状況にあることを表します。変化を起こしなさいと決断を迫られています。とはいえ右か左か、善か悪かの二元論で片付く問題ではありません。引き返せませんが、安全な脱出方法はあると考えましょう。今までは逃げ道も回り道も戻り道もありましたが、今回は飛び込む決断だけが成長の拠りどころです。冷静に周りを見渡し、足許の奈落の底を見つめ、見えなかった道や橋やロープを探します。あるいはすでにあなたの背には小さなパラシュートが装着されているかもしれません。しかし心が諦め一色だと、崖から落ちたり落とされたりする夢を見ます。もう一度やり直しをさせられるでしょう。

☆火山

抑圧された怒りが堰を切って爆発することを表します。感情の怒りは本来自覚され表現されるものであり、創造性があります。しかし自分の怒りを自覚せず、味わわないまま爆発させれば、意図しない破壊が起こります。自分の感情に注意を向け怒りに振り回されないよう、怒りを自己表現として使っていきましょう。火山の夢はほとんどが危険な爆発にならないようにという警告です。とくに子供の夢に火山が表れたら、表現されない怒りが貯め込まれているという知らせです。抑圧は大きいほど荒れた行動になるか身体を蝕むという警鐘です。仕事の面でも人間関係においても怒りを創造的に表現できれば、自尊の念が育ちます。参「クレーター」

☆窪地・窪み

窪みは自分でつくった自己卑下を表します。この真実から隠れるわけにはいかないことも表します。

☆クレーター

拭い難い激情体験の残痕を表します。意識すれば整理できます。参「火山」

☆荒野

自己探求の旅に出たあなたは、自分以外生きるもののないところへ来てしまいました。孤独感に苛まれ、最早目的も定かでないままひたすら忍耐を自分に強いなければならない心境です。しかしここにいながら、ここに居続けることはないと気付き始めています。荒野のさすらい人になったあなたは、今こそ霊性を高め精神性の強さを得ることになるでしょう。不安の重みと、運を天に任せられる軽さがあなたの心に同居することはないと洞察しているからです。しかし、自省の念がないまま荒野に居続けているなら、日々に退屈しているかもしれません。そのままでは、あなたは荒野に居続けるしかないでしょう。

☆坂

夢の坂が上り坂なら慢心を、下り坂なら自己卑下を考慮して心の浄化に活かして下さい。坂道を上ったり下りたりする夢なら、上り調子の運気が心のエネルギーとうまくタイアップしていません。気をよくしたり落ち込んだり、周囲の価値観で自分を決めがちです。人生が程よく進んでいる上り坂の時もあれば、下降気味で下り坂の時もあるでしょうが、その先には必ず平らな道があることを知っておきましょう。参「道」

☆砂漠

砂漠には、生命を産み育てるための水がありません。そこであなたひとりがいくら水を撒いても、肥沃な土地に変わることはありません。どんな人間関係も砂漠で繰り広げられていれば、あなたを豊かにはしてくれません。過去生で不毛な関係で終わった人と現世で舞台を替えて出会った可能性もあります。そこで手がかりとなるのは、砂漠のど真ん中でもたったひとりで生きていけるという独立心です。

また、悠久の時を旅した砂漠は一瞬にして時空を超えられる瞑想を表します。砂漠で見つかるオアシスは危険いっぱいでも、油断のない集中心を発揮して得られる安心を表します。参「砂」

☆島

島は、海という無意識の領域に飛び込んだからこそ得られた洞察や新しい可能性や自我の目覚めを表します。自分探しの旅路で思いがけなく創造的な自己表現法を手に入れたとして、それを生きる手だてとするには実地鍛錬が必要です。夢の宝島は心の宝探しを表し、自律（自立）に向かう道を示しています。

冒険や探検に関わりがない弧島の夢は、リラクゼーションか逃避か避難を表します。あなた自身がそれを望んだのか、そうなる必要性があるのか、不甲斐なくも孤立しているのか、状況をよく判断しましょう。島はさらに、神仙が住む蓬萊山を表し、苦を超越した高次の自己の存在を表します。もし、恋人や伴侶と島を目指して船を漕ぎ出す夢を見たら、ふたりは人生のパートナーとして豊かな体験ができるでしょう。

☆草原・野原

野原の緑が疲れた心を癒してくれることを表します。野原に大の字になって地球とひとつになることで心の垣根を取っ払いましょう。ここで十分休息を取れば、やがて心躍るドラマに出会えるでしょう。たとえ『嵐が丘』の夢だったとしても、実際に草原に出て周りの景色と一体になってみましょう。

☆大地

人生の基盤、安定、豊かさ、生命維持、拠りどころなどを表します。夢の大地の状況によってあなたの心の拠りどころがどうなっているか、はかって下さい。それがわかれば、グレートマザーの胸に抱かれたような感じになるでしょう。

☆谷

人生の山の次に来る谷、表舞台に立つ前の密かな準備を表します。じつは山の頂上にいる時こそ油断がなりません。慢心があなたを谷底へ突き落とします。谷底に落ちたら落胆に襲われます。落胆が最大の敵です。しかし一旦、自分が谷にいることを認識でき反省して、次に征服する山を決めることができれば這い上がるエネルギー、向上心が沸き上がってきます。

　しかしその前に、谷にいるメリットを知る必要があります。谷底にいるからこそ今まで知ることのなかった感情の源流、喜びと悲しみの出所に出会えるのです。その生命の水を汲み上げ、飲み続ける大切さを理解する絶好のチャンスなのです。人生の山にいても谷にいても、そのどちらもあなたに与えられた恩恵です。そのほかに、谷の夢は行動の前に休養を取ること、強制的に自分に休息を与える時であることを表す場合もあります。

☆洞窟・洞穴

　未知の可能性の在処を表します。自己探求の途上で不意に夢に現れます。夢の中ではここに洞窟があると思わずに歩いていたり、洞窟の在処はわかっていても内部の様子が窺えなかったり、動物の気配がしたり、洞窟の中から光が漏れていたりとさまざまです。これらは全てさらに自己探求を続けるようにとあなたを励ましています。

　洞窟の夢は、どんな宝が手に入るかはわかりませんが、ここまで来たのだから、結果は必ず実りあるものだと約束しています。ただし心の宝を手に入れるにはさらにたゆまぬ努力が必要です。参「穴・孔」「虹」

☆富士山

　自分を知り、自分を磨く気高さは富士山に匹敵すると知ること。富士山は、全ての日本人の心のオアシスです。その美しさ、ひとり毅然と立つあり方、何処から見ても富士山と分かる際だった個性に自分の理想像を重ねます。お正月にこの夢を見ると、改めて魂磨きに邁進しようと心が引き締まります。参「鷹」「茄子」

☆森

　森は無意識の世界を表しますが、やはり無意識の世界を表す海が感情という入り口から入るのに比べ、自分の才能を求めて入っていく無意識世界を表します。白雪姫は自律を目指して、親の管理という庇護から逃れて森へ行きましたが、本当の自律の前に才能を求めて入る森という無意識の世界は、保護と援助を提供してくれます。無目的でない限り森は安全ですが、才能探しに飽きたり、いい加減になったり、あれこれと目移りがしたりと気が多くなって目的が失われると、森自体が危険をはらむようになります。森にいるのは一時的なことで、実際の世界に戻ることを前提に五感を怠りなく働かせれば、危険を回避できます。

☆山

山の助数詞は「座」で、山の形は座禅・瞑想する人の姿ですが、夢で山を見たら、あなたの内側の価値に気付きましょう。人生は山登りのようなものですが、山登りの場面は内面の価値を知るようにと教えています。寺院の称号には山が付き、山道は「参道」に通じるのも同じことです。参「神社仏閣」「参道」

☆陸

海ではない陸ですから情緒面のチャレンジを抜け出ることを表します。あるいは、自活力を付けること。人によっては生活基盤を仕事に求めること。自然と共に生きる手段を講ずることを表します。

■スピリチュアル■

夢は意識の奥深い場所である超意識からもたらされますが、この超意識は神の意識ともいわれています。人間は誰でも超意識と繋がっていますから、全ての人は本質的に神の意識を持っています。つまり人間は一人の例外もなく神であり、神聖であり、スピリチュアルな存在なのです。したがって、ここに挙げるスピリチュアルなものは全て私たちの中にあります。悪魔や鬼は私たちの磨き足りない魂の側面です。逆に仏陀やキリストなどの聖人は磨かれた心の表れです。

ただし、夢に聖人が出てきたら注意して下さい。私たちは本質的には神なのですから、本来は聖なるものを外側に見る必要はありません。聖人たちの言葉が自分の内なる声の代弁なのか、外部からのコントロールによるものなのか(現実の生活で誰かが精神的にあなたを支配しようとしていないか)を検証して下さい。通常、夢の聖人が謙虚な場合はあなたの内なる神性が形となったものでしょう。

［神・聖者］

☆神

夢の中でも大抵は姿がなく、声だけか、存在を感じるだけです。夢に神が出てくるのは、普段あなたが自分の内なる神とどのように付き合っているかを表します。神が親しみやすく近しければ、あなたは自らの神性を大切に暮らしているのでしょう。神が恐ろしい様子だったり距離的にも遠ければ、自分を必要以上に卑下して内なる神を忘れているのかもしれません。神の声が聞こえたりする神秘夢は解釈不要の直接的なメッセージでしょう。

☆イエス・キリスト

あなたの中に存在する神の仮の姿を表します。形ある姿で登場した場合は、自身を聖なるものとして表現するようにしなさいと教えています。

☆釈迦・仏陀

あなたの聖なる自己。知恵者の老賢人。あなたの師の師として夢に現れたのです。仏陀の平安を見習うように、あるいは霊的エネルギーの在り方を知るように教えています。その他に、心の男性性を仏陀の在り方と重ねることで、現在の女性性との間で一種の変容が起きて、バランスの取れた心の状態に生まれ変わる予告かもしれません。参「イエス・キリスト」「仏像」

☆菩薩

慈悲心を表します。あなたの超意識がダイレクトにメッセージを送ってきたのです。メッセージの内容はあなたにとって厳しいかもしれません。慈悲心つまり情けの心をあなたがどう扱っているかを夢は問いただしています。参「天使」

［聖典・伝承・物語の登場人物］

（日本・東洋）

☆桃太郎

おばあさんに川で発見された桃から生まれた桃太郎は、実の両親に親しめないあなたの気持ちを表します。夢は、親になじめないならなじめないままに「あなたの目的に向かって進みなさい」と教えています。どんなに親があなたの前に立ちはだかろうと、誰にもあなたを阻止する権利はありません。私たちの世界は自由意志で動いています。お伽話の武勇伝はこのことを象徴的に伝えています。自由意志で生きようとする時、「直感＝猿」と「感情＝犬」と「感覚＝雉」を生かす知恵があなたに求められています。参「犬」「雉」「猿」

☆一寸法師

いまは自分をとても小さく感じてどうして良いのかわからないようですが、挑戦を続ければ未来は開けるでしょう。「一寸の虫にも五分の魂」ということわざがありますが、虫以上の力が一寸法師には込められています。

☆閻魔（えんま）

二元論への戒め。善悪で判断すること。あなたの中の罪悪感を払拭しましょう。

☆鬼

昔話の鬼退治は、自分のなかの怒りを抑圧することなく活かし、創造性発揮の道具に使う方法を教えています。鬼が出てくる夢は、力に訴えるだけの怒りを克服し、自己表現として怒りを昇華していく方法を示唆しています。鬼子母神は、グレイトマザーの一面。あなたの成長を阻むものの象徴です。参「桃太郎」

☆怪獣・ゴジラ

大抵は無理難題を押しつけたり、滅多なことでは動じない怪物のような母親の言動を表します。夢では怪獣に追いかけられたもののうまくかわしたり、あるいは逃げおおせたりすることが多く、怪獣への恐怖は根本の解決を見ないまま終わるので、くり返し同じ夢を見続けます。これは母親との問題を越えていないというメッセージです。親からの自立を促すために、夢では怪獣に殺されたり、怪獣と戦ったり、怪獣と知恵で仲良くしたりという方法を取ります。夢で怪獣に対して攻撃的だったら、その時を境に心は大きく成長します。子供が怪獣の夢を話したら、遮らずくり返し話題にすると良いでしょう。怪獣に出会ったときの恐怖を親が共感し、子供に立ち向かう勇気を与えるためです。本当のところは過去のあなた（親）の言動が子供を怖がらせているのですが、あなたが罪悪感を持つ必要はありません。親も子も互いが発展途上の魂だと理解しましょう。親子でよりよいコミュニケーションを探る好機にしましょう。参「モンスター・怪物」

☆かぐや姫

誰にも依存せず真我を探求すること。自主独立。かぐや姫は現世利益にも結婚にも興味がなく、魂の故郷に戻ることだけを目的に生きていました。影の側面としては現世を疎かにすること。自己完結を表すことも。

☆河童（かっぱ）

悲哀を遊ぶ道化術に長けることを表します。物事を深刻に受け取りすぎているか、軽くいなしすぎています。どちらも現実を直視していないので、一時の処世術にしかなりません。

☆鳳凰（ほうおう）

このままエネルギッシュに行動を続けるよう励まされています。四神獣のひとつである朱雀やフェニックスと同様です。参「龍」「虎・寅」「フェニックス」「亀」

☆龍

四神獣のひとつである青龍は東の方位を守り、直感力を頼りに創造的に人生を切り開く意志の強さを表します。今のあなたは怒り、悔しさ、悲しみ、やりきれなさなど、荒れ狂う感情に溺れ、孤独を味わっていませんか。心が荒れること、波立つことは辛いし嫌だと思うかもしれませんが、それはあなたの成長に欠かせない試練であり、意外かもしれませんが成長の証です。夢は、あなたが心の中の龍の姿を見続けられるほどに強くなってきたと告げています。荒ぶる海と黒雲の間から恐ろしげに現れる龍の姿は大蛇のようですが、左右対称に脚があって、その先の爪に光る玉を持っています。これはあなたの心にある光り輝く神性です。龍はあなたの神性を守り、また同時に神性への気付きを促すクンダリーニ（人体内に存在する根源的生命エネルギー）です。あなたはこの玉を統合する手前まで来ました。統合するためには現在の感情の嵐を恐れず十分に体験することです。その先には必ず光があります。

参「ドラゴン」「東」「虎・寅」

☆悪魔・デビル（西洋）

あなたの中の悪魔性、あなたのネガティブな面の象徴として現れます。それはあなたが人生の責任を取る覚悟ができたことを表し、成長の確認でもあります。恐れず向き合ってみましょう。

☆吸血鬼・ドラキュラ

自分のエネルギーを他人のために浪費すること。逆に他人のエネルギーを自分のために呼び込むこと。あなたが血を吸い取る側か吸い取られる側か、どちらであってもその血、つまりエネルギーはあなたの人生には役立ちません。誰と不毛な共依存関係に陥っているかを夢の文脈から考えて下さい。

☆キューピッド

どんな人間関係にも愛を見つける必要性があることを表します。または愛ある関係になろうとすることの必要性や、穏やかで優しい視点をもつ必要性を表します。プラス思考で前進することが促されています。

☆ケンタウロス

エネルギッシュな身体で体力的には疲れを知らないが、感情をコントロールできず霊性に成長が見られないことを表します。つまり、心と身体のエネルギーを調和させるよう促されています。恋愛中なら双方が性的魅力にかられた関係にある可能性があります。魂が求める愛情関係とは言えず、両者共に自らに背いた結果かもしれません。

☆小びと

白雪姫の七人の小びとなど神話や民話や童話に登場する小びとの夢は全般に、あなた自身がまだ気付いていない守護の力や可能性を表します。また男性恐怖症の女性にとっては、一般男性に関心が行くまでの緩衝の役割を担う存在を表します。参「一寸法師」

☆サンタクロース

この夢を見たら、これまで一年しっかり取り組んできたことに決着をつけ、自分に褒美を与えましょう。あなたが欲しいものを自分にプレゼントしましょう。あるいは超意識からプレゼントがあることを表します。でなければ、あなたは大人の世界には少ない無条件の愛や、願ったとおりのものを手に入れる幸福感に飢えていて、子供がクリスマスにプレゼントをもらうように、あなたもプレゼントが欲しいという表れかもしれません。

☆白雪姫

白雪姫の話で一番気になるところは何処ですか。死んでお棺に入れられたところですか、王子がキスして生き返らせるところですか。もしあなたの興味が王子のキスなら、あなたは恋愛と結婚にファンタジーを見ています。あるいはお棺を運ぶ途中、従者がこけて、白雪姫の喉から毒リンゴが飛び出したとたん、姫が生き返る。こちらのほうを信じたいのであれば、自分の言葉で自分の考えを伝えられることが結婚資格だということのようです。ドラマ全体が気に入っているなら、母親からの親離れがテーマでしょう。白雪姫が出てくる夢を見たら、どれが自分へのメッセージか考えてみて下さい。

☆シンデレラ

単調で退屈な日常のくり返しから連れだしてくれる何かを待ち望んでいます。あるいは日常をきちんとこなせることが一人前の女性になる条件であると知らせています。

☆ゾンビ

自分を生かさず、他人の意向や都合、既存の概念や信念信条に依存して動いていることを表します。その原因は他人への恐れです。自分への愛しさに気付き、恐れは幻想であると気付きましょう。夢で墓穴を掘ったのは自分の恐怖心の力ですから、墓穴を出るのも自分の決意ひとつです。生者の列に加われば、生者の仲間に出会うでしょう。参「骸骨・ドクロ」「死体・死人・死者」

☆天使

天使は、あなたの超意識からのメッセンジャーです。天使の言動が直接的なら、よくよく耳を傾けて心の準備をしましょう。また、あなたが自分の願いを大切に扱っているかどうか、天使の表情や言動が教えてくれます。夢で天使が妊娠を知らせたら、あなたの生活全部をそれに合わせて準備します。あなたの願いが現実になるという知らせです。その願いがあたかも既に現実であるかのように振る舞うことを要求されています。
参「菩薩」

☆ドラゴン

東洋の龍と西洋のドラゴンは大体同じ意味合いです。クンダリーニ（人体内に存在する根源的生命エネルギー）が脊柱を駆け登り、口から吐く炎でマイナス思考や依存していた幻想を浄化することへのチャレンジを表します。クンダリーニを扱うにはそれなりの覚悟が必要ですし、ドラゴンをコントロールするには魂の成長が必要です。ドラゴンのすみかである暗い洞窟はクンダリーニの眠る脊柱の根底を、身体を被う鱗は命を誕生させる再生の力を、燃え立つ肺は上昇への気概を、天空を飛ぶ翼は精神性霊性の高見を目指す力を表し、クンダリーニを創造性へと導くあなたの可能性と責任を表します。参「龍」

☆人魚

あなたの生き方や考え方を惑わし、思考力を奪う感情的官能的誘惑を表します。夢の人魚は清純な姿で表れますが、一度その誘惑に乗ったら、しばらくあなたに勝ち目はありません。人魚の下半身に性器がないからといって、安心してはいけません。

☆ハーメルンの笛ふき

あなたの心から恐怖心という鼠をきっぱり追い出さないと、創造性ある子供心も心の中からいなくなってしまうという忠告です。参「鼠」

☆フェニックス

この夢を見たあなたは、不死鳥ともいわれるように心の死と再生を促されています。心は一度炎で焼き尽くし灰になれば、生まれ変わった時には想像もできない高い霊性を手に入れることでしょう。また、皇帝を象徴する鳳凰に似たフェニックスの存在は、皇帝のように自己の尊厳を厳守して死と再生のプロセスを迎えるようにとも告げています。参「孔雀」「鳳凰」

☆魔女

自分が嫌いな自分の側面。人をコントロールしたがる自分の傾向。また、あなたの中で嫉妬心や敵愾心や復讐心が正当性を持つまで大きくなり、他人を欺こうとすることを表します。そんな自分にならないためのチェックポイントは、他人に感心してもらいたいのか、単に好きなことをしているのか、どちらが自分の本心だろうと自問することです。自分が好きなことなら他人の評価は気にならず、嫉妬心や敵愾心に悩むこともないでしょう。他人をコントロールするために使われたエネルギーは、将来自分を縛り、返済を迫られます。

☆ユニコーン

純潔と力を表します。生身の性欲を持った男性にひるむ乙女にとって、ハートは男性性を持ちながらも肉体は男性を感じさせない異性としてユニコーンが中間を取り持つ存在となります。白雪姫にとっての七人の小人であり、一寸法師と結婚した姫にとっての結婚する前の一寸法師です。

☆妖精

妖精の夢を見たら、自然と遊ぶこと、歌うこと、ダンスをすることが奨励されています。無邪気ないたずら、かけっこ、かくれんぼなど、リラックスして遊べる自分の側面を見つけましょう。空に浮かぶ雲に龍やＵＦＯや動物たちを見つけるのも妖精の仕業です。

☆モンスター・怪物

心配事に夢中になりすぎ、最早自分が何に怯えているのかもわからなくなりつつあることを表します。それで超意識があなた自身が造り上げた恐怖を見せてくれています。自分が何を心配しているのか、ここでしっかり見定めましょう。心配の種となったあなたの信念や信条はどんなものかを洗い出しましょう。仕事に失敗すると、モンスターやケンタウロスやドラゴンに攻められる夢を見ることがあります。あなたが女性で男性が恐いなら、狼男に襲われるかもしれません。目が覚めてから、ひとり静かにクレヨンを手にとって夢に登場したモンスターや怪物を絵に描きましょう。出来上がったらそれと対峙してモンスターと会話をします。モンスターはただのぬいぐるみで、そのなかにいる英知ある存在があなたに最高のプレゼントを持って働きかけようと待っています。そのことに気付けば、あなたは自然とモンスターの意図を汲み取り、モンスターの中の隠された創造性を発見し、それを人生に活かせるようになるでしょう。参「怪獣・ゴジラ」「恐竜」

☆幽霊

自分にとって不確かな自分の側面。誤解とまではいかないけれど漠とした認識。このままでは役立たないので一旦消してしまい、それまでの認識をやり直してみましょう。実体のないチャンスを表すこともあります。亡くなった人が幽霊となって現れた場合は、あなたの方でその人の実状を捉えられていなかったためです。その人の魂はあなたとしっかり連絡を取ろうとしています。肉体があろうとなかろうと、霊的実体は存在します。あなたの礼を尽くした関心を示すのが最高の手段です。

[聖典・伝承・物語]

☆三途の川

夢のなかで三途の川を渡るときは、これ以上ないほどの平和な気持ちか、耐え難いほどの忍耐のなかにいます。前者はこの世にない神々しい光に包まれて目を覚まし、後者は業火の中で焼け死んだりギロチンや太刀による首切りに遭うなど衝撃的な体験をします。どちらも人生が驚くほど変化する兆しです。あなたの心が大きく成長したので前進する時です。

☆地獄

　この夢を見るあなたは、落ち込みが激しくて辛い日々を過ごしてきたのでしょう。「これ以上落ち込むことはない」という知らせです。自分を労りましょう。無理にポジティブになるのでなく、ただただ落ち込みに耐えた自分を労るのです。自分の地獄の状態を受け入れる姿勢が、あなたの成長を約束します。さらに、この地獄を造りだしたのは他ならぬ自分自身であることも認めましょう。拠り所にしている信念や信条が恐怖を生み出し、形を変えて地獄になっているのです。

☆天国・極楽

　自分への労り。慰め。休息が奨励されています。あるいは過去の頑張りに褒美や勲章がもたらされることを表します。いずれの場合も、天国・極楽の高揚感は生きる気力になるでしょう。夢で見る天国・極楽は自分が見たい天国・極楽のイメージであり、各人各様です。

☆方舟(はこぶね)

　魂の成長に向けてこれから感情的に大波が押し寄せてくることを伝えるとともに、あらゆる面でバランスを図っていく技量を磨く時だと教えています。大変だとは思いますが、来るべき平和を信じてこつこつと学ぶ時です。

☆磔(はりつけ)

　魂の成長には難渋苦渋が必要で、それに耐えることで魂は磨かれるという信条を表します。気付いていない才能や能力は可能性を信じることで発見できます。自己肯定という自己愛を実感することなしに聖人が示した愛を体験するのは、本末転倒か順序が逆でしょう。

☆パンドラの箱

　恐怖や無益と見なされているマイナス思考に光を当てるチャンスの到来を表します。成長のための踏み台です。「パンドラ」とは「全ての（神々からの）贈り物」という意味です。

☆人魂(ひとだま)

心は三次元を超えて存在するとあなたに理解させたいようです。あなたが築き上げたいまの立場が崩れるのではないかと恐れていませんか。本来、心は自由で無限の力を持っています。この夢を見たあなたは、自分の生き方をグレードアップさせる時を迎えています。人魂を捕まえようとしたり、人魂に追いかけられたりして少し自分の心に振り回されるかもしれませんが、あなたは死を越えた自分と他人の魂を理解しようとしています。

☆復活

死も再生も本来は無いと俯瞰することであり、永遠に生きる霊の視点に立てば人間の言う生命とは幻想であることを逆説的に表しています。復活の夢は人間が次元を超えた存在であることを理解するきっかけとなりえます。

☆魔法の杖

イメージと創造性との関係を表します。あなたがありありと思い描くイメージは心にとっては現実です。ケイシー曰く「心は建設者」であり、迷いを取り除いて自分らしい望みを思い描くことこそ、創造的な人生を実現する第一歩です。

［瞑想・セラピー］

☆アロマ・アロマテラピー

休養の必要性を表します。日々に過剰適合しすぎているか、内に籠もりすぎかもしれません。人生に優しく身を委ねる感覚を知るために香りを楽しみましょう。あるいは、あなたは五感の中でも嗅覚に優れているという指摘かもしれません。参「香り・インセンス」「匂い」

☆占い

タロット、トランプ、ルーン、気学、占星術、姓名判断など、何であれ占いと向き合うあなたの態度が肝心です。占いに何かを決定してほしいと頼む気持ちがあるなら、あなたは現実でも常に不安を抱えることになります。参「占い師」「超能力」

☆香り・インセンス

夢で良い香りを嗅いだなら、次元を超える心が体験した魂本来の高揚感であり、大抵は幸福感をしっかり感じるようにとの励ましです。亡くなったばかりの死者との交流で香りを嗅いだのならメッセージを交換できるでしょう。目が覚めたら夢の中で体験した香りに近いものを薫らせるとよいでしょう。私たちの最終目的は夢と覚醒時の意識がひとつになることなので、これも一つのステップになります。参「アロマ・アロマテラピー」「匂い」

☆トランプ・タロットカード

トランプでゲームをしている夢なら、人生をゲームにしていることです。社会で成功するかどうかといった勝敗があなたの関心事で、霊性の成長には関心がないようです。特定のタロットカードが現れた場合はそれがメッセージになります。占い師がカードを引いてくれた場合は、自分に決断力はないと思っています。自分の運命は自分が創るものです。

☆匂い

五感のうち嗅覚に鋭敏な人は、宇宙のサポートを至高の香りで体験します。これを神秘夢あるいはヌミノースといいます。嫌な臭いは洗い流す必要のある考えを表します。良い香りなら実行に相応しいアイディアでしょう。参「アロマ・アロマテラピー」「香り・インセンス」

☆瞑想（めいそう）

瞑想に取り組む必要性があることを表します。瞑想によって心と身体と霊魂が統制できると、自ずと自分と宇宙の全てを統べる法則が理解できます。瞑想はあなたと神を繋ぐ方法であり、成長の道です。

[シンボルなど]

☆陰陽

陰陽は完全性のシンボルで、陰の女性性と陽の男性性のバランスが完成することを表します。結婚を通して心のバランスを目指すようにと教えているのかもしれません。参「結婚・結婚式」

☆オーム

人生と神意の関係を表します。夢でオームの音や声を聞いたり自分で発しているなら、実際に声に出してみて下さい。その時心に浮かんだものがメッセージです。電気抵抗を表すΩの場合は、自己表現を促されています。

☆お守り・お札・絵馬

精神力を得るため、神仏を真似るなどして努力する決意の必要を表します。神の加護は自分の内側に見出すものです。

☆五角・五芒星(ごぼうせい)

頭部両手両足のイメージから五角は人間を表し、その意は変化することです。人には変化する権利が備わっています。五角・五芒星の夢は、自由に生きることが変化を生み、その変化が成長を可能にすると教えています。

☆十字・十字架

成長に向けて偏りを正し、完全なバランスを導くことを表します。十字は頭を頂点に両手を広げ、直立した人間の形を表し、交差するところがハートチャクラです。そこは上の三つのチャクラと下の三つのチャクラのバランスを取るところです。キリスト教徒にとって十字架は大切なシンボルなので、宗教を異にする者には異質な意味合いを持つかもしれませんが、十字が完全なバランスを象徴する点は同じです。

☆数珠・ロザリオ

瞑想の必要性を表します。自分にあった黙想法を見出し実行してみて下さい。

☆仏像

あなたは人の意見に従うほうですか。それとも他人の意見には耳を貸さないほうですか。夢の仏像は、前者に自尊心を説き、他人の意見に頼りすぎない不動の姿勢を示しています。後者には、自分のことは自分がいちばんよくわかっているのだからと、他人を排斥しがちなせっかちさを、静止した姿で逆説的に指摘しています。夢の仏像は自分が大事にしていた信念信条が成長の特色に合わせて変化することを表します。参「イエス・キリスト」「釈迦・仏陀」

☆曼荼羅(まんだら)

変化の時であることを表します。変化は宇宙の愛が形を成して起こります。曼荼羅とは、全てが完全な法則に則って変化していることの象徴であり、その法則は愛と呼ばれるものです。

［心理学］

☆影・影法師・シャドウ

あえて意識しなかったか、意識できなかった心の側面。直面を避けてきたネガティブな感情。深い洞察を得るには、怪獣に追いかけられたときのように影を見てみましょう。正体が判ってしまえば強い味方です。誰かが影に被われたり、身体の一部が影で見えないときは、怪我や不健康な症状を示しています。影のある人物が近寄って来る場合は、あなた自身に不実な考えがありはしないか、心の中を洗って下さい。あるいは二心を持った人物に気を付けるようにという忠告かもしれません。

［建築物］

☆神社仏閣

真我の住むところ。真我を知る必要性。「教会」はその形状から瞑想の姿を表し、「神社仏閣」は参道と繋がっているので、自分の瞑想法を確立するようにと伝えています。参「教会」

☆スフィンクス

自分と周囲の人々に冷静に接することで、神秘な気付きが得られることを表します。あるいは、心が石になって久しいことを表す場合もあります。

☆鳥居

第二チャクラ及び第五チャクラの入り口。心と身体の結婚の門。自我と真我の融合の門。あるいは真我の住む神殿への道を辿ることを表します。鳥居を夢に見た人が独身なら結婚を、既婚者なら結婚生活を通してさらなる自己実現が迫られています。二本の柱は自立と受容を表し、自己実現はこのふたつが獲得できてはじめて可能であると教えています。参「神社仏閣」「参道」

☆ピラミッド

これまでの努力が報われ、覚醒に向けてのイニシエイションが下されること。夢でピラミッドを見たら、絵などの作品にして身近に置くと良いでしょう。あなたにとっての魂の方向付けと拠り所になります。ピラミッドが最終的にあなたにとって何を意味するかは、これからの人生で明らかになっていくでしょう。

［その他］

☆超能力

依頼心や依存心を表します。あなたは努力しないで現実が変われればよいと願っていませんか。自分の望みをこの世に具現化する力は誰にも備わっています。その能力を日々磨くことで人生を切りひらく創造力に昇華させることができます。参「占い」「占い師」

☆**光**

真理を照らす内在の光。大いなる自己。体験の理解、学びの体得。魂の中心をなすものを表します。

☆**夢**

「これは夢だ」と気付く夢は明晰夢と呼ばれ、夢への認識をさらに深めるようにと教えています。明晰夢が増えていけばいくほど、目覚めている日常と夢の場面に整合性が感じられるようになります。明晰夢を操ることは、さとりへの第一歩となります。

☆**予知・予兆・プレモニション**

人生の大事は予め夢で知らされますから、全ての夢が予知夢ともいえます。これから起きることを夢で知らされた場合は「自分を知ること」と、それに対する「アプローチを前もって考える」必要に迫られます。たとえば親の死の場合、これまでの親との関係を内省し、コミュニケーションを意識的に変えていく必要があります。さらに親の死を通して、死の真実を理解する必要もあるでしょう。天災の場合はまずは自分の内面のこととして対応法を考え、それを改める行動に出ましょう。そのうえで現実的な備えをしつつ、あなたの願いを祈りに込めて下さい。真摯な祈りはエネルギーを持つので、天災の被害が軽減したり、回避する助けになるでしょう。日常の細々したことを夢で知らされた場合はあなたの生真面目さや管理されすぎた心身の在り方を客観的に見る必要に迫られています。たまにはこの世の不思議を楽しみ、心を軽くしましょう。

☆**霊界通信**

人間は、肉体とは違った次元で心を持っています。死者が夢で生きて現れるとき、私たちは霊的存在同士として彼らとコミュニケーションしています。ただし通信内容には注意が要ります。死者の言葉を鵜呑みにせず、良識の範囲内で判断しましょう。ちなみに夢に出てくる死者の人格は、生前とあまり変わらないことが多いです。

■自然■

夢で見る天気は心の状態とイコールです。晴天は見通しが利き、全てが太陽の下で明らかですから心穏やかでいられます。曇りはウェットになっているので、全体の見通しに難がありそうです。雨はこれまで感じてこなかった悲しみや落胆を感じてあげる時です。嵐なら激情が心の中を渦巻いていることを表します。それらを受け入れて認めましょう。

あなたが夢で見た天気が自分の本心だと確信したなら、目覚めてからその感情を感じきることが大切です。たとえば雨の夢を見て普段気付かなかった自分の深い悲しみを知ったなら、泣ける映画を見てわんわん泣いて感情の浄化をはかりましょう。感情のトリガーは映画に限らず音楽でも絵画でもカラオケでも何でも構いません。とにかく思い切り悲しみにひたり、悲しみを味わいつくしましょう。悲しみでも怒りでも嫉妬でも、心の底にくすぶる思いを感じ切ってしまえば、それらは昇華されて消え、あなたは驚くほど元気になれます。感情は抑圧したり無視したりせずひとりで感じきることで、恐れていた「感情の学び」を終えることができます。

夢で見る自然環境・気象に注意し、その意味を理解して活用すれば、あなたの心のお掃除ができ、訳もない憂鬱や不機嫌にかられることが少なくなるでしょう。

［天気に関するもの］

☆雨・雨天

悲しみを感じて良いのです。悲しみの感情をしっかり感じて泣けると、成長の土壌づくりになります。他人を巻き込むことはおすすめしません。自分ひとりで感じ尽くすことで、悲しみが心の栄養となります。参「嵐」

☆嵐

激情を表します。あなたの感情が暴れまわっています。これまで悔しい思い、惨めな思い、絶望的な思いを感じまいと懸命に努力してきたのでしょう。そんな感情を殺してきた過去をきれいさっぱり流す時が来たようです。あなたの中にある激情を感じきり、あなたの得意分野で昇華させて下さい。これまでネガティブだと排除してきたものを、大いなる創造エネルギーに変えられるチャンスです。参「雨」

☆稲妻・雷

あなたの中の葛藤が極限に達して解決に向かうことを表します。稲妻はインスピレーションです。このインスピレーションを受け容れ心の静寂を大切にしましょう。インスピレーションは天と地、火と水のように相容れないものをつなぎ、創造的調和をもたらします。

参「雷」

☆風

周囲の状況が変化します。風が創造的に吹くか、破壊的に作用するかは夢の状況によって判断しましょう。追い風に乗って物事がうまくいったり、逆風にあおられて手間取ったり、突風が吹いて転んで傷ついたり、そよ風が歩みを後押ししてくれたり、夢ではどんな風が吹いていましたか。じつはどれもあなたが変化を望んだからこそ起こった風です。たとえ破壊的な風でも変化は生きる力になります。無風という膠着状態ではないのですから、それを利用するくらいの気持ちでいましょう。

☆霧

気分がウェットになり、自分の立場が見えていません。冷静に状況判断ができるまであれこれと考えるのをやめましょう。気分が晴れるのを待ってゆっくり事態を把握しても遅くありません。夢で見たのが霞や靄の場合は気持ちが落ち着くまで霧ほど時間はかかりません。

☆雲

青い空にぽっかり浮かんだ白い雲なら、澄んだ心を楽しみつつ前向きに問題に取り組めることを表し、雨雲や黒雲の場合は、これからちょっとした問題が起きる知らせです。夢で前もって知ることで冷静でいられます。雷雲なら目的を達するまで一波乱も二波乱もあるでしょう。でも恐れる必要はありません。刻々と変わる状況を心穏やかに楽しんでいると、波乱の中に本物のインスピレーションがあるでしょう。

☆虹

努力は適切に報われるでしょう。あとは後始末が待っているだけです。これまで心の宝探しに励んできたあなたですが、今、完成の一歩手前まできています。ここまでたどり着けたという状況に感動と感謝を感じましょう。十分に感動することであなたの霊性が次の段階へ進む下地が出来ます。「虹」の意味合いは「洞窟」に似ていますが、「虹」はやや物質的な完成を、「洞窟」はより精神的霊的達成を表します。あるいは、あなたが幻想の世界に逃げていることを指摘しています。生きている実感が持ち難い生活が続いています。仮想現実から抜け出る努力を始めましょう。参「洞窟」

☆晴れ・晴天

見通しが利くこと、心の曇りが取れて自分の居場所・立ち位置が把握できることを表します。晴天に白い雲がぽっかりという夢は、心の問題をはっきり認識でき、対処の見通しが立つことを表します。創造的なインスピレーションを働かせて洞察を得ることも可能でしょう。参「雲」

☆日・陽・日向・昼間

太陽が出ている昼間の夢は、あなたが現状を鮮明に認識できていることを表します。問題があったとしても、それを冷静に捉えることができ、解決のためのエネルギーが今なら十分あります。

☆日陰

自己評価が低いこと。社会的立場が弱いため遠慮のあること。または勝負に出ないでいることを表します。今こそ太陽に顔を向けて躍り出たらいかがですか。

☆雪

あなたは心を閉ざし、自分らしさを押し隠しています。真冬の雪の下にいるかのように引きこもっているあなたの全体像は他人には見えません。あなたを覆っている雪は清浄を表しますが、清浄は命が途切れること、望みが絶たれることに通じます。今はどんな希望も凍結し、世間や他人の冷たさをしっかり感じきる時です。辛いかもしれませんが、心の春を迎えるために必要な時間です。冬を越えた魂には大きな実りが約束されています。参「冬」

☆雷鳴

あなたの中の怒りや敵愾心への警告です。一波乱を覚悟するか、今のうちにこれらを感じきって昇華してしまいましょう。当事者間の緊張が頂点に達し、破壊か創造をかけた衝突がありますが、そこから感情の浄化が始まります。参「稲妻」

☆蜃気楼(しんきろう)

自分や他人への幻想を表します。現実とあなたの思いには温度差があり、頭を冷やす必要があるでしょう。

［天災］

☆洪水

長期間本心を偽り、感情エネルギーを生産的に引き出してこなかったので、葛藤が頂点に達して制御不能になっているようです。感情を閉じ込めてきたのは性格が大人しいとか無口だからではなく、多くは罪悪感が原因です。葛藤を、アルコールや買い物に依存して埋めないようにしましょう。参「津波」

☆地震

生活に突然の変化が起きることを表します。あなたの信念や主義・主張が、つまりこれまでの生き方がこの先役に立たなくなります。それらを潔く手放して一から出直す時が来たのです。大きな変化なので一時生活が脅かされる感じを味わうでしょう。しかし変化の後は、ストレスが減り、より創造的な日常が送れます。寝ていて実際に地震を感じた場合も、心の問題として地震を捉える訓練をしましょう。手放さなければならない自分の信念や信条は何だろうと考えます。予知夢として地震を夢見た時も同じです。内省した後、現実的な備えを講じ、祈りを持って安全を願います。参「洪水」「津波」

☆地滑り

自覚できずにいましたが、心身に負荷が掛かりすぎて、これ以上は支え切れなくなっていることを表します。余計な責任を下ろし、自分を大切にすることだけに専念しましょう。参「雪崩」

☆台風・ハリケーン

感情が荒れ狂う状態を表します。自分の本意もわからないまま感情が暴れ回るので、周りを巻き込む可能性があります。冷静さを取り戻すには瞑想するしかありません。参「竜巻・トルネード・ツイスター」

☆竜巻・トルネード・ツイスター

状況に変化が起こり、これまで歪んでいた理性と身体の繋がりがバランスを取り戻すことを表します。この変化は、あなたが心の発達のために自ら起こしたものです。安定した環境では心の進化や統合は起こりにくいからです。これを機に将来が見えてくることもありますが、変化が大きすぎて破壊につながることもあるので注意が必要です。とはいえ竜巻の螺旋構造は遺伝子のそれと同じで、螺旋の形状そのものが生命と成長を約束しています。破壊を恐れるより変化とそれに伴う成長を楽しみましょう。参「台風・ハリケーン」

☆津波

安泰だと思っていた生活基盤や頼りにして来た信念信条に亀裂が入って、これまでの生活が立ち行かないという恐怖が突然堰を切ったように浮上してくることを表します。あるいは、人生は変化するものだという事実から長い間目を背け、変化を嫌った生活を押し通してきたことが限界を迎えていることを表します。抑圧し続けて飽和状態になった感情を解放してしまいましょう。長年、蓄積してきただけに大波にさらわれるような恐怖を感じるかもしれませんが、乗り越えれば新しい心の次元が開かれます。山津波の場合も意味はほぼ同じですが、こちらは生活基盤になっている形ある家や仕事の変化も含まれます。参「洪水」「地震」

☆雪崩

長いこと凍らせてきた感情が一気に溶け出すこと、崩れ出すことを表します。あなたはこれまで自分の中の苦手な感情を拒否し、無視してきました。拒否が長く続いたため感情は凍り付いていましたが、他人のちょっとした親切などがきっかけで暖まり、一気に溶け出してきたようです。もはやこの強い心の動きを抑えつけることはできないでしょう。周りを巻き込んだ不適切な表現になっても、一旦全て放出する必要があります。繊細なあなたは周囲の反応が気になるかもしれませんが、気楽にいきましょう。凝り固まった感情を手放せば、心に春が来て温かい人間関係が芽吹くのですから。参「地震」「地滑り」

［陸に関するもの］

☆岩

強い意志。行きすぎた頑固さ。行く手をはばむものを表します。あなたの頑固さが身体にも表れていないかチェックしてみましょう。

☆地平線

視野が広がり自分の立ち位置が見えてきたこと。全方向的に可能性があることを表します。自分が何処に行きたいのか、自分自身に尋ねる時です。

☆土

心の土壌づくりの時です。新規の計画や物事がいつ起こっても対処できるようにゆったりとそれでいて油断しないようにしましょう。また、夢で土を手摑みしたり大地に両手をついたりしている場合は、土の治癒力を役立てるようにというすすめです。実際に農作業をしたり、陶器作りや砂風呂などたくさん土に触れてみて下さい。あるいは自分も土に返るべき者と知ることで霊性が磨かれることを示しています。参「泥」

☆泥

泥道にはまったり、泥まみれになったり、泥沼で立ち往生する夢は自分に芯のないことを表します。あなたは今まで周囲の動向に振り回され、自分の考えに自信がなかったかもしれません。自分の芯を取り戻すことで状況は変えられます。参「沼・沼地」

☆火

無意識を表す水とは反対に、火は意識を表します。私たちにとって一番大切な火は脊柱の下に眠るクンダリーニ（人体内に存在する根源的生命エネルギー）の火です。火の大元は太陽。私たちの中には例外なく神聖な太陽と同じ種火があります。クンダリーニの火を燃え上がらせるには、あなたが拠りどころにしている信念や信条を昇華することです。これは真の英知に至る道でもあります。参「たいまつ・かがり火」「たき火」「花火」「火事」「懐中電灯」

☆炎

生きる意欲。命の炎。あなたの内奥に存在する確かな光を表します。誰でも瞑想によってこの炎の存在を感じることができます。あるいは、情念の炎や嫉妬や怒りの表れであることもあります。

☆熔岩

長年溜め込んだ怒りを吐き出せたこと。またその残骸を表します。あなたは無意識だったかもしれませんが、見事に怒りを昇華できました。今後のためにもその行程を意識的に振り返り、怒りを創造的に表現する方法を確立してはいかがですか。

［水に関するもの］

☆間欠泉

感情の爆発と沈静を表します。このくり返しのリズムを認識できれば自らの感情の流れを把握しやすくなります。

☆**氷**

　あなたは感情が凍りつき、感覚が麻痺しています。他人からの親切も拒否し、わざと無関心を装っていませんか。夢で薄氷を見た場合は問題解決の確実性が薄い（低い）ことを表します。

☆**潮**

　物事の盛りと衰退の潮時を知ること。あるいは感情のうねりを表します。満潮は緊張を引き起こし、干潮は弛緩に陥るさまを表します。潮に流されたり渦潮に呑まれたりするのは、感情の流れを摑めず呑み込まれていることなので冷静さを心掛けて下さい。㊜「海」

☆**波**

　夢で泳いでいてもサーフィンでもボートを漕いでいても波に乗っているなら、あなたは今人生の波に乗っています。感覚が研ぎ澄まされていると同時に、心に余裕があるでしょう。海岸で波を見ているなら、実際の生活で心が癒される兆しです。自然治癒力の向上、効果ある治療法との出会い、カタルシスの体験などが予想されます。実際に光り輝く波を見に行き、生命エネルギーを取り込んでみるのもおすすめです。荒波なら人生を過剰につらいと受け取っているので、力を抜いて一休みしましょう。㊜「海岸・浜辺」

☆**水**

　コップ一杯の水、雨、霰、雪、水蒸気、水たまり、池、沼、湖、川、海、滝、泉、井戸、果ては雲に至るまで、夢に水が登場したら、あなたの身体にきれいな水が行き渡っているかを考えましょう。千変万化する水は、心の何処にでもひそむ無意識の象徴です。そして夢の水が教えてくれるのは無意識が感情や身体に表れた状態です。感情のコントロールを創造的に行うには、感情と響き合う瑞々しい身体が必要です。清浄な水は身体の細胞を再生させますから、毎日きれいな水を飲み、心も身体も滞りがないようにしましょう。夢の中の澄んだ水は素直さや心の広さを、濁った水はこだわりから生じる失望の感情を表します。㊜水に関係する他の項目

［空に関するもの］

☆**曙**（あけぼの）

　新しい課題が直ぐに姿を現します。解決に向けて積

極的に行動を起こしましょう。当初は暗闇の中にいるような気持ちかもしれませんが、しばらく目を凝らせば全体像が見えてきます。タイミングを計って、冷静に取り組みましょう。

☆朝焼け・朝日

新たな人生の一ページが始まります。その一ページは祝福されています。実際に新しい仕事か新しい人間関係が始まるでしょう。自分の中に閉じこもっていてはらちがあきません。外へ外へと行動を起こしましょう。参「太陽」

☆空

望みを高く掲げて発展することを表します。あなたには無限の可能性があります。足元ばかり見て、自分の不遇を嘆いていませんか。顔を大空に向けて自由を謳歌しましょう。

［宇宙に関するもの］

☆宇宙

宇宙の夢は、あなたの魂全体から、あなたが現在置かれた立場を大きく俯瞰して見ることができることを表します。夢に現れた宇宙の彼方の星は、あなたの魂の故郷でしょう。宇宙を夢で見る体験で、世界観（宇宙観）が変わり、視野が広がり、霊的理解力が増すでしょう。夢で宇宙に飛び出せたら、日頃解決したいと思っている質問を自分にしてみましょう。これは時空を超えた体験であり、自分の中に本当の英知があることを知るでしょう。囚われからの解放を促しているともいえます。参「星」「飛ぶ」

☆銀河

自分の存在をこの世の次元に限定せず、多次元を相互に行き交う存在として視野を広げるように促されています。大抵は孤立感に苛まれている時、銀河を夢見ます。銀河は魂の故郷を知らせるために登場してきます。参「星」

☆太陽

光エネルギーとしての自分の生命。真実を見抜く目。無償の愛を表します。太陽は自ら光を発し、地球の全ての命を育みます。男性的父性的な陽動性を持ちますが、この陽動性のなかには女性性の最高の姿、慈愛と励ましを見ることもできます。太陽に込められた象徴性は、私たちの存在そのものに光が当たることです。夢で太陽を見たら人生が大きく変化する時と思って下さい。太陽の光は人生の変化に臆せず対処していくようにと、あなたの背中を押してくれます。同時に、やればできるという確約の意味もあります。あなたはこの変化を立派に乗り切れるのです。

　太陽が昇ったり沈んだりするのは、外に向けて行動する時と内省する時があることを教えています。自らの人生のリズムを知ることで無意味な葛藤が減り、霊的学びが豊かになります。黒い太陽は、あなたが内向きで創造性に乏しいと指摘しています。今は焦らず、創造性の訪れを願って待機しましょう。同時に外の輝きを吸収する時でもあります。今は皆既日食の太陽のように一時的に翳っているのだと思えば、気も楽になります。参「木」「葉」「朝焼け」「夕焼け」

☆月

　夢で見る月の様子で、あなたが今どうすべきかがわかります。新月は願いを明確にするのに最適。新月から上弦の月までは新月の時に決めたことに向かって心のエネルギーを集中させます。満月でエネルギーが頂点に達します。満月から新月までは行動に重きを置き、心はゆっくりと流れに任せます。月の満ち欠けは女性の身体の変化にもたとえられますが、実際は女性男性を問わず全ての人間の女性的側面である創造性を刺激するものです。つまり月の満ち欠けにそった生き方ができるなら、創造性はその人の心と身体とうまく連携し、やがてそれを形にできます。太陽が持つ能動性に比べて月は受容的で受け身なイメージがあるかもしれませんが、行き詰まった時にひらめく創造のインスピレーションは月が担います。参「太陽」

☆星

　魂の約束。希望を現実化する明晰なアイディア。あるいは自分から発した思いはやがて自分に戻るという宇宙の真理を表します。この世の出会いや出来事は全てあなたの魂が望んだことです。とくに人間関係ややりたいことは、意識していなかったとしてもほとんどが魂の計画です。星に願いを掛けるように、自分が自分に掛けた約束であり、全て自分で立てた計画だと悟れば、すっきりとした解決策が見えてくるはずです。

参「宇宙」「飛ぶ」「惑星」

☆流星群

　人生の変化が目まぐるしくなることを知らせていま す。今まで孤独な日々を鬱々と過ごしていたのが嘘のように脚光を浴びる可能性があります。夢の流星群のナイトショーは直ぐ終わりますが、現実でも脚光に惑わず浮かれず、しっかりと楽しみましょう。

☆惑星

　霊性について認識を深めるチャンス。自分が複数の次元に在ることへの気付き。忘れていた生きる目的や生きたいという激しい願いの再認識を表します。夢で地球を外から眺めているなら、あなたは人生から遊離したがっています。そんな自分を認めつつ、現実的な生き方を考えましょう。また、惑星の夢は人間の魂が睡眠時に地球外の惑星やふるさとの星に戻っていることを教えています。參「太陽」「月」「星」
ちなみに夢に出てくる各惑星は特有の力を表します。

水星：心に躍動感を覚える力
金星：愛する感動への感応力
地球：体験の尊さを覚える力
火星：ひるむことのない向上心
木星：物心両面の恩寵に気付く力
土星：チャンスは何度でもあると信じる力
天王星：新しい次元を切り開いて行く力
海王星：新しい次元を確信する波動力
冥王星：意識を超えて宇宙を旅する力

［その他のもの］

☆エコー・こだま

　近くに心を通わす相手がいないこと。ギリシャ神話のエコーのように嘆いて生きていることを表します。夢でなければ、自分は次元を超えた存在だと認識していることを表します。夢ではっきりエコーの声を聞くなら、あなたはエネルギー状態がよいのです。自分の心の声が夢で喜びとしてこだましているのです。この経験を素直に受け止め、大切にして下さい。

☆風景・景色

　夢で見るどんな風景もあなたの心象風景を表し、現状や願望が映し出されています。夢で風景を見たら、実際にその風景に似た場所に行ってみましょう。そして絵にしたり写真にしたりして身近に置き、しばらくその風景を眺めてみましょう。風景と、つまり自分の心とともにいる体験が、あなたが知るべきことは何かを教えてくれます。

■行動・出来事■

夢の中の行動、出来事がその時、その場に適切かどうかを考えましょう。時宜に合っていればおおむね肯定的なメッセージです。ただし「セックス」と「殺す・殺される」は、夢特有の意味があるので注意して下さい。また、時間に関係する夢には予知的意味合いはなく、あなたが時間というこの世の条件をどう捉えているかを知らせています。

[行動]

☆上がる

夢の中であなたが上を目指して行動しているなら、今ふさわしい選択をしています。参「階段」「上る・昇る・登る」「下りる・降りる」

☆握手

夢で握手している相手に向けて示したいもの、差し出したいものを結果的にあなたは受け取ることになります。相手がどうあれ、あなたの内側に何があるかが重要です。参「手」

☆欠伸（あくび）

エネルギーが漏れているようです。人生に退屈していませんか。感情の揺れを体験できるのは、生きていればこそです。とくに笑いは霊性とは何かを思い出すきっかけとなります。まずは笑って感情を呼び覚ましましょう。

☆遊ぶ

深刻に悩みすぎています。夢は、人生は遊び楽しむものだと伝えています。

☆編む・織る

人生は編み物と同じです。一目一目が大切です。夢で糸がからまっていたり目がほどけたりしているなら、実際に何かトラブルがあることを示唆しています。すぐに対処しましょう。参「糸」「タペストリー」

☆あやまる

誰かに、あるいは自分にあやまる時です。今ならあやまっても、とがめられたり、責められたりしません。夢で他人があやまる姿を見たら、それを見ることであなたはあやまる練習をしています。夢で誰かにあやまっている人には好印象も持てるはずです。「ありがとう」「愛しています」「ごめんなさい」「感謝しています」は魔法の言葉です。

☆洗う

夢で洗っているものが衣服なら態度を改めましょう。手を洗っているなら、愛情のやり取りを省みて下さい。洗髪は滞った考えをすっきり洗い流すことを表しますが、実生活の衛生面に注意を促している場合も。

☆歩く

自分の足で歩いているので、自分のペースで人生を進めていることを表します。同伴者がいてあなたと同じペースで歩いているなら、その人は気付いていないあなたの側面を表しているか、あるいはその人が人生の伴侶になります。移動手段はいろいろありますが、目的地に向かうには歩くのが一番だと示唆しています。

参「散歩・寄り道」

☆インターネットをする

真理や英知が即座に手に入る喜び。あるいは手に入ったという錯覚を表します。井の中の蛙、大海を知らず。暇つぶし。血の通わないコミュニケーションを表すことも。夢でネットに興じているなら、現実にやっていることを止めるか続けるか冷静に判断しましょう。あるいは、アクセスする対象を見直す時かもしれません。

☆インタビュー

自分の考えを確認する時です。インタビューしているのであれ、されているのであれ、その質問はあなたにとって「イエス」ですか「ノー」ですか。

☆失う・なくす

生きる目的、目標、自分らしさを失っていることを表します。決断力もありません。瞑想し、心の中に明かりを求めましょう。あなたの方向性を決められるのは、あなただけです。

☆歌う

良好なエネルギー状態なので意のままに行動したほうがいいでしょう。見ること動くことは普通にできても、感情を露わにしたり言葉で意志を伝えたりするのはエネルギーのいることです。でも、あなたはそれができています。そのエネルギーの出どころは、夢で歌っていた歌詞から類推できます。愛の告白、感謝の言葉、あるいは深い悲しみ、何であれその感情を感じきってみて下さい。ますますエネルギーが高まり、充実した人生が展開していきます。

☆埋まる・埋める

何かを見ないように、あるいは見せないようにしていませんか。夢で埋めているのがあなたなら、過去に責任を感じていたり、自己嫌悪があったりするのかもしれません。あなた以外の人が埋めているなら、あなたは「面倒なことは誰かがやってくれるはず」と投げやりな態度でいるようです。自己探求は宝探しと同じです。自己を熱心に掘り進めれば、辛いこともありますが宝物に出会える確率はぐんと上がります。埋めて隠して目を背けているばかりでは、宝に行き着くことは難しくなります。

☆浮気

夢であなたが浮気をしているなら、安易な逃避をしています。既婚・未婚にかかわらず、あなたのパートナーは内面の異性を表しますから、浮気は自分の内面と向き合うことを避けているのです。自己探求の道は自分を真っ正面に見ざるを得ませんから、それを辛く厳しく感じているのかもしれません。パートナーが浮気しているなら、二人の関係性を見直したほうがよいでしょう。浮気相手の長所をあなたの中から引き出すことで危機を回避できるでしょう。あなたが夢で知らない人や有名人とセックスしている場合は、その人たちの美点が自分にもあるということです。参「セックス」

☆運転

自分で車のハンドルを握っている夢なら、あなたは自分の責任で人生を生きています。快適なドライブなら、あなたには行動力があり、社会の中で居場所もあり、それなりの生活を送れるでしょう。他人の自動車を運転しているなら、その人の長所を真似てみてはいかがですか。その人の生き方はあなたのちょっとした問題を解決してくれるはずです。

他人の運転する車に乗っている時は要注意です。その人にあなたの人生を牛耳られていないか、その人の意向に添って生きていないか内省してみましょう。もしあなたの価値観と相容れない場合は、大きく軌道修正しないといけません。そうではなく、その人の知恵や経験に助けられていると合点がいくなら、しばらくの間はその人の助けを借りましょう。

伴侶や他人の運転が事故を起こす場合は、運転者に対して油断や不満があります。その人に対して気遣いが必要です。運転資格のない者が運転していたら、夢の中であっても不安なはずです。実力以上に生きようとする姿勢を反省しましょう。そうすれば生きるヒントが得られ、あなたらしい生き方が見つかるでしょう。

参「自動車」

☆運動

感情と思考と身体をひとつにする必要性を表します。焦点は身体にあります。身体を動かして、散漫になりがちな心のうちを落ち着かせましょう。運動というと面倒に感じるかもしれませんが、分離した心と身体を一つにするリラクゼーションとして楽しんでみては。

☆映画・ビデオを観る

夢で上映される映画は、あなたの理想か現状のどちらかです。現状なら直したいところをはっきりさせ、理想にもっていきましょう。こうした夢は、人生は修正が効くと知らせています。

☆延期

どのようにしたらエネルギーを効率的に使えるかを見極めるための猶予期間。現状を維持しチャンスを待つことを表します。または、周りの状況を含めて、計画延期をすすめる予知的メッセージかもしれません。でなければ怖くて挑戦に踏み込めないことを表します。夢のアドバイスとあなたの意識に開きがあるとしても、怯むことはありません。自分が何を選択したかがわかっていればよいのです。今だと思ったら取り組みます。先送りしてもあなたの準備が整えば挑戦の機会はいくらでもやってきます。

☆演じる

あなたはあなたの人生ドラマの原作者であり、監督であり、制作者であり主役であることを表します。気に入らないところがあれば、自由に脚本や登場人物を替えることができます。人生ドラマの演者として演じる時はそのことだけに専念しましょう。我を捨てて役に成りきることで、人生というドラマを見る目が深まります。参「映画・ビデオを観る」

☆遅れ・遅れる

あなたは焦っていますが、じつは時間は十分にあります。どんなに頑張っても間に合わなかったり遅れたりする夢の場合は、あなた自身が計画通りにいかないことを望んでいる可能性もあります。自分の真の望みは何処にあるのか、立ち止まって吟味する時です。参「遅刻する・遅い」

☆襲う・襲われる

襲う夢であれ襲われる夢であれ、あなたの心には恐怖があることを表します。あなたが女性で、男性に襲われる夢なら男性不信に陥っています。あなたが男性で女性を襲っている場合は、女性を理解し難いものと感じているようです。どちらにせよ普段異性を偏見で見ていないか、等身大の付き合いができているか振り返ってみましょう。

あるいは、目の前の課題が難しすぎると感じているのかもしれません。人生の課題はどんな時も恩寵です。たとえ失敗してもあなたが学び終わるまで何度でも与えられます。絶望的失敗というものはありません。過去の失敗を受け入れ反省し、再度チャレンジしていきましょう。失敗は成功のもとです。参「恐れ・恐い・恐ろしい」

☆落ちる・落とされる

問題に立ち向かう自信がないことを表します。行動を起こす前にまず問題を冷静に眺めてみましょう。それがあなたの頑丈な足場になります。参「落とし穴」

☆踊る

考えるのではなく身体で感じる大切さを表します。あるいは、踊ることで自分を知ることを表します。夢であなたが踊っているなら、エネルギーは身体の隅々に行き渡り、人生を創造的に生きています。また、踊りには「現実的な処世術」「恋愛がらみの人間関係」という意味と、あなたの表現方法として舞踊がいいのではという示唆があります。

☆溺れる

溺れそうになり藁をつかむような夢は、感情の大きさ重さに押し潰されてももがき苦しんでいること。現状認識が甘いので見当違いな行動をしています。まずは力を抜いて現状を把握しましょう。力まなければ周りの状況と自分の感情の流れが摑めます。思い切って声を出し、助けを呼んでもいいのです。冷静な状態を知って感情に溺れない体質を作っていくことも必要です。溺れて死を迎えた場合は、激情して我を忘れるようなこれまでの自分を精算できるという励ましです。参「渦・渦巻き」

☆泳ぐ

感情の波と遊べることを表します。感情の流れをさえぎらず身も心も委ねることができれば、感情は喜びや目的達成の助けになります。感情の波の下にある無意識の宝庫を探求することもできます。プールで泳いでいる夢なら、安心して感情のレッスンをやり遂げましょう。恋が始まる頃に見る夢です。恋人とふたりで海に出て島に向かって泳いでいる夢なら、その人は自己探求のパートナーになります。海から岸や浜辺に向かって泳いでいる場合は、あなたは徐々に現実生活に重きを置くようになります。

いずれにせよ、元気に泳いでいるなら、あなたは意志を行動に移す勇気があります。溺れていない限り、何も心配することはありません。むしろ自分を信じるようにというメッセージです。イルカと泳いでいるならなおのことです。参「潜る」

☆下りる・降りる

山や階段、坂道を下りる夢でも、はたまた役目を下りる夢でも、あなたがそれを自覚しているなら問題はありません。問題が起きるのは無自覚に下りてしまう場合です。また、夢でどこかに下りる時、あなたは現実でふさわしくない行動をとっている可能性があります。ふさわしくない行動をしたかもしれない、自分をないがしろにしたかもしれないと気付きさえすれば、修正のチャンスが訪れます。参「上」「下」「上がる」「上る・昇る・登る」

☆買う

決意を表します。お金はエネルギーですから、あなたのエネルギーを使って欲しいものを手に入れ、それによって自分を成長させようと決断したのです。ただし、適当でいい加減な決意だと夢では安物を買います。心からの決断の場合、価値ある品を正価で買います。
参「値段」「金（かね）」

☆隠す・隠れる

今は課題に正面切って取り組む勇気がないようです。しかし、いずれ取り組まざるを得ない事態になります。今は闇雲に行動に出るのではなく、勇気がなく恐れている自分を認め、状況を観察しましょう。実際、今のあなたには後ろめたいことや隠したいことがあるのかもしれません。

☆かじる

ネズミが米びつをかじって米を盗むように、自分をゆっくりと無力にしていること。エネルギーの漏れがあることを表します。心の中を吟味して、気力体力を奪う問題を洗い出し、一掃する努力を始めましょう。

☆割礼

あなた本来の良さを、因習や習慣のために切り捨てていませんか。それは時に命や尊厳に関ります。

☆噛む

人生の課題に取り組み始めたことを表します。あなたは今、その取り組み方が自分にとってふさわしかったかどうか、さらに分析し、その課題の意味を汲み取ろうとしています。ただし、夢で噛めないものを噛んでいたら人生の課題に取り組む「振り」をしています。自分で自分をだましているかもしれません。また、噛めないものが口の中にあるのは本心を表現していないという指摘です。参「ガム（チューインガム）」「歯」

☆カラオケ

コミュニケーション。言語化の重要性。憂さ晴らしをする時であることを表します。いずれにせよ、物事を気楽に捉えましょう。

☆狩り・狩人

コントロールが難しい本能的な側面をがむしゃらに取り除くこと。あるいは、理性と知性を使って生物的欲求を自己表現にまで高める意志力を表します。あなたの本能的欲求を高い次元に引き上げる行動ができれば、大きな気付きが得られます。

☆灌漑（かんがい）

感情を活き活きさせ、生産的に表現することを表します。霊性を高めるには前向きな感情が必須です。夢の田や畑は実際的な仕事や労働を表し、現在取り組んでいる仕事はあなたに向いていて、やり甲斐があるようです。仕事に対して心躍らせ、わくわくするような喜びを感じることができれば経験と経済は豊かになるでしょう。

☆ギア

夢でギアを入れるのは計画を実行に移す用意が調ったことを表します。ギアの切り替えはエネルギーのとり入れ方を変えることです。これから調子が出るか出ないかは夢の文脈に依ります。㊜「自転車」「自動車」

☆キス

恋への憧れを表します。片思いの相手とキスをした時は、慎重な対応をしましょう。恋に恋をしていると知らせる夢か、やがて恋人になるという予知夢か両方の可能性があります。その違いはあなたにしかわかりません。また、人恋しさがキスに表れることがあります。人の温かみや優しさに触れたいという願望です。でなければ、裏切りのキス、口封じのキスで、性的誘惑の意味が含まれます。

☆キャンプ

自然回帰の必要性。母なる地球と抱き合うこと。あなたの出発点と初心を再確認し英気を養うことを表します。キャンプファイヤーは親睦の表れです。自分自身と親睦を図れる兆しでしょう。

☆救助・ライフセイバー

何処で救助を求めている夢かで、あなたの問題が見えます。海難救助なら感情的にパニックに陥っています。諦めずに救助を求めているなら、やがて感情の荒海は凪ぎ、パニック状態から抜けられ、洞察を得るでしょう。登山中の遭難救助は、真理を求めて形而上学や精神世界を彷徨しているうちに方向を見失ったり、自分が見えなくなったりしていることを表します。先を急ぐあまり、難しすぎる理論や理解不能な論理に飛びついたのかもしれません。

自己探求も真理の探究も、人それぞれに道筋があります。いずれにせよ、今は心の安全のためにエネルギーを集め、それを頼りに今の事態から抜け出す方法を探しましょう。自分の力量とユニークさを知ることも大きな助けになります。夢のストーリーによっては、自分を後回しにして世界を救おうとしていることへの警告です。㊜「救急車・救急員」

☆競走

自分の複数の望みを一遍に叶えさせようと躍起にな

っていることを表します。徒競走の夢ならば、自分の中の複数の側面を文字通り競い争わせています。夢が教える生き方は、物事には優先順位があり、望みは一つ一つ叶えていけばいいということです。望みを叶えるためには、自分の中のいろんな側面を協力させて事に当たらなくてはいけません。

☆去勢

元気を奪うこと。男性性を無理矢理排除することを表します。あなたが男性であれ女性であれ、もともと備わっている決断力や社会への適応力を認めず、不自然な形で封じ込めています。宦官やカストラート（去勢された男性歌手）が夢に表れた場合も同じで、あなたは本来の才能をあえて閉じこめたまま仕事や表現をしています。それが自分で選択したものなのかどうか考えてみましょう。

☆切る

不要のものを切り離す必要性。あるいは、切ることで不用意なエネルギーの放出を引き起こす危険性への警告を表します。銀の紐を切る夢は、誰かが異次元へ旅立つ知らせです。それは、あなたらしい行動で対処するようにとの励ましです。新聞や雑誌の記事を切り抜く夢は、考えを整理するよう促されています。衣服が切られたり切り裂いたりする夢は、あなたが傷ついていることを表します。他人の中傷をかわすには、その衣服を着ないこと、つまりあなたの社会に向けたアピール方法を変えることです。尊厳のある行動をとりましょう。参「傷」「怪我」「切断」「ナイフ」「ハサミ」

☆近親相姦

生き方と霊性について、セックスの相手の長所を真似るようにという忠告です。近親者との性交は夢の出来事とはいえショックですが、あなたの相手に対する偏見を見直すようにという強いメッセージも込められています。参相手の続柄

☆空中浮遊

町の上空を空中浮揚したり、他人の背丈より上をフワフワ歩いていたりする夢は、あなたが観念的か夢想的で現実的でないことの指摘です。つまり、あなたは地に足をつけて生活していません。心と身体をひとつにまとめて使えていないともいえます。日常を現実的に生きましょう。宇宙に飛び出したりエネルギッシュ

に空中を飛び回ったりしている場合は参「飛ぶ」

☆くしゃみ

ぼんやりしていて周囲の冷たさに気付かないことを表します。周りが冷たいのは、あなたの気のゆるみと甘えが原因です。ここで軽い休養を取るか、再度エネルギーを呼び起こして事に当たるかはあなたの判断です。自省のうえ行動して下さい。

☆稽古(けいこ)・レッスン

新しい知識や情報を吸収する柔軟性と寛大さが必要です。特別な稽古は、あなたの魂の求めに応じて姿を現した導師を表しますが、いつまでも人生に真剣に取り組まないあなたを叱責している場合も。稽古（準備）にばかり時間をかけすぎていませんか。そろそろ本気で実践することが奨励されています。

☆喧嘩(けんか)

相反する気持ちの間で激しく揺れていることを表します。喧嘩の夢がその葛藤に風穴を開けてくれるかもしれません。夢で喧嘩した相手に言いたいことを存分に吐き出していたら、硬直したあなたの苦しさに安堵がもたらされるはずです。夢での喧嘩は単に勇気付けなので、相手と実際に喧嘩をすることも、嫌われることもありません。夢で喧嘩すると、実生活での緊張がほぐれて相手とわかり合えたり、適切な距離が取れたりするようになります。

☆げんこつ

意志の確認。固い決意。頑固。怒り。攻撃性を表します。参「石」

☆強姦・レイプ

あなたのエネルギーが他人の意のままに利用されていることです。その人の存在や行為に圧倒されたり引け目を感じたりしていると見る夢です。夢で嫌々近親者と性的関係になる場合は参「近親相姦」

☆行進・マーチ

リズムを持って全てが統制され、前進していることを表します。みんながそれに注目しています。

☆告白・秘密を打ち明ける

重荷を下ろすこと。気がかりを言葉にし知恵を出し合うこと。自分あるいは相手を信頼し心をオープンにすることです。これまでの自分を包み隠さずさらけ出し、反省すべきを反省することは自分を許す行為です。

許すと心が軽くなり、実生活に弾みがつきます。

☆殺す・殺される

殺し、殺された犠牲者はあなたの中のある側面を表し、それが一度死ぬことであなたが再生することを表します。たとえば親を殺したり、親が殺されたりするのは、あなたの中の親から受け継いだ古い価値観が機能しなくなったことを意味し、自分なりの価値観を打ち立てるチャンスが訪れていることを示しています。これからあなたは自分らしく生きられます。殺人の夢は時にあまりにも悲惨ですが、それはこれまでのあなたから新しいあなたに脱皮する通過儀礼であり、霊性向上に必要なプロセスです。これを経たあなたは強くなり、今までの枠の中では物足りず、新しい挑戦をしたくなるでしょう。それでも悲しみや後ろめたさ、やりきれなさは残りますが、それらは劇的変化を体験すると誰もが持つ感情です。逃げず否定せず、感情を味わい尽くしましょう。

他に子供や老人、友人知人とさまざまな人を殺す場合は、この先あなたに必要がない側面の表れか、あるいは必要なのに勝手に価値がないと無視している側面の表れか、夢の脈絡から判断しましょう。あなたが殺されて死体となって血を流している場合は、内なるエネルギーが漏れているので生き生きと生きていないという警告です。参「悲しむ」「死」

☆魚釣り

魚釣りの夢は瞑想で得られる心の糧を表します。霊的、精神的な体験を積極的に求めて下さい。夢のストーリーは、あなたのそれに対する態度を知らせています。参「魚」「釣り竿」

☆散歩・寄り道

単調な生活や責任ある生活の中に潤いを求めていること。ストイックすぎて自然の恵みや自分の幸せを感じられなくなっています。いずれにせよ目先のことを脇に置いて、ちょっとした贅沢を自分に許せば活気が取り戻せます。参「歩く」

☆仕事

それが生きるために必要なものか天職かにかかわらず、夢で見た仕事にあなたのやるべきことが表れています。仕事は仲間を作ります。仲間と体験を分かち合いましょう。

☆自殺

自己の可能性を活かさず、創造的側面を殺していること。自分にも他人にも背を向け人生を諦めて放棄することです。自殺に同情すべき点は何もありません。私たちの魂は例外なく生きることに同意しています。自分の可能性を活かしたいなら、自分を信じて行動するしかありません。現時点に打開策はあり、望めば助け手は現れます。

☆失業

自己イメージの貧困。鍛錬を嫌って才能を磨かないことです。現在の自分とゴールに立つ自分の間に、鍛錬というレールを敷きましょう。人生の目標に着手するために瞑想をしましょう。

☆実験

魂をよりいっそう磨くため、人生へのアプローチ法を変えてみること。不可能を可能にする発想の転換、パラダイムシフト。心の錬金術を表します。予想の立たない人間関係のやりとりこそが私たちを成長させます。あなたは今、新しいアイディアや計画を試す段階にきています。

☆失敗

現在の技量を超えた計画を無理矢理成功させるとあなたの成長が止まる恐れがあるので、あなたの中の神聖な部分がそのままのあなたでは失敗することに決定したことを表します。恐れ。自信の無さ。中途の挫折。努力嫌いを表すことも。いずれにせよ、あなたは成功することで生じる責任を恐れています。物事のマイナス面ばかりを見る傾向を克服し、成功を素直に喜べるようになりましょう。大きな成功の前に小さな失敗は数々ありますが、大きな成功をつぶすほどの失敗はこの世に存在しません。参「試験・テスト」

☆射手・アーチャー

自分の課題を定めることを表します。あるいは、満願成就か紛争のいずれかを引き起こす行為を表します。

参「弓」「矢」

☆シャワー

今のあなたなら簡単に感情の浄化ができることを表します。洗い流すべき感情を味わいきったら潔く手放しましょう。どんな感情も感じきることで昇華され、次の課題に取り組めます。

☆ジャンプ

ホップもステップも終え、ジャンプする時であることを表します。意を決して飛び出しましょう。

☆趣味

人生を楽しむコツ。英気を養う手段。緩急のバランスが生産性を高めることを表します。あるいは、自己満足の世界に逃避することです。

☆将棋

敵も味方になる複雑な人生。勝ちか負けか、勝利と敗北だけの人生を表します。

☆小便・小水

うまく小便が出ない夢は、終わったことを流せない執着を表します。後悔や罪悪感だけでなく、喜びや達成感も適度に味わったら今後のために手放す必要があります。時に、気持ちよく小水をして終わったと思ったのに目が覚めて、膀胱がパンパンに張っているのに気付くことがあります。粗相に到らずトイレで用を足せたら気持ちの良いものです。夢と現実で体験したこの気持ち良さは、執着を手放して心身共に健康でいるようにというメッセージです。

☆水泳

感情の世界を泳ぐレッスンを表します。あなたは何処でどのように泳いでいますか。たとえばプールでゆったりと泳いでいるなら、当面の問題が深刻でも状況を楽しめる心の強さが備わっています。海の中でアップアップ状態なら、自己認識が甘く管理能力に欠けているかもしれません。感情に溺れそうな自分を認め、現在の課題から一時退くと良いでしょう。

☆スイッチ

物事の優先順位を付けることができ、人とのコミュニケーションも臨機応変にできることを表します。あなたはこれまでとは違うやり方に切り換えられる機転と能力を備えています。参「電球・電灯・ライト・明かり」

☆スポーツ

心の鍛錬。勝敗にこだわらず楽しみつつ成果を出していくこと。たゆまぬ練習が能力を向上させることを表します。今は、大きな成果に備えて地道な基礎訓練の時です。

☆相撲

伝統と忍耐を重んじるあなたの側面を表します。明確な目標の前には有効な態度です。鍵は負けに対する心構えがあることです。あるいは、あなたの中では男性性が優位であることを表します。

☆背負う

信念や義務感を拠り所に生きていることを表します。あなたはこれらがないと立ちゆかないと思い込んでいますが、それらは気付きとともに少なく小さくなります。

☆セックス

セックスの相手の特性を自分の特性と混合させ、新しいものを生み出そうと心懸けること。心の錬金術を表します。セックスは夢のシンボルの中でもっとも深い意味があります。夢の相手と実際にセックスするかは相手に因りますが、夢の意味合いは高度に霊的です。娘の自分が父親とセックスする夢を見ることがあります。目が覚めて父親の顔も見られない心境になるでしょうが、父親の特性を冷静に数え上げ、今の自分が前進するにはそのうちの何が必要かを考えましょう。夫婦であっても夢でセックスすることがあります。ふたりの間でセックスのコミュニケーションが希薄だからもっと密に関係を持つようにというアドバイスであるとともに、互いの心と身体をひとつにし、思いと理想を重ね合うことで成長が可能だというメッセージです。

同性同士でセックスする場合は、自分が属する性の特質をよりしっかり自分に取り入れる必要性を表します。普段嫌いだと思っている人とセックスする場合は、その人に対する見方、考え方を変えてみましょう。その人の長所を知る良いチャンスです。夢で相手はわからないけれど質の高いエクスタシーを覚えるセックスをすることがあります。これは身体の要求を疎んじ、聖職者のように異性とふれ合いがないまま長い年月過ごしてきたためです。夢が治癒力を発揮し、心と身体と魂（スピリット）のバランスを計ったのです。これからは身体が教えてくれるものにもっと注意を払いましょう。

☆切断

あなたが今、手足がもがれたような心持ちであることを表します。夢では手足を切断されることは多々あり、手足をもぐのは大抵親です。それから目上の人、とくに尊敬している人がその役目をします。親や目上の人に投影したあなたの価値観が「手足をもがれたような気持ち」の原因であり、それをどうするかが人生の大きなテーマだと教えています。手足の機能については参「手」「足」

☆潜水・潜水艇・ダイビング

海・川・湖・プールのどこでも水の中に潜っている夢なら、自分の意志で自己探求していることを表します。潜水艇で深海の宝物探しに乗り出す場合も自己探求ですが、大げさに捉えたり緊張感がありすぎるようです。足ひれにシュノーケルぐらいの装備のほうが自己探求には合っています。シュノーケルを付けてプールに潜る夢は参「泳ぐ」。また、潜水は瞑想行為ともいえます。日常の意識状態は心の水面をすべる小舟を漕いでいるようなもので、まったく深みに潜れません。潜在意識、そして超意識にアクセスするには瞑想するほかありません。あるいは、深い感情と戯れることを表しているかもしれません。

☆洗濯・洗濯物

態度を改めること。生活態度や考え方の浄化を表します。きれいに干された洗濯物を眺めているのであれば、あなたの心は浄化が進んでいます。あとはそれに見合った行動を取るだけです。

☆洗腸・浣腸

心の栄養になった体験を手放すこと。過去を悩まないことを表します。終わったことを手放せない人が便秘になります。洗腸には執着を洗い流す効果もあります。

☆掃除

あなた自身が神の住む宮なので、あなたをいつも神社のように清潔に保つ必要があることを表します。身体のメンテナンス、生活態度の見直し、コミュニケーションや感情の整理整頓を常に心がけましょう。参「掃除機」「トイレ」

☆ダーツ

ゴールとの距離を図ること。あるいは、的を射た言葉を気楽に投げることを表します。トゲのある辛辣な言葉を誰かの胸に刺さないように、という警告であることも。

☆ダイエット

食べ物が心と身体を作る、その真理に気付くよう諭されています。極端に厳格な食療法は自己否定であり、無意味な自分いじめです。食べ物から心の在り方にアプローチしましょう。参食べ物全般

☆宝物・宝探し

気付いていない才能や創造力があることを表します。今のところ未発達ですが、それは天賦の才です。あるいは心の金脈、真理の光を表します。恋人と宝探しをしている夢なら、その人はあなたの伴侶です。あなたたちは共に、これからの人生で貴重な恩寵と美と喜びを探し当てるでしょう。

宝の在処が水中の場合は感情を恐れないこと、地中の場合は無意識や性の世界の豊かさを知ること、洞窟の場合は潜在能力の開発過程であることを表します。あなたの真の才能が見つかりそうです。

海に浮かぶ宝島は自律心を養うことで自分の内的宝を見つけることができるでしょう。恋人同士が小島に船で向かう時は将来ふたりが結婚という形を取っても、互いの役割を尊重し自律を尊ぶ生活を心懸けるようにと教えています。参「宝石」

☆戦う

葛藤があるためエネルギー漏れやエネルギーダウンが生じていることを表します。二者択一の真ん中で身動きできずにいます。善悪を考えるあまり決断ができず、エネルギーを無駄にしています。戦いの夢はソフトなものからハードなものまでいろいろですが、くり返し見るようなら心の葛藤が身体の症状に表れるまで続きます。夢で戦いを体験しているうちに、行動に出ましょう。まずはあなた自身が葛藤の最中にいるのを認めることです。そのうえで感情を感じ切る浄化に取り組みましょう。参「戦争」

☆ダンス

浮かれていることへの忠告を表します。陽気でいるようにとの励まし。物事のリズムを知って事態の変化に乗ることを表すことも。夢でダンスを通してコミュニケーションを楽しんでいるか、あるいは仲間に引きずられてイヤイヤ踊っているか、それによって夢の真意が判断できます。

☆遅刻する・遅い

人生には十分な時間がない、時間は制御不可能という囚われの中で生きていて、タイミングが掴めないこ

とを表します。急いでいるなら立ち止まることです。焦っているなら落ち着いてから行動に出ることです。焦らず一呼吸置いて、時間は十分にあると信じ、人生のタイミングを摑みましょう。遅刻する夢の場合は、先の要因の外に、時流に乗れないのではないかと不安を持っていることを表します。参「遅れ・遅れる」

☆茶・お茶をする

ほっとすること。ほほえみ合うこと。人との交流で心身のバランスを取ること。さっぱりとした後味の良い人間関係を表します。参「日本茶」

☆吊す(つるす)

自分が吊されている夢は、首に縄だろうと逆さ吊りだろうと自罰の表れです。イメージの中で夢の場面に戻り、縄を解き、両足を地に着け、その場を離れましょう。この夢は懲罰の傾向が去るまでくり返されますが、毎回この作業をして自分を解放しましょう。夢で衣類が吊されていたら、それを着るつもりか自分に問いましょう。着るならその服が示唆する役目を積極的に実行して下さい。

☆転覆

感情のコントロールを放棄していることです。あるいは苦手な相手に対する自分の感情に目を背けていることを表します。時に激情の大波に振り回されたとしても、自分の船は自分が操縦する、つまり感情を抑えず感じきるのだと決めましょう。決めれば、感情の波は凪ぎます。

☆溶ける

硬直した感情がほぐれ感情の価値に気付くこと。レベルアップした気付きを表します。反対に、他人の意向や言動に押し切られ自分を見失うことを表します。

☆飛ぶ

高く飛んでいようとそうでなかろうと、飛ぶ夢のメッセージは「地に足をつけて現実を生きましょう」と伝えています。あるいは、自負心の表れ、生き辛さを感じていること。人生の課題から逃げていること。疲労が溜まっていることを表すことも。

空中浮遊する夢を見る人のなかには普段の生活に現実感が感じられず、現実感を身体で感じるために夢の中で飛ぶ体験をすることもあります。せっかくの貴重な体験ですから、意識的に方向を決めて飛んでみたり、飛ぶことで何か問題を解決したりしてみましょう。自分で浮遊感をコントロールすることは可能です。
その成功体験が、現実にも活かされてきます。普段から疲労感が大きい場合は、まずは体力気力を養いましょう。文字通りファンタジーの世界に飛び立つのも有効です。映画を見たり小説を読んだりして心を飛び立たせてみましょう。参「空中浮遊」「宇宙」「星」

☆泣く

夢で泣くのは感情の解放です。悲しい涙、嬉し泣き、問題解決の感謝の涙、恩寵を感じての驚愕の涙、なんであれあなたが感情を感じることを自分に許したのです。恐れや不満で硬直した心臓は泣くことで優しくマッサージされ、純真さを取り戻します。力みのない純真さがあれば、どんな感情も自然に受け取れて味わうことができます。その豊かな感情があなたをさらに新しい展開へ導くでしょう。

目が覚めても泣いている場合はそのまま気の済むまで泣き続けましょう。内なる子供を癒す格好の時です。泣きたいのに泣けないで終わった夢の場合も、目が覚めてから泣けば同様に解放が起こります。解放すべき感情に蓋をしているのは、汚物を溜め込んだり心を凍らせているようなものです。ひとり涙で洗い流してしまいましょう。誰かと一緒では自己責任を全うできません。参「溶ける」

☆殴る

パンチの効いた批判と非難を、他人を介して自分に向けていることです。自己の正当性を主張する前に、批判と非難が恐怖心から出ていないか内省しましょう。

☆逃げる・追われる

自分の課題から逃避していることを表します。逃げてもその課題が追いかけてくるだけです。何かに追われて逃げるシーンが夢でくり返されている間は、まだ現実には多少の余裕がありますが、胸の動悸を感じたり身体が硬直するような場合は症状に出ることもあります。その前に自分に休戦を提案しましょう。エネルギー状態を上げて立ち向かえるようになるまで、夢に取り組むことも休みましょう。参「走る」

☆縫う

繕うこと。修正。創造的行為。繋がらないものをひとつにまとめるアイディアを表します。夢で何を縫っていましたか。そこにあなたの才能があります。参「糸」「編み物」

☆脱ぐ

自分の感情に正直になることを表します。衣服を脱ぐ時と場所が適切ならば、あなたは現在演じている役を変えたがっています。たとえば家庭で物わかりの良い母親を四六時中演じているなら、あなたの美意識は活かされず、優雅な貴婦人の側面は活躍の場がありません。そんなあなたが賢母の衣を脱ぎ捨てて優雅な美意識を満足させる服を着る夢を見たら、それは成長を欲する心の現れです。時も場所も構わず衣服を脱ぐようなら、あなたは大変疲れています。役目にうんざりしています。その場から離れ、静養の時を持ちましょう。ひとり衣服を脱いで裸の自分を楽しむ夢は、あなたの身体を神聖なものとして扱うようにというメッセージです。参「裸」

☆盗む

盗んでも盗まれても、あなたのエネルギーがあなた自身の態度によって抜き取られていることを表します。心に葛藤や執着があるので自分に確信が持てず、いつも曖昧な態度です。自己責任に基づいた行動で、エネルギーを取り戻しましょう。参「泥棒」

☆濡れる

雨に濡れる夢は感情の襲撃に打つ手がないことを表します。とくに恋愛ではそうなりやすいでしょうが、時が来れば雨は止むように、不安定な感情も涙の雨を流しきればやがて凪ぎます。そうした体験は感情を感じるためのレッスンだと捉えましょう。参「傘」

☆眠り・眠る

現実逃避を表します。問題を見極め行動を起こし事態を変えるには、自分はあまりに無力だと感じています。人生に手に負えないことは起きません。恋人とふたりで寝込んでしまう夢は、ふたりして将来を直視していないことを表し、グループで眠る夢は、そのグループ自体があなたを眠らせる、つまり現実から遊離させる可能性があることを表します。眠っているあなたが起こされる夢なら、問題を直視し、周りの状況を把握して他人の意見に耳を傾けるようにという忠告です。夢の中で眠ったあなたが夢を見るというのは、現実が夢のまた夢というのと同じです。あなたは現実そっちのけで夢に夢中になりすぎていませんか。

☆農作業

人生の課題の進み具合が夢の作業内容から読みとれます。堆肥作り、土作り、苗作り、種まき、害虫駆除、雑草取り、収穫のどの作業も創造性の一工程です。可能性に積極的に取り組みましょう。参「畑・田んぼ・田畑」

☆ノック

思いがけない訪問者がやってくることを表します。天使の訪れかもしれませんし、泥棒かもしれません。細心の注意を払いつつも楽観的でいましょう。

☆上る・昇る・登る

善悪や適不適や損得や好き嫌いといった二元論に対し、それを越えた視点に立ちたいと願っていることを表します。上る夢は心が一段成長し、新しい創造的な発想ができることを表します。山を登る、階段を上る、坂道を上る、都へ上る、地位を昇ると、のぼる夢はさまざまありますが、いずれも右か左かの二次元を超越するように教えています。参「上」「下」

☆徘徊（はいかい）

逃げ出したい、ひとりになりたい、家出したいという気持ちの表れです。参「認知症」

☆排便

夢ですっきり排便できたなら、用済みの思想信条に別れを告げられることを表します。あなたの中で浄化のプロセスが滞りなく働いています。便意を催しながらトイレが汚くて不首尾に終わる夢は参「大便」。便秘で苦しんでいる夢は参「便秘」

☆吐く

自分の問題処理能力を超えたところまで手を出し、挙げ句に放り出していることを表します。誰かに問題処理を押しつけられたのではなく、自分の判断が甘かったのです。状況を整理し、抱え込んだ不要な価値観を捨て、問題の取り組みを他にまかせましょう。

☆拍手

卑下をやめて自尊心を持ち、人の前に出る必要性を表します。あるいは適切な自己評価をするようにとすすめています。

☆走る

目標に向かって走っている夢は、気力体力が十分なのでで自分の道に踏み出しても大丈夫だという許可を表します。速く走らなければいけないのに走れないという夢は、焦りの気持ちが事態を遅らせていることを表します。走っても走ってもゴールに行き着かない夢は、見切り発車が原因なので出発点に戻って自分の本当のゴールを考え直しましょう。

走る自分をスローモーションで感じる夢は、恐怖があるのでゴールつまり自分の真の望みと向き合う時を少しでも引き延ばしたいという気持ちの表れです。実際は怖いことなどありませんから、恐れず向き合いましょう。夢で走ろうにも走れない、身体が気持ちに付いてこないと感じたら、恐れがつのって身体に症状が出始める寸前です。健康チェックをして大事を回避しましょう。参「逃げる・追われる」

☆**機織り**

人生はひとつの織物であることを表します。時間を縦糸に、環境や人間関係を横糸にして機織りするように望む人生を創造していきましょう。仕上がった時の出来映えを思い描き、自分の技量を認識しつつ倦まず弛まず織り続けましょう。参「タペストリー」

☆**裸**

TPOに適っている夢なら、あなたは欠点も含めた「自分らしさ」を認め許せています。どんな感情が生まれてもそれを受け止め、味わい、裁くことがありません。素の自分が見え、自分が誰だか理解しています。恋人や伴侶と夢で裸になれたら、相手を大切にしましょう。真の自分を隠すことなく、飾り立てることなく付き合える心のパートナー同士です。風呂やシャワーで裸になるのは、心を浄化して自分を知りなさいというメッセージです。参「脱ぐ」

☆**開く**

現状を抜け出す突破口が見つかること。出口が見えること。これから進むべき道が明らかになることを表します。

☆**拾う**

学校の廊下、道ばた、階段の踊り場、公園、土手、駅のプラットホームなどで物やお金を拾う夢は、大抵は疲労を表します。生活が忙しいのではなく、心が忙しいので疲れています。原因の筆頭は、夢の実現に性急すぎてプロセスを吟味していないこと。アスリートが地道に訓練を重ねて筋力を上げるように、心の強さを培うにも自分に合ったメニューに従って一歩一歩進んでいく必要があります。

目標を決めたら、無理のない計画を立てましょう。あるいは目標そのものを白紙に戻し、自分のエネルギーが湧いてくるまで待っても良いでしょう。魂は何事かを学ぶことはあっても、何かを拾うことはありません。棚からぼた餅や、ラッキーを拾いたくなっている疲れた自分に気付きましょう。

☆貧乏

自分には価値がないと思っていることを表します。自身の神聖さも可能性も信じることができません。瞑想して騒がしい心を静め内なるエネルギーを上げましょう。軽やかな心で自分の美点を数え上げていきましょう。

☆武道・柔道・空手・合気道・弓道

心の筋肉を鍛えるために集中力の鍛錬が必要なこと。あるいは地道な努力が実り、体・心・魂が一体となる境地にたどり着くことを表します。封建的な上下関係の弊害を表すことも。

☆腐敗

マイナス思考が自分自身の素晴らしい才能を腐らせています。創造的に使われなかった才能を今すぐ使って下さい。自分の可能性を認め、積極的に磨き育てましょう。

☆不倫

人生に飽きていませんか。不倫のようなドキドキする刺激を欲していないでしょうか。不倫をする人は、自分の課題から離れていたい人です。人生のどこかで自分の課題に戻らないといけないのですが、今は嫌だと逃避しています。そうではないか内省してみましょう。参「恋人」「結婚・結婚式」「別れた人・元かの（彼女）・元彼」

☆ブレーキ

歯止めを掛ける時であることを表します。物事の緩急を理解するよう注意を受けています。物事にこれから着手する場合は心のブレーキ機能をチェックしてみて下さい。ブレーキが不良だったり、ブレーキそのものがなかったりする夢なら、事態はコントロール不能になっています。走り出す前にリスクを想定し、計画の見直しをして下さい。危機管理能力は自律の証明です。

☆変身

仮面ライダーが変身するように、自分も困った時に変身できたらと思っていることを表します。あなたのままでも十分にこの局面を打開できるのに、過去の失敗に囚われています。今こそ自分の力を信じましょう。

☆暴言

不満がたまりすぎて押さえが利かず、暴走し始めていることを表します。もし暴言を吐いている夢なら、押さえずとも昇華できる時です。暴言を吐かれている夢ならあなたに怒っている人がいます。その人の様子をよく確認しておけば、窮地を免れられるでしょう。認知症の人が暴言を吐いている夢なら、その人は人生に後悔や執着があります。優しく丁寧に対応してほしいというサインです。参「認知症」「徘徊」

☆待つ

物事にはそれにふさわしい時期があるので、今はそれを待ちましょう。準備不足や焦り、あるいは状況判断が正確でないので進行が遅れています。焦りが大きい場合、その正体は恐れです。恐れが洞察を阻み、適切な行動が取れなくなり、自分が自分にストップを掛けています。

誰かを待っている夢なら、その人と取り組む問題の開始を待つ必要があるでしょう。恋人を待っているなら彼（彼女）の気持ちの高まりを待つ必要があります。仕事仲間なら、その仕事にまだ情熱が持てないのでしょう。親のあなたが子供を待っているなら、ここでしっかり反省して急かさないことです。あなたの寛容さが試される時です。あなたの価値観で子供を計らないことです。子供の心に寄り添い、人生に時間はたっぷりあるのだと教えられるまで待つことです。

☆迷う・迷子

決断を先延ばしにしていることを表します。間違う自分が許せず、決断した時に生じる責任も取りたくありません。今はそんな自分を認めましょう。自分は迷うことを選んでいるのだと認識し、一旦心を落ち着かせます。迷子は、あなたが何に迷っているかを示します。遊園地で迷子になるのは、環境の変化に戸惑っていること。遺跡や廃墟で迷子になるのは、過ぎたことにいつまでも関わっていること。買い物やレストランでメニューが決められないのは、大人としての責任を回避し、子供でいたい願望の表れです。参「迷路」

☆目覚める

気付きを得ること。覚醒を表します。私たちは日中は三次元を生き、夜は夢の世界で遊びます。やがてこの世が幻であることを知り、この世と夢の世界を覚醒したままで行き来できるようになります。どちらの世界も遊びであると知り始めています。

☆藻掻く(もがく)

細かいところに引っかかり、自分で問題を複雑にしていること。悪あがきを表します。人生の流れに身を任せ、心の内に分け入って知恵を求めましょう。

☆潜る

無意識の探求を表します。明確な意図を持って、積極的に自分の無意識や抑圧してきた欲求を探りましょう。参「泳ぐ」「宝物・宝探し」

☆もらう

夢の世界ではあなたが王様であり女王様です。自分の必要は全て自分で調達できます。ですから夢で人から物をもらってはいけません。「上げる」と言われたら、きっぱりことわります。いわれのない贈り物も同様です。参「贈り物・プレゼント」

ただし、例外として花束をもらうことがあります。この場合は以心伝心の印しですから、感謝して受け取りましょう。送り主はあなたの行為に感嘆しています。

☆ユーモア

自分を笑い飛ばす力を表します。ユーモアは自分を癒せる妙薬です。ユーモアが生まれるには、事態を楽観的に見る力と距離感が必要です。

☆汚れ

夢の衣服の汚れは、態度を改めることを表します。あなたはごまかしで済まないことを、ごまかしで済まそうとしているのかもしれません。室内の汚れは部屋が表す内臓機能の低下を表していることも。

☆落下

自分をコントロールできないこと。仕事や恋愛で自制心が働かないことを表します。大抵は性欲や食欲に負けてエネルギーを無駄遣いしているのが原因です。摩天楼からの落下の夢はワーカホリックに陥っていること。険しい崖からの落下は孤独感に苛まれていること。落馬は性欲の処理に問題があることを表すことも。塔はプライドの高さが困難を引き起こしていることの示唆です。いずれにせよ自虐的傾向を改め、自然の中で暖かさ、のどかさ、連帯感を味わいながら、自分の性欲や食欲のあり方を観察し直しましょう。

☆離婚

この先、生きていくために役立たない自分の側面と別れを告げること。苦しいだけで心の重荷にしかならない価値観を捨てる決断を表します。新規蒔き直しを計るには、それまでの自分の在り方に別れを告げることです。結婚相手と離婚する夢を見た場合は、その相手に対する自分の態度を吟味し、直していきましょう。自分が本当の魂の伴侶となるためには欠かせないチャレンジです。実際の離婚を望んでいない場合は、あなたのチャレンジがたくさんの実りをもたらすでしょう。

参「結婚・結婚式」

☆料理

直面する問題を吟味し整理整頓して効果的な取り組み方に変えること。問題を煮詰めて本質をあぶり出し、取るべき行動を決断するプロセス。自分の独自性を理解し生き方やペース配分を工夫する知恵。人生のいろいろな出来事をあなたなりに整理することを表します。夢でどうやって料理しているか注意深く観察しましょう。火加減（焦がしているなら熱が入りすぎ）、味加減（塩辛ければ緊張しすぎ）、栄養バランス（動物性タンパク質が多ければ功を急ぎすぎ）などから、現在の問題にどんな態度で臨んでいるかがわかります。修正は可能ですから速やかに手を打ちましょう。

☆渡る

可能性を信じて行動すると、まったく新しい世界が開けることを表します。他力本願でなく、自分を変えようという意志が未知の能力を開き、あなたを新たな可能性へと導きます。橋を徒歩や自動車で渡っているか、船や馬を使っているか、その様子から行動の仕方をよく考えて下さい。参「川・河」

☆笑う

コメディアンが登場して人を笑わせる夢なら、あなたには人を笑わせる才能があります。人を笑わせる以上の徳はこの世にありません。何事も深刻にならず笑い飛ばせることは一つの到達点です。笑いは自己治癒力の最高峰でもあります。夢の中で皮肉な笑いや現実逃避の笑いを見ることは滅多にありません。もし心からの笑いでない笑いを夢で見たら、笑い飛ばしてしまいましょう。エネルギッシュな自分に小気味よさを感じて元気が出ます。

［出来事・イベント］

☆運動会

運動は十分していますか。健康のためにはコンスタントな有酸素運動を心掛けましょう。参「運動」

☆宴会・合コン・飲み会

多方面の能力や可能性を横並びにして選択できないまま見切り発車していることを表します。エネルギーが分散しているので満足は得られません。それは、自分の本当の願いがわからないからです。自分が居るべき場所を見極める時が来ています。

☆オーディション

この夢は自負心を持つことを表します。あるいは、新しい可能性に挑戦すること。人生の新しいステージに飛び込む意思を確認することを表します。

☆革命・クーデター

心の中で衝突が起きていることを表します。感情の激しさに知恵が追いつかず、今までのやり方では打つ手がありません。変革の時です。心に風穴を開け、奥に分け入って導きを求めましょう。

☆火事

溜め込んだ怒りが自分をも襲いそうです。自分の怒りが自分を苦境に立たせています。危険を回避するために、今までとは違った発散方法を探りましょう。たとえば、周りにあなたの怒りをはっきりと表現しましょう。露骨に嫌な顔をするのも一計です。怒り心頭だと知らせるだけでも、この危険を薄めることができます。また火事の夢は、あなたの怒りだけでなく、あなたの身近な人があなたに向けて放った怒りを表す場合もあります。

夢でうまく火事を消火できたり、消火作業をする場合は、自分の怒りを自分で感じてみるようにというアドバイスです。怒りという感情の火が燃えさかるのを水をかけて消す（感じ切る）ことで、怒りの火を消します。怒りはモラルや知性で蓋をしたら学びになりません。しかし隠したり抑えたりせず味わいきれば、心の栄養にすることができます。参「火」

☆儀式・式

通過儀礼。課題の修了証を表します。しばらくしたらまた新しいカリキュラムが始まりますが、その前に自分の頑張りを誉めてあげましょう。参「パーティー」

☆競売

夢であなたが競売に出す側なら、何かしら言い訳があって過去の体験や思想信条を捨てられないことを表します。無理に競売させられている場合は、その度合いが強いことです。競売物件を買う側なら、物の価値と値段が適切かどうかで、買い物の質を判断します。

☆クリスマス

信仰する宗教によってクリスマスの意味は変わりますが、真理を求める全ての人にとって、この夢は愛や優しさへの気付き、悟性の誕生、自分は愛される存在だと認め祝うことを表します。クリスマスの思い出にまつわるあなたの人間関係、クリスマスに因んだ喜怒哀楽を表すことも。あなたには、どんな場面でも人と思い出を分かち合いたいという思いがあります。自分の心に素直になってクリスマスを共に過ごしてくれる人に感謝して下さい。そして思い出を共にしてくれる人を捜しましょう。

☆結婚・結婚式

内なる女性性と男性性が高められ、一つに結びつくことの始まり。自分の中のアンビバレンスな感情や対立する側面にバランスとまとまりをもたらすことを表します。夢で自分が誰かと結婚する場合も、誰かの結婚式に出席する場合も、結婚相手になる異性の長所を自分の中から引き出し、そこに意識の光を当ててみましょう。短所は問題ではありません。たとえば、別れた恋人と結婚する夢を見た場合は、その人の長所を自分の中から引き出して育て、次に出会う異性と良好な関係を築く礎にします。人生は自己の統合を目指す旅だと知ることです。参「陰陽」「セックス」

☆講義・セミナー・ワークショップ

夢での講義内容はあなたの学ぶべき課題です。教える側、学ぶ側どちらであっても。

☆広告・コマーシャル

巧妙な詐取への忠告。「みんなで渡れば怖くない」式の社会や他人の悪影響下にあることを表します。あるいは、他人に見せたい自分を誇張していることを表します。それらについてあなたの超意識が注意を呼びかけています。

☆試験・テスト

試験の夢は予知夢とそうでない場合があり、予知夢通りに合格したなら、あなたのエネルギーの使い方に問題はありません。有頂天にならず、今まで通り精進しましょう。夢では合格していたのに不合格なら、怠慢を指摘されています。どこが怠慢だったかを反省して下さい。夢では受かっていなかったのに実際は受かっているなら、心配のしすぎです。エネルギーの無駄使いを指摘されています。

受験の夢を見る人は大抵くり返し見るものです。緊張感が強い人によくあることで、とにかく神経質にならないことです。数年に渡ってこの夢を見る場合は、夢の中で徐々に緊張に強くなっていく自分を楽しんで下さい。たとえば、答案用紙に答えが書けない夢から始まって鉛筆を持てるまでになったり、知らないうちに試験が終わっていたりと、成長の姿が見えるはずです。実際の受験や入試にまつわる問題は人生全体から見たら大したことではありません。試験や人生に緊張しすぎる癖を直しましょう。㊜「失敗」

☆事件・事故

自己主張できない自分への焦りや権威への反発。夢と現実のギャップに対する怒りが原因で見る夢です。あなたの希望と現実が乖離しています。生活全体を見直す必要がありますし、焦りや恐れの原因を直視できるまで立ち止まる必要があります。

事件や事故が予知夢と考えられる時は、あなたがこの夢を扱う責任を考えてみましょう。あなたひとりが関わる夢なら、前述の通り心の問題として処理し、しばらくは生活全体に注意を払います。予知夢の内容はあなたが変化することで変えられるでしょう。誰か他人が関わる夢の時は、その人に伝えて良いか、伝えないで安全を祈るかはあなたの真心で判断します。他人の背に余計な重荷をのせるような行動には出ないことです。事件や事故の夢を真心で扱えた時、あなたは次元を超えた喜びを体験するでしょう。真の夢のメッセージはここにあるはずです。

☆**執行猶予**

やり直しを表します。あなた自身で前進を阻むものを洗い出し、取り組み、行動を改めれば事態は改善します。先人の意見に謙虚に耳傾ける必要もあります。

☆**手術**

あなたの成長を阻むものを荒療治で取り除く必要性を表します。勇気が必要ですが、良い結果が期待できます。夢で身体のどの部分に手術が必要かを見れば、どのチャクラが問題になっているのかわかります。それによって打開策を講じ、荒療治の後はゆっくり休みます。

☆**スポーツ観戦**

あなたは自分の人生を生きていますか。誰かのスリリングな人生を見物することで済まそうとしていませんか。あなたは情感豊かで賢明な行動もとれますが、自分の価値観に自信がないのかもしれません。あるいは、イメージトレーニングとして問題に直面する前に夢で練習しているのかもしれません。

☆**整形手術**

顔にメスを入れる夢は、自己を受け容れ自信を取り戻すようにというメッセージです。あるいは、自信をつけるために援助を求めることを表します。自己イメージをはっきりさせましょう。

☆**戦争**

この夢は心の葛藤が原因です。物心付くか付かないかの年齢の男の子が見ることが多く、戦争で傷つく夢を見て目が覚めると熱が出ているという経験をすることもあります。夢主（男の子）が誰かに理不尽さを感じていて、その気持ちを言葉にできずにいることを表すこともあります。こういう場合は、周りの大人が夢主に夢を語らせましょう。夢の話を聞くことで夢主の無力感を解放させ、互いの理解を深めましょう。参「戦争」

☆**葬式**

誰の葬式かわかる夢なら、その人の特徴で自分に不必要に思えるものを探し、それを手放します。大抵は古くなった価値観や生活スタイルです。死は再生の前の重要な通過儀礼。今のあなたに要らないものは、意識的に手放す気概が必要です。参「死」「僧侶・牧師」

☆卒業・卒業式・卒業証書

取り組んでいる課題に成果が出ること。今の学びは修了したので次に移って良いというお墨付きを表します。卒業式に出席したり証書を受け取ったりする夢は、けじめをつけるよう促されています。卒業の手順がうまく運ばない夢は、慣れ親しんだ課題に留まりたいという気持ちの表れです。卒業という移行期は、いつまでも教室に留まるのではなく、祝宴を設け自分に褒美をあげましょう。それからしっかり休みを取って、次の課題に取り組みます。心の成長は課題の移行で確認できます。

☆逮捕

夢で逮捕してもされても、現状を造り出したのはあなたの言動であると教えています。原因を突きとめ、考え方を改める必要があります。反省だけのために、十分な時間と空間を用意しましょう。

☆展覧会

遺産そのもの。遺産で暮らすこと。贅沢を表します。この世の贅沢を気が済むまで味わうのが良いでしょう。先輩たちの業績から、たっぷりと恩恵をもらっておきましょう。追っ付け後輩に残すことに取りかかる番が回って来ます。

☆難破

世間の冷たい仕打ちに冷静さを欠いていることを表します。誰かが悪いのではなく、自分の状況把握に甘さがあったのです。自分を過信したので途中で投げ出したとも言えます。初心にかえり、目的を確認して出直しましょう。

☆入学式・入社式

これまで通ったことのある学校や会社の夢なら、その時あなたが抱いていた希望やあなたが成りたいと望んだ姿をここでもう一度考えるよう促されています。通ったことがない学校や会社なら、成りたい理想像に合わせて自分のために新しい環境を用意するようにというアドバイス。将来の姿を決めると、取り組むべきことが明確になって生きやすくなります。

☆パーティー

人生の学びは人間関係から得られることを表します。どんな名目のパーティーの夢も、人の輪に入り、自分の学びに積極的であるようにと促しています。たったひとりで人生を学び終える人はいません。人見知りの人は、誰かが背中を押してくれる夢を見るでしょう。積極的に自分をアピールしましょう。今までの在り方から卒業する時です。参「儀式・式」

☆爆発

抑圧してきたマイナス感情が限界点に達して爆発しそうです。自分の尊厳のために、破壊的にならないで感情を表現する方法を見つけましょう。相手を選んで心情を言葉にするのも良法です。怒りを覚えたり、自分に落ち度があるのではと悲しんだりする人は、その思いを嫌って問題の本質から逃げています。本当に感じるべき感情は、怒る人は悲しみを、悲しむ人は怒りを感じることかもしれません。参「地雷」「爆弾」「原子爆弾」

☆花火

努力と忍耐を楽しみと捉える意識的なアプローチを表します。苦しみのなかで努力していると足許ばかりを見がちですが、時には希望や理想を仰ぎ見る余裕を持ちましょう。あなたの魂の輝きを再認識すること。高次の自己を垣間見ること。人生を楽しむ時間を自分に与えることを表すことも。線香花火のような小さい花火の夢は、寂しがっているインナーチャイルドを慰め労る必要性を表すことも。参「火」

☆ピクニック

心の治癒を求めて自然に出かけましょう。木々に触れる機会を作って下さい。殺伐とした人間関係から離れ、あなたのインナーチャイルドを遊ばせましょう。

☆引越し

環境を変えたい気持ち。環境が変わることへの不安を表します。あるいは、新天地での成長を表します。あなたには引越しやそれに類することが控えていませんか。住む場所は個々にテーマを持っているので、新しい住まいがあなたの取り組みたいテーマと合致するなら、環境を変えてみましょう。変化と成長は同義語です。

☆漂流

他人任せで自分がないことを表します。あなたは誰と一緒でも孤独で心細いと感じていませんか。自分なりの方向性・目的・目標を見つけるには瞑想をして感情を呼び戻すことです。感情を感じることで漂流している現状が見え、状況にあった解決法を見つけることができるでしょう。

☆沸騰

怒りが煮えくり返っていること。溜め込んだ悪感情が毒に変わって自分を痛めることを表します。自らの怒りが我慢の限界を超えたのを意識できれば、これ以上苦しむことはありません。今こそ手放しましょう。そこに善悪の判断を下さなければ、心は自然に治癒していきます。

☆亡命

他人の庇護に逃げ込むこと。人生を立て直す猶予期間を設けることを表します。努力してエネルギーを上げましょう。

☆麻酔

感情が麻痺していることを表します。やがて物事の判断にも狂いが生じるでしょう。麻酔が全身にゆっくりと効くように、まだ感情が麻痺するまで多少の時間はあります。今のうちに美意識を刺激し、情緒を呼び戻しましょう。瞑想で感情を呼び覚ますのも効果的です。参「麻痺」

☆焼け焦げ

抑えきれない欲望か、高まりすぎた感情があなたの立場を難しくしそうです。客観的に自分を見て、冷静さを取り戻しましょう。自分が何に対して激しい思いを持っているのかを知れば、自分の弱点や執着が把握できるでしょう。

☆誘拐

夢で誘拐されるのが子供なら、自分の中の子供らしさ、つまり無邪気な好奇心や人生を楽しむ傾向などを取り除こうとしています。金持ちなら、大成するはずの能力を摘もうとしています。あなたが誘拐される夢なら、さまざまな要素を併せ持ったあなたの全体性が破壊されかけています。誰が誘拐しているのかを見極めて下さい。

☆旅行

目的を持つ必要性を表します。人生は旅です。旅には普通目的地がありますが、あなたの目的は何でしょう。生きていると思いがけない事件が起きますが、目的があればそれほど取り乱しません。目的は人を安定させるからです。目的を達したら、あなたの旅行は終わり別次元の家に帰ります。

■生き物■

夢に登場する生き物はあなたの分身であり、またあなたを導く先生です。動植物は全て物事をシンプルに捉える大切さを教えてくれます。夢に登場する生き物が、ふさわしい環境で生き生きと生きているか着目してみましょう。たとえば、魚が空を泳いでいたら、あなたは場違いな環境を目指しているのかもしれません。

あなたの心の中に地球が丸ごと存在すると想像してみて下さい。地球は意志を持った有機体です。そして夢に登場する生き物はどれも、その地球にとって欠かすことのできない存在です。全ての生き物がつながっており、どんな動植物にも存在理由があります。彼らの声に耳をすませると、あなたが自分のどんな側面にも意味があることを知るでしょう。それら全てが関係を持っていることに驚くでしょう。夢に登場する生き物を知ることで、あなたはより深く自分を知り、人生をより一層楽しく豊かに生きることができます。

［魚］

☆魚

魚は心の食べ物を表します。魚釣りは瞑想で得られる心の糧です。人は折りに触れて自分の無意識に触れることが必要です。魚は無意識から生まれ、無意識をねぐらにしますから、夢で魚を見たり食べたりすると、あなたの心は栄養を得て元気になります。

夢で魚を釣り上げた場合は、次の三つの観点から理解して下さい。ひとつは実際魚を食べて身体に栄養を与えること。ふたつ目は、気持ちの高まりやうねりを理解して感情を味わい、生きる喜びを実感すること。三つ目は、自分の知らない部分を怖がらず、それと遊べる能力を養うこと。夢の魚が占星術の魚座を表している場合もあります。魚座の二匹の魚は、心の対立を経て中庸という和合に向かう心の成長を象徴します。

☆金魚

世間を知らない無垢な女性的側面。奇態の美。好事家の餌食。庇護の下にあって河川も海も知らない金魚は、自分なりの価値基準が無いことの表れです。ランチュウのような金魚が夢に現れたら、そんなあなたまかせの生き方が原因で子宮筋腫を抱えているという暗喩かもしれません。いずれにしても金魚は野生的な自立心を取り戻すようにと伝えています。

☆鮭（さけ）

あなたが持っている英知を人生の旅に役立てて成功を収めることを暗示しています。自分の知恵を信頼して行動しましょう。

☆鮫（さめ）

混沌としたコンプレックスが不意に牙をむく危うさや凶暴性を表します。「人食い鮫」のイメージがあるなら、突然の危機的な出来事があり、あなたの心が脅かされる予告です。せっかくこのような警告を受けたのですから、辛いことがあったとしても、ひとり落ち込んで感情の渦に巻き込まれ、必要以上に状況を悪化させないように今から注意しましょう。

実際、鮫を刺激しない唯一の方法はじっとしていることなので、普段から自分の感情を観察し、しばらくは不用意な行動をしないことです。行動するときは他者のアドバイスなどに頼るのではなく、自分の直感や理性的な判断による自己責任に基づいた行動をとりましょう。参「魚」

☆鯛（たい）

あなたが成長したので、尾頭付きの祝宴が近々催されます。自分が人生航路のどのあたりにいるのか、どんな場面を演じているのか、それを把握できるチャンスが慶事です。

［両生類］

☆蛙（かえる）

顕在意識と潜在意識を行き交う能力があるのに、それを使いこなせないので問題がくり返し起こっています。蛙にはどことなくユーモアがあり、それが生命の不思議さ、面白さを感じさせます。あなたもリラックスして人生の滑稽さを楽しんでみましょう。蛙に限らず、水陸どちらでも生きられる動物は全て意識と無意識を往来できる私たちの能力を示します。

［は虫類］

☆亀

地道な歩みこそが確実な進歩に繋がること。派手なパフォーマンスを伴わない堅実な変化。長寿と繁栄。亀のイメージは、基本的には自己実現のためには決して妥協を許さない頑固さと忍耐強さを表します。これは北を守る玄武（四神獣のひとつ）の特性で、ポジティブに働けば揺るぎない進歩を実現しますが、ネガティブに働くと非生産的な自己防衛に終始します。

水中を泳ぎ、浜辺の砂に卵を生む亀は、顕在意識と潜在意識に加えて超意識の世界をも安全に行き交えることの象徴です。意識できない世界にあるものを心の栄養として、この世に創造の種を産み落とすことができるという示唆です。その創造の種は大地の暖かみに抱かれ、無意識を泳ぎ回ることで成長していきます。

参「鶴」

☆カメレオン

状況を読む才能と適応力。緩急自在な順応性と柔軟性。または気まぐれや飽き性を表します。

☆蛇

身体の七つのエネルギーセンターを脊柱に添って駈け登るクンダリーニ（人体内に存在する根源的生命エネルギー）を指します。とぐろを巻く蛇は眠っているクンダリーニを表し、あなたが目覚めることを願って夢に現れました。

一匹の蛇が身体の中を真っ直ぐに駆け上がるようなら、クンダリーニが上昇すること、つまり大いなる気付きが得られるでしょう。しかし大抵の人は、たくさんの蛇に囲まれる夢を見ます。自分の中の有り余るエネルギーに振り回されているのです。まずは運動してエネルギーを発散しましょう。それからあなたらしい創造性を発揮できるものに取り組みましょう。蛇に噛まれる夢は、噛まれた箇所のエネルギーを解放するようにという知らせです。胸を噛まれるなら、あなたのハートは愛に開かれる必要があります。喉を噛まれるなら、過去に飲み込んだ思いを言葉にして発しましょう。素直な言葉にすることでほとんどの対人関係は改善されます。

蛇はエネルギーなので、蛇の夢を見るとお金が入ってくることもあります。しかしあなたの理解をそこで留めてしまうと、蛇本来のパワーが物質次元で留まってしまい、霊的な気付きに発展しません。金銭的に豊かになったら何をしたいのか、そこを考えましょう。すると願いがお金を呼び寄せることを実感し、自分こそが創造者だと気付けます。

このエネルギーは当然心身の癒しにも効き目があります。エネルギーには本来善も悪もなく、建設的にも破壊的にも、あなたの願いのままに働くのです。参「マムシ」

☆マムシ

執着を表します。執着は心の毒です。あなたが何に執着しているのかを明らかにしましょう。夢に毒蛇が出てきたら、大抵はマムシと同様の意味です。

☆鰐（わに）

鰐は私たちが無意識的にしゃべる言葉、それも他人を傷つける言葉の危険性を示唆します。意識的な言語は、理性の抑えが効いているので不用意に他人を傷つけることは少ないものです。しかし潜在意識に潜む不満や恐怖が理性のチェックを受けないで表現されるとき、本人も想定できない大きな一撃を相手に与えてしまうことがあり、時には取り返しがつかなくなります。

鰐の夢を見たら、自分の心を冷静に見つめてみましょう。感情に善し悪しはありません。どんな感情も、認めることで不意の爆発を完全にではないにしろ、予防できます。夢で鰐を攻撃していても、襲われて逃げていても対処法は同じです。

［鳥類］

☆鳥

あなたの自由意志。またはあなたの生き方とその現状を表します。鳥は空を飛んでもねぐらや巣は陸地や木に持ちます。心を大空を舞うように自由に解き放ちながら、地上の生活を全うするバランス感覚こそが鳥に学ぶことです。参「鳥かご」

☆水鳥

夢療法では水は感情を表しますから、水をすいすい泳ぐ水鳥は感情を上手に処理できることを意味します。あなたには自分のどんな感情をも楽しみ、それと遊べる能力が備わっています。参「鴨」「おしどり」「白鳥」

☆アヒル

素朴な生活を心から楽しめる才能。どんな生活環境でも適応できる順応性。あなたは情緒が安定していて心乱れることが少なく、どんな人とも楽しく交流できる能力があります。

☆おしどり

家庭生活に和合が必要なことを表します。感情とうまく付き合えれば、他のことは全てうまくいくでしょう。夫婦の問題から目を逸らさず、自分の役割を喜んで担いましょう。参「鴨」「白鳥」「水鳥」

☆雄鶏（おんどり）

時を告げることから、戦闘開始を表します。大抵は不意打ちを食らっても動揺しないよう警告として夢に見ます。またはハーレムを表すことも。あなたはパートナーや恋人以外の人に心が動いていませんか。またはあなたのパートナーや恋人がそうなのかもしれません。

☆鴨

平凡な幸せ。「鴨が葱を背負ってくる」ごとく、ちょっとした楽しみが重なってやってくること。あるいは詐欺や悪質商法のカモにされる可能性を表すことも。

参「おしどり」「白鳥」「水鳥」

☆烏

死と再生。復活を可能にするプロセス。神武天皇東征の際に八咫烏（やたがらす）と鰐と熊が登場します。ここでは、烏は天を、鰐は海を、熊は地の征服を表しますから、物事に挑むときは戦略（烏）と強い感情（鰐）と体力（熊）を併せ持つ必要があると説いています。天（烏）は、今までの自分を葬り去り新しい人生に踏み出そうとする人をサポートする一方で、変化を嫌うものには厳しく接します。

☆雉（きじ）

感覚の鋭さが人生を開拓すること。雉が空を飛ぶように心を自由に遊ばせると、感覚が研ぎ澄まされ、人生を俯瞰して綿密に観察することができるようになります。国鳥である雉は、『桃太郎伝説』では大局的視野を得られるという特技を活かして重要な役割を果たします。参「桃太郎」「犬」「猿」

☆孔雀（くじゃく）

強い自己顕示欲を表します。それがプラスに働くかマイナスに働くかは、動機を探ればわかるでしょう。あるいは、完全性に向けて羽ばたくあなたへのエールであることも。

孔雀の七色に輝く羽は全てのチャクラが光を放つ様と重なります。孔雀と朱雀と鳳凰は、イメージの世界ではよく似ています。四神獣のひとつである朱雀は南の守護を受け持つので、孔雀も南が表す物事の勢いが良いことを知らせてくれます。今は立ち止まらず行動し続けましょう。後悔は失敗した時よりも取り組まなかった時にやってきます。参「南」「鳳凰」

☆鷹（たか）

鷹は孤高で空高く飛ぶ能力を持ち、眼下に小さく見える森の中からさらに小さな動物を捕まえます。初夢で吉とされる「一富士、二鷹、三茄子」の鷹は、そうした鷹の優れたところを目指してほしいという民間伝承です。鷹の夢は、視野を広くし、エゴによらない全体的真実から物事を捉え、それを実行するよう促しています。参「富士山」「茄子」

☆（丹頂）鶴

鶴亀は夫婦の長寿と繁栄を表します。そしてつがいの鶴は目的を同じに生きる夫婦の在り方を示します。丹頂鶴は、朝日のイメージと重なり、あなたの内側に使われていない赤々としたエネルギーがあると教えています。つまり、鶴を夢に見たら、あなたの将来は前途洋々です。今こそ自分に鶴の一声をかけ一歩踏み出す時です。参「亀」

☆白鳥

単に清純さや優雅さを讃えているなら、夢の後味が良いものです。しかし多くの場合は「白鳥の湖」や「レダと白鳥」のように、あなたの人生にドラマが起こることが示唆されて緊張した夢になります。

こういった夢の後に現実でドラマが起こった場合、感情の波間を優雅に泳ぎまわる能力を磨くことになったり、視野を高くすることを奨励されたりと、白鳥の持つ美点を自分のものとしなければ乗り越えられない局面に追い込まれます。大変だと思いますが、一連の出来事は大局的にはあなたの魂の成長のために起こるので、首尾よく乗り切れば自分が大きく成長していることを実感できるでしょう。参「おしどり」「鴨」「水鳥」

☆鳩

夢の鳩も平和のシンボルです。平和は自由意志が尊重されたあとに訪れてくる心の状態であり、平和こそが愛を産みだします。ですから鳩は、あなたの愛する力も象徴します。夢の鳩は元気に飛び回っているでしょうか。少しでも不自由があるなら、その枷が自分の中の何なのかを見つけましょう。あなたが平和な心で愛に満ちた行動をするには、自由意志がどこまでも自由に羽ばたいていなければなりません。

☆梟（ふくろう）

あなたには自らの心の闇を見通せる能力があります。また、たとえ不甲斐ない状況に置かれても、そこに溺れない賢さもあります。今は行動する時機ではありません。じっと内省して今後について考えましょう。

☆ペンギン

極寒と荒波をものともしないペンギンは、感情をうまく操り、厳しい生活状況を乗り切る才能を示しています。ただ空を飛ぶ能力はないので、あなたはまるで心に翼があるように日々霊性の向上に努めましょう。ペンギンの燕尾服をおもわせる白と黒は、陰陽のバランスを取る必要を暗示しています。

☆鷲（わし）

精神性の高さと自由の謳歌。男性性の極みである責任と義務の遂行。脅威に対してひるむことなく攻撃すること。勝利への自信を表します。これらは真の自由を獲得するために必要であり、あなたはこれら全てを行うことが可能です。

☆翼

自分に限界を設けず自由を謳歌すること。理想に向かって飛び立つことを表します。

☆卵

可能性の芽と閉鎖性の両方を抱えた状態を表します。可能性に生命を吹き込むには自力で殻を割らなくてはいけません。イースターエッグは魂の再生、復活を表し、レベルアップしたチャレンジの機会が来たことを表します。卵を生む夢は産みの苦しみや物事の成就に伴う闇の部分を避けたい気持ちの表れです。卵料理の類は、あなたの身体に必要不必要のどちらかを自分で確かめるようにと注意を促しています。消化器官に余計な負担を掛けないように配慮を。参「子宮」

［ほ乳類］

☆犬

夢のストーリーがポジティブなら安産多産、旅の道連れ。ネガティブならスパイ、まわし者、役立たず、臆病。さまざまな物語に登場する犬なら、その個性から友情や奉仕や忠誠の象徴です。たとえば「里見八犬伝」は中国の「槃瓠（ばんこ）神話」に似て、視野広く生きるようにとのメッセージです。漢字「犬」は「大」に点を加えます。この点は耳を意味し、耳を澄ましてものごとを判断する、感性の鋭さが表されています。その鋭さをあなたも備えています。参「桃太郎」

☆うさぎ

今のあなたなら真面目で深刻な姿勢でなく、遊び心を持ち優しい思いでチャレンジできそうです。うさぎの夢を見てピーターラビットを連想する人は、冒険を必要としています。現実を堅苦しく捉えすぎず、失敗を恐れず、身近なところから小さな変化を起こしましょう。

うさぎがピーターラビットのような青い上着を着ているなら、あなたの心から湧き出る思いを行動に移すゴーサインが出ています。満月のうさぎが餅をついているなら、すぐには問題に取り組まず、問題それ自体を心の糧にする時間をかける工夫が求められています。あなたがうさぎの生態に詳しいなら、その繁殖力から抑制の利かない性衝動を示唆されている場合も。

☆牛

豊穣を表します。『十牛図』にあるように、禅の世界では悟りを牛にたとえ、逃した牛をつかまえるというプロセスで悟りへの道を示します。あなたの夢の牛が『十牛図』と関連があるようなら、悟りの道程を示しているのかもしれません。

占星術の牡牛座の特徴を考える必要もあります。あなたが今トラブルに見舞われているなら、その原因は頑固さにないでしょうか。大局的には幸運もトラブルもあなたの人生を豊かにしてくれるエピソードだと知ることで、柔軟性のある解決策が導けます。

あるいは食品としての牛を食べないようにという忠告のことも。牛肉はもちろん牛乳、チーズ、ヨーグルトなど乳製品の摂取も再考を。夢のストーリーを注意深く見ることでその理由もわかるでしょう。

☆馬

即戦力のあるエネルギーを表します。野馬の疾走場面を夢で見る人は、やる気や体力がある知らせです。「人生を諦めることはない、あなたには気力も体力も創造力も備わっている」というのが夢のメッセージです。馬が乗り手を待っている時は、「生き馬の目を抜く」ような社会の中でも、あなたひとりで人生を進められる知らせです。

　あなたの霊性が、馬の持つ創造的なエネルギーを安易にセックスだけに使うか、生きる姿勢を高めるために使うかを決めます。自分に備わった力を信じることができても、人生を進ませたり芸術表現に高めたりするには、馬のエネルギーを性欲から一歩退かせる勇気が必要です。馬はあなたの精力を第二チャクラで性力や体力として表現するか、第六チャクラにまで高めて創造的な活動として表現するかを決めるようにと促しています。荒馬に乗っている場合は、その手綱さばきに苦労しているあなたの現状を伝えています。

☆狼

　あなたの名誉欲や物質欲や征服欲への忠告。自身の本当の願いがわからず、取りあえずステイタスシンボルを自分の望みとしていること。男性性。「狼」は「大神」と同音異語でもあり、多くの文化ではその始祖に狼を据えています。ギリシャ神話のアポローンとアルテミスの双子を産んだレートーは牝狼といわれています。動物的な本能を育てる大切さを示唆しているでしょう。参「狐」

☆カンガルー

　強い体力と気力。大地に根付く揺るぎない母性。あるいは子離れしない母親を表します。

☆狐

　狼と狐のイメージには似たところがありますが、狐は女性性を、狼は男性性を表し、狐のだましは繁栄と戒めを、狼の計略は破壊を意味します。

　狐の別称は稲荷といい、稲荷神社の使いとされています。これは民間伝承の「狐の稲盗み」と重なり、企みが成功して人々に繁栄をもたらすとされています。

☆きりん

　用心が過ぎて首が長くなっているか、安全を計るために高見に立って周りを見回すように促されているかのどちらかです。あなたは存在そのものが個性的で迫力があり、力ある敵にも対等に戦える実力があります。

切羽詰まったときには自分の俊足（とっさの機転や知恵）を頼りにもできます。

　現在、問題に対して「触らぬ神に祟り無し」と知らんぷりを決め込んでいるなら、単に臆病風に吹かれているだけですから行動した方がいいのです。ただ血圧が高い傾向がありますから体調には注意しましょう。

☆熊
　守護と破壊。愛と憎しみ、可愛らしさと憎らしさ、好きと嫌いという相矛盾したアンビバレンスな感情が大きいこと。信用が置けない人の象徴。

☆コウモリ
　不意の不快な出来事。自分に油断やいい加減さがあったと知らせてくれる、ちょっとしたこと。大きなダメージにはなりません。

☆犀（さい）
　ブッダの言葉に「犀の角のごとくただひとり歩め」とありますが、犀の夢は、真の答は自分の中にあることを表します。あるいは鈍重。頑固。

☆猿
「桃太郎」の猿は直感力の大切さを伝えていますが、最終決断は桃太郎がします。猿の夢は、あなたの直感力が役に立つ状態かどうか、吟味を加える良いチャンスであると教えています。猿は動物界の利口者であると同時に「猿知恵」を発揮することもあります。夢のストーリーから冷静に判断しましょう。参「桃太郎」

☆鹿
　あなたはおとなしくデリケートで、自分に自己防衛の知恵があることに気付いていません。無力だと思い込んでいるので、外部の力の犠牲になる危険があります。鹿の持つ武器はまわりの気を読む能力なので、それを磨きましょう。油断しないことです。参「犀」

☆縞馬
　野生的でバランスの取れた生き方を表します。あるいは、意識できる自分と無意識の自分を区別する能力を発揮して身を守ること。人間社会での折り合いを知る大切さ。

☆象
　象の群は家族愛を、雌象は母性のデリカシーと頑固さを表します。あなたが母親なら、子供はあなたに窒息させられるのではないかと恐れている可能性があります。エニアグラム（人間の性格を9種類に分類）では、象の母性に反省が加えられるとイルカの母になりますが、その真髄は親の期待を優先するのではなく、子供の遊びの感性と感受性を大事にすることです。象が破壊的な行為に出るのは怯えからです。つまらぬ出来事は積極的に忘れ、進むべき道に前進しましょう。

参「イルカ」「クジラ」

☆狸

自分の責任を回避したがる傾向や、知らぬ存ぜぬというあなたの態度に周りは頭に来ている可能性が大です。今ならあなたの出方によっては周りも許してくれるでしょう。問題に目を瞑り「狸寝入り」する癖を直しましょう。狐と狸は騙しのテクニック比べに取り上げられます。狐は木の葉を紙幣に変えて人を騙し、狸はもっぱら狸寝入りを決め込んで窮地を逃れます。狐はずるがしこく、狸はユーモラスで憎めませんが、これらの夢を見たら、消極的すぎて事態を好転させる力はないと教えています。参「狐」

☆虎・寅

孤独の中の自律が強く示唆されています。今のあなたは、ひとりで居る強靱さを求められています。虎は四神獣（南を守る朱雀、東の青龍、西の白虎、北の玄武）の白虎のイメージと重なります。他の三つの神獣は架空でも白虎だけは実在します。その点でも自律の強さが示されています。参「西」「豹」

☆猫

あなたは猫のように自分の気持ちに正直に生きていますが、好き嫌いで物事を決めていませんか。その率直さが時に想定外の困難を招き、状況を悪化させる原因になっています。あるいは逆に、好きも嫌いも表現できず、他人の顔色をうかがってばかりだとしたら、猫のような自己表現が必要でしょう。また、猫の夢はあなたが女性性を霊的に適切に扱えているかどうかを問うていることもあります。

☆鼠

鼠の夢を見たら、あなたにとっての鼠は何かをまず考えて下さい。お伽噺の鼠が思い浮かぶならば、その物語から紐解いて下さい。猫が思いつくなら、猫と鼠のゲームに引っかかっているかもしれません。それは、目先の問題（猫）から逃げることばかりに焦点を合わせすぎて、本来すべきことをしていないからです。夢療法でいえば、夢の分析はするけれど実践行動に移れないのです。本気で問題を解決するつもりなのか自分に問いかけましょう。

　鼠の夢を見て米倉が思い浮かび、しかも夢の印象がゆったりしているなら豊穣を意味します。反対に夢から目覚めて無力感を感じたら、エネルギーが漏れていると認識して下さい。それが発病の前触れだと怯えるよりは、エネルギーの漏れの原因である実体のない恐怖感と向き合うべきです。参「ハーメルンの笛ふき」「十二支」

☆羊

　羊の夢を見たら、魂の羊飼い、つまりあなたの魂を導く超意識の声を無邪気に信じましょう。あなたが超意識に気付けば、取るべき行動は自ずと見えてきます。夢の子羊はあなたの中の子供です。言葉は要らないから黙って抱きしめてとねだっている、あなたの中の子供の心に応えてあげて下さい。あるいは、子羊（ラム）を食べるようにと夢が伝えている可能性もあります。あなたの摂取する動物性タンパク質を再検討してみて下さい。参「十二支」の「未」の項

☆豹

　自分の性エネルギーの扱いに苦慮していませんか。でなければ権力への憧れがあります。いずれにしても性エネルギーをあなたに相応しい方法で導くようにと忠告しています。また、豹は虎と似ているので参「虎・寅」

☆豚

　あなたの行動が自分を高めたいからでなく自己満足からのものなので、何か達成できてもひとと喜びを分かち合えません。金が欲しい、名誉が欲しい、時間が欲しい、エネルギーが欲しいという貪欲さは周囲に見え見えで、あなたへの信頼は薄れるばかりです。

　もしあなた自身の貪欲さに心当たりが無ければ、周りの誰かがそれを持っているのでしょう。その人の貪欲さを大きくしないためにも、今はそっと距離をおきましょう。あなたの生活の動機を子羊のように純真にする必要もあるでしょう。参「羊」

☆モルモット

　率先して実験台になることを表します。受動的に動

くよりは能動的である方が得るものは多いのです。

☆山羊

判断力に欠けるため、物事と直面することを避け、何でも飲み込んで引き受けること。または、自分の責任は放棄し、身代わりを使うこと。占星術でいう「山羊座」のイメージである忍耐を表すことも。

☆ライオン

直感を最大限に活用するようにと諭しています。あなたが人間関係において直感したことを大切にして事態を適切に導いたり、時にはじっと待つことができるなら、あなたは心のライオンを自分の力として使えることになります。あなたは敵を作らず、尊敬すらされるかもしれません。

☆らくだ

どんな困難にも誘惑にも耐えて心動かさないことを表します。目の前の難問を避けず真っ正面から取り組むことこそ、もっとも簡単な解決法かもしれません。

☆りす

備えあれば憂い無し。将来を明るく捉え、現在成し得ることを着々と実行する能力。浪費の象徴である鼠とは対照的に、りすは貯蓄を表します。

☆ロバ

あなたにあるロバ的性質を、実際の人生に役立てるようにと奨励されています。イエス・キリストがロバに乗ってエルサレムに入城したように、ロバは平和と謙虚さの象徴です。あるいは、ロバのネガティブな側面としてエゴを押し通す愚鈍なまでの頑固さを表すことも。自分の日頃の様を振り返り、内省して下さい。

［水中のほ乳類］

☆イルカ

愛の仲立ち。純真。無邪気な興味が生み出す直感。イルカが海を自由に泳いでいる夢なら、感情と潜在意識、さらに奥深く眠っている超意識の叡智にもアクセスできる能力を示しています。イルカは仲間と絶えず交信して平和な環境を作ります。これは母性の理想像とも重なります。参「クジラ」

☆クジラ

感情と無意識をあるがままに受け入れて楽しむ才能があります。ピノキオはクジラに飲み込まれて旅のクライマックスを迎えますが、これは、誰もが持つ「母性に抗えない不自由さ」を突き抜けようと決心した時、クジラの特性である感情と無意識を怖がらない生き方が可能だということの示唆です。参「イルカ」「象」

[軟体動物]

☆蛸(たこ)

無限の超意識に挑む姿勢を表します。あなたは自分がもともと備えている無意識や超意識への興味を気味悪がっていませんか。その恐怖心を制御できるようにというのが夢の意図です。蛸がスミで煙幕を張るのは、秘めた自分の勇気を自分で恐れているためです。夢の蛸が食用に皿に盛られていようと海中を泳いでいようと、備わった推進力を使い無限の超意識に挑むようにと促されています。

[虫]

☆虫

あなたの心を騒がすもの。自分の心を監視していても、いつの間にか心を占領している生産性も進歩もない考え方の癖。嫉妬やつまらぬ競争心がその原因です。これらはトラウマの核心を突いている場合があるので、虫の夢は自分の囚われを探り出すのに良いチャンスです。たとえば「蠅が鼻のまわりを五月蠅（うるさ）く飛んでいる」夢を見たら、他人の意見に振り回されて、自分を失っていることが考えられます。周囲の五月蠅さと自分の考えとは関係がないと思えない。そこにあなたの囚われが潜んでいます。

☆蟻

勤勉さを表します。エニアグラムの性格タイプ別トーテム（動物像）では、囚われのテリア犬が蟻の特性を得ることで成長し花開きます。シロアリの夢なら、生活の改善を促しています。シロアリが土台から家を破壊するように、止められなくなった悪習慣が健康を脅かし始めたようです。

☆イナゴ

折角獲得した建設的な生き方を食いつぶす悪習慣を表します。あるいは負の体験を栄養にすることです。

☆蚊

ちょっとした一撃を食らうことを表します。大げさに反応せず、離れるか無視するかです。

☆蛾

夢の蝶が魂の成長を表すのに対し、蛾は放って置かれた魂の未発達の側面を表します。蛾にびっくりする夢は、己の魂が未発達なのを知りたくないのに不意に気付かされたことを示します。フランス語では蛾も蝶もパピオンですが、蛾が蝶になる可能性はあなたの気付きの深さによるでしょう。参「蝶」

☆カブトムシ

外剛内柔を表します。あなたはこの社会で生き抜くには強いペルソナ（自己の外的側面）が必要だと考えているのかもしれません。

☆カマキリ

カマキリの雌は交接の姿勢のまま雄を食べてしまいますが、夢のカマキリは自己の男性性に目覚めて積極的な人生を歩み出す兆しを表します。ただし、現実的な手応えを得るまでには時間がかかるでしょう。とはいえ、攻撃的すぎても積極的である方が今までの生き方よりは良いはずです。

☆蜘蛛

自分が作った生活範囲。人生の枠に囚われすぎていませんか。蜘蛛は気分のままに風に乗って移動し、選んだ場所で8本の足を巧みに使って自分好みの世界をつくります。つくり上げた世界は他を餌食にする罠ですが、同時に自分自身もそこが全てだと思い込む罠にはまりがちです。目先の生活に躍起になるあまり、自分がつくった仮の世界や世界観を絶対の真実と思い込まないように。

☆蝶

心の変容を可能にする力。心の死と再生。さなぎが脱皮して蝶になるように心の在り方が気付きによって変わること。ハイレベルの気付きが喜びを伴って訪れること。蝶の夢を見たあなたには恋愛願望があるかもしれません。もしくは恋愛のトラブルの最中なら、あなた自身が変容を迫られています。気付くべきことに気付き自分らしい行動や表現ができれば、喜びは静かに訪れるでしょう。あるいは、魂の在処が変わる示唆の場合も。それは、物質世界から高次の世界へと魂が高度に成長することで起こる変容です。参「蛾」

☆トンボ

不退転の精神。そのまま真っ直ぐ進むこと。トンボは種類によっては交尾のとき雌雄がハートマークに繋がるので霊性豊かな恋の成就の示唆。日本の古語で日本を意味する「秋津島」はトンボのことですが、それはトンボが住む自然豊かな実りの国という意味です。トンボの幼虫ヤゴは水中に暮らし、脱皮した成虫のトンボは空中に暮らすことから、感情の学びを超えた変容を象徴しているともいえます。参「蛾」「蝶」

☆蜂

夢の蜂の黄色と黒の縞模様は自分の嫉妬心が原因で身も心も消耗していることを表します。他人の嫉妬心を表すこともありますが、その場合は近い将来それが表面化することへの忠告です。嫉妬心を向けてくる人に心当たりがあれば、無用な煽りたてをしないようにしましょう。要はあなたが女王蜂になっているか、誰かが女王蜂になってあなたを従わせたいのです。蜂と嫉妬心が繋がらない場合は、働き蜂になることを奨励されているか、あるいは今、働き蜂になっていることへの忠告です。参「蜜蜂」

☆蜜蜂

夢の蜜蜂が統制の取れた仕事ぶりなら、社会秩序を守る大切さを表すか、あるいは守りすぎていることへの問題提起です。花々を行き交う蜜蜂に焦点が当たっている夢なら、恋愛問題の予兆かもしれません。恋愛中の女性なら、この夢がハネームーンに行き着くか、男性の浮気心を知らせるものかは夢のストーリーから判断しましょう。不快な感じや油断のならないものとして蜜蜂や蜂が現れた場合は、自己不信が原因の嫉妬心の表れです。それがあなたのものか他の誰かのものなのかを冷静に見極めて下さい。参「蜂」

☆さなぎ

変容につながる休止期。成長を遂げる前の四面楚歌を表します。

［甲殻類］

☆エビ

皿に盛られてご馳走になっているエビなら、おいしい人間関係かおいしい仕事に出会うことを示唆しています。「エビで鯛を釣る」状況なので油断をしないようにというメッセージです。速やかに身をかわせるよう逃げ道を見つけておきましょう。参「蟹」

☆蟹（かに）

皿に盛られてご馳走になっている蟹なら、エビと同じくおいしい人間関係かおいしい仕事に出会うことを示唆しています。ただし、罠があるかもしれないので気を付けて下さい。月夜に暗い水底で動き回る蟹は女性的な優しさを表しますが、死肉を食べる習性もあることから陰険さや獰猛さも象徴します。蟹が動き回る夢を見たら、知らずに他人の枠を侵害している可能性があります。追いつめられた相手の反撃を喰らうかもしれません。あるいは、あなたの臆病さが固い殻を作って、あなた自身を閉じこめてしまっている可能性も。まわりをしっかり見据えて油断をしないように。夢のストーリーによって、問題と向き合うか回り道をするか、ふさわしいほうを取って下さい。参「エビ」

〔貝類〕

☆貝

巻き貝は経済と子孫の繁栄、安産を表します。二枚貝は女性器と女性の性行動や性欲に関した事柄を表します。貝が健康か、よく観察してみましょう。参「蛤」

☆蛤（はまぐり）

あなたの女性的側面と女性器をどう扱うかが問われています。今は女性器など無いかのように生活しているあなたですが、女性器を通して女性性を表現する大切さに気付き始めたのでは。性的欲求を謳歌したり、愛情の交歓や子孫繁栄など、あなたらしい女性性の表現を考えてみて下さい。参「貝」

〔その他の動物〕

☆寄生虫・寄生植物

あなたの心に住み着き、あなたのエネルギーを吸い取っているものがいます。誰かに心を奪われていないか、あなたが誰かに代わって先行きの心配をしていないか内省してみましょう。あるいは、マイナス思考が心に巣くって、それを排除できていません。今すぐ原因を突き止め捨ててしまいましょう。あなたの勇気ある決断以外にそこから解放される手立てはありません。

☆かたつむり

殻に閉じこもりすぎです。「角（断固とした態度）出せ、槍（目標達成の熱意）出せ、頭（自分独自の考え）出せ」を肝に銘じましょう。

☆蠍（サソリ）・ザリガニ

毒のある考えや棘のある言葉を表します。その根は自己欺瞞なので、襲う方も襲われる方も心の奥底に「ごまかし」があります。人間関係の真実を見抜く直感力を養う時です。

☆珊瑚（さんご）

珊瑚は母なる海の屋台骨のイメージですが、夢の珊瑚は創造性の土台を表します。今は感情に逆らわず、自分のどんな気持ちもありのままに受け止めてあげる時です。他者に向けて表現するのでなく、ただじっと自分の心身を癒し育みましょう。それが魂の成長の確実な基礎となります。

［植物］

☆花

あなたが主役です。遠慮なく堂々と自分の花を咲かせましょう。公私ともにあなたの素晴らしさを開花できる時機です。夢で見たのが草花でも木に咲く花でも、あなたが表舞台に立つことを要求しています。花束なら、躊躇することなく行動すれば当然の評価が得られると伝えています。実の生る木の花は達成に時間が必要かもしれませんが、将来確実な実りがあるので今直ぐに問題に取り組むと良いでしょう。夢で花を生けているなら、あなたの出番。率先してアクションを起こしましょう。参「色」「花束・ブーケ」

☆木

夢の木の状態によって、あなたの生き方と発達状態がわかります。根が地にしっかり張っていれば、源である真我に根を下ろしています。根が浅ければ、内面を掘り下げる力量に欠けています。幹は脊柱を指します。クンダリーニ（人体内に存在する根源的生命エネルギー）のパワーを真っ直ぐ創造性にまで高めるには太くがっしりした幹が必要です。枝は天賦の才を表現するチャンスやきっかけを表します。太陽という真実の光の方向を求めて、才能は花開こうとします。葉は、あなたが表現した才能や開花したもの、生み出したもの、創りあげたものの総体です。

木の手入れや剪定をしている夢なら、あなたは自らが安全な環境で成長できるよう工夫することができ、健康で豊かな生涯が歩めそうです。日陰に生えた木は、真実を求めず、自分の可能性と価値を認めていないこと。節だらけの木は、人生の紆余曲折に傷つき経験を学びに昇華できていないこと。不要な人間関係や信念をばっさり切り落とすと良いでしょう。あるいは人生を苦しいものと決めた姿勢の表れ。杉や樅のように直立し、天を目指す陽気さと力強さが求められています。

☆草・雑草・芝生

野草の夢は幼時の大切な思い出と繋がっている場合があります。あるいは、自然に触れ一体感を感じる必要性を表します。庭に生えた雑草は、心の手入れに取り掛かるようにというアドバイス。雑草は手間暇かけて引き抜くもので、枯れ葉剤の散布で済ませることがないように。草の上に立っていたり座ったりしている夢は、人生で起こる問題全てがあなたにとって最適のチャレンジだという意味です。両側に草の生えた道を歩くのは、学びを早めるよう促されています。手入れの行き届いた芝生は、ストイックすぎる生き方を暗示しているか、自己管理・自己制御が行き届いているかです。参「庭」

☆観葉植物

あなたは他人に頼りすぎ、世話してもらいすぎているのではありませんか。飼い慣らされた猫にも似て、誰かの庇護無しでは生きられない弱さがあります。

☆種

原因。因果。憎しみの種を蒔けば憎しみが身に降り掛かり、喜びを蒔けば喜びがやってきます。あるいは「蒔かぬ種は生えぬ」のごとく行動を促していることも。あなたはまだ芽の出ていない可能性があります。

☆球根

終わりと始まりの力強さ。死と再生の連続性。たとえ現状が厳しくても「我が世の春」を信じられる楽観性。死から生への行程は、まず死を迎え、腐敗が起こり、土壌を肥やし、植え付けを経て、生まれ変わりが実現します。球根はこの五段階の四段目に関係します。四段階目にあるあなたには、成長や開花の可能性が近いようです。

☆芽

兆し。新しいチャンスに向けて準備に入ること。忍耐を持って芽ぶきの時を見逃さず育成に専念できる態勢を作ること。才能が開花するには、芽を出すことだけでなく育てるエネルギーも必要です。

☆葉

あなたが成し遂げたことを表します。茂った葉は大きな成果の表れ、少ない葉は貧弱な学びの表れです。落ち葉は問題が無事に終わったことを意味しますから、そのまま放って置きましょう。参「木」「枝」

☆枝

伸びていく才能やチャンスの広がりを意味します。四方に張る枝は、あなたの真実の光を求める度合いに合わせてぐんぐん伸びていきます。枝にものが掛かっていたり、何かがぶら下がっている場合は、物事が中途半端になりそうです。ブランコが枝に括られていたら、子供時代への郷愁があり、それを満たせないうちは物事が前に進まないでしょう。参「木」「葉」

☆花粉

新しいアイディアが次々に沸き上がることを表します。アイディアを行動に移すには状況の流れ（風）を読み、人力財力（虫）を冷静に分析しなければなりません。あるいはイライラの元、環境への不満を表すことも。

☆蕾（つぼみ）

取り組んできたことに一定の価値と評価を見い出せる直前です。仕上げに向けての最後の忍耐の時です。根気よくゴールをイメージし続けましょう。

☆穂（稲穂・麦の穂）

あなたのこれからの人生は実り豊かです。あるいは実を期待できる問題に取り組む条件が整ったこと。行動の前に結果を予測できることを表します。

☆棘（とげ）

棘のある言動。あえて表現しなかった、飲み込んだ言葉が喉に引っかかっていること。相手を慮ったというよりは自分の感情を嫌った結果なので、まずは自分の本音を認め、そのうえで自他共に傷にならない表現法を探しましょう。

☆根・根っこ

土台。原因。根拠。核になるもの。基礎の状態。表面に表れたものと地中の基盤は連結しています。魂の成長を望むなら、しっかりした根を生やしましょう。

今は基盤作りに精を出す時です。

☆あざみ

歌詞にあるようにあざみが恋心を教えているかもしれません。あるいは人生を夢と捉えて生きるようにと勇気付けているのかも。あなたのあざみのイメージを優先させて下さい。あざみはスコットランドの国花で、花言葉は「独立」。触れることを許さない、干渉を許さない独自性がうかがえます。

☆梅

質実剛健・地に足をつけた生き方の奨励です。梅は寒中一番に花を咲かせることから春の先駆けですし、桜に比べて花の時期が長く、実の実用性もあります。梅干しの夢は、物事の案配（バランスある状況）を塩梅の音を借りて知らせているでしょう。

☆オリーブ

オリーブの木や枝や葉っぱなら、過去に何があったにしても平和を心懸けましょう。オリーブの実なら、あなたの平安な心が具体的な成果になって顕われるでしょう。オリーブオイルの場合は、体内浄化を急ぐと良いでしょう。オリーブは個人的なライフシールとして登場することがあります。その時はオリーブの絵を身近に置くと心に平安がもたらされます。食品として摂取するのも有効です。

☆樫（かし）・楢（なら）・欅（けやき）

信念をもって真っ直ぐに生きる姿勢と、心のエネルギー量を表します。あなたの信念は偏在する宇宙のエネルギーを遠慮なく取り込むことと、それを心の四季に合わせてタイミングよく使うことで達成されます。

参「木」

☆菊

チャクラのバランスが取れている、あるいは取れるように心がけることを表します。菊の花のイメージに添った自己主張をしましょう。あるいは、伝統的なマナーが問われているかもしれません。気品高く静かな態度が自己の尊厳を保ってくれるかもしれません。

陰暦9月（菊月）9日の重陽の節句は太陽暦では10月の中頃に当たり、菊の花の見頃です。暑さが遠のき、実りの秋を迎え、身仕舞いに気が回る衣食足りて礼節を知る時です。

☆桜

物事の春を告げること。新しい出来事全てへの祝福。新しいことが短期間で収束したとしても、やらないよりやる方がよいのです。過去への執着を断ち、変化への覚悟を決めて一歩を踏み出す時です。

☆サボテン

過酷な環境に耐えた証。周りを敵と見てコミュニケーションを取らずに来たこと。気付きが足りずに自分も他人も傷つけたこと。これからも砂漠の花でいるか、あるいは庭園の百合やバラになるか、あなたは選ぶことができます。

☆竹

夢のストーリーと竹に託すイメージが重なるところを探します。竹を割ったようにさっぱりと拘りを捨てることか、まっすぐ伸びる竹のように初心を貫くことがテーマなのか。雪景色の中の竹なら、人生の風雪に耐える我慢の大切さがメッセージかもしれません。竹取物語では、小さなかぐや姫は竹の節にいます。竹の節は空なる心の状態を表し、それに行き着くことで世俗の価値に惑わされない高貴な魂になれることを示唆しています。参「松」

☆どんぐり

あなたの可能性は大だという知らせ。それを現実のものにするようにと催促されています。実現するには時と所を選ぶ必要があります。心の準備をしましょう。

☆蓮の花・蓮華座

蓮華座は死者が極楽で座るところですから、今生の煩悩を超越した胸のすくような気付きが訪れる可能性があります。あるいは、誰かを極楽に送り出す予兆かもしれません。蓮の花は、真理の光を求めて泥沼の中をはい上って咲く愛と生命のシンボルです。西洋では薔薇の花が相当します。

☆薔薇

あなたの心をひとつの王国とするなら、あなたはどのような女王になりたいのか問われています。あなたの命を、薔薇のような女性的で汲めども尽きない無償の愛へと昇華させる時です。アフロディテ（ヴィーナス）は激しい恋愛の末キューピッドの母となり、美と愛の女神になりましたが、恋人アドニスの惨死で血の涙を流し、それが真紅の薔薇になったといわれます。

また、薔薇は形状から女性器にもたとえられ、古来より地母神を表し、さらにキリスト教では赤い薔薇を聖母マリアに重ねます。参「百合」「花」「色」

☆松

あなたが松に対して最初にイメージしたものがメッセージです。松竹梅の「松」や門松の「松」なら、祝い事や達成を知らせているのかもしれません。盆栽の「松」なら、心と身体と魂を労り育むようにと促されています。風雪に耐えた老木なら、人生は苦しいものと決めているあなたの心情を、夢が形にして見せたのかもしれません。今元気がないなら、松の実でも食べてエネルギーアップをはかり再び人生に挑みましょう。どうしてもやる気が起きなければ、海岸の松林を散歩して心身を癒しましょう。参「竹」「木」

☆百合

花の形が女性器を連想させるので、その扱いに焦点が当たっています。白百合は香り高く純潔を表しますが、いまだ自分のなかに女を認めていないのかもしれません。あなたは女でいることと人間でいることの間に矛盾を感じていませんか。百合の花の夢は、女としての花を咲かせるようにと奨励しています。丁度天使ガブリエルが白百合を捧げてマリアに母になることを受け入れるよう説得したように。参「花」「色」「薔薇」

☆レンゲの花

人から利用されてばかりだと感じていませんか。あるいは周囲に比べて自分らしく生きていないと卑下していないでしょうか。レンゲの花は田圃に咲きます。それも稲が植えられていない春に土地に栄養を与えるためです。たとえ目立たなくても、レンゲは米の収穫に大きな役割を果たしています。あなたはあなたの花を咲かせればいい。どんな偉業を成した人も、太陽から見たらレンゲの花のようにチャーミングな存在です。

［菌類］

☆黴（かび）

無益で湿った嫉妬心が長く押し込められています。洗い流しましょう。妬みは心の劣化や腐敗を起こし、他人も自分も傷つけます。

☆きのこ

あなたの人生に陰の影響力が存在します。今のあなたはその正体と影響を歓迎すべきかどうか正確に見極められていないようですから、焦らず時間を掛けて判断しましょう。きのこの形状は男性器に似ていますが、あなたが恋愛関係にあるなら、男性の性的魅力に惹かれすぎていないか考えましょう。あるいは、あなたが性的魅力を振りまきすぎている可能性も。松茸を掘り当てる夢は一攫千金の願望を表します。これが予知夢で実際に松茸を手に入れることができたら、美味を周りの人と分かち合いましょう。あなたの成果をシェアすることで報酬や利益に対する考え方が深まるはずです。夢できのこを食べるかためらっているなら、胃腸は働きが鈍くなっているので、きのこ類はしばらく敬遠して下さい。

［古代の生き物］

☆恐竜

自然の脅威を表します。あるいは、あなたの心の自然なあり方に対してあなたの欲求が大きくなりすぎて、巨大な恐竜のように暴れ回っていることも。心の自然さを取り戻すには、実際に自然の中に入ってその恩恵を体験するのがいちばんです。人間は本来、自然の番人として存在しています。

［その他］

☆動物

心の本能的な面を司る第四チャクラ（ハート）に到るまでの機能。食欲、性欲、睡眠欲から派生した生きるために大切な心の動きの象徴。夢の動物が健康で生き生きしているなら、あなたの美味を楽しんだり異性に憧れたり、安全な環境を求めたりする気持ちはバランスが取れているようです。さらに、安全を脅かすものへの闘争心や尊厳を傷つけられることへの憤りといった適切な怒りも表現できているのでしょう。

あなたの心にはたくさんの動物が生きています。彼らがあなたの心という大自然でどう生きているのかを観察すれば、自分のエネルギーが高まっているのか弱っているのか、健康か否かを知ることができます。

☆尾

しんがりを務めても油断せず安全を計りましょう。または、何かに付いていくだけのあなた任せな生き方にならないように。心が過去に尾を引いているなら、今すぐ切り替えを。夢で、尻尾を出すか、摑むか、振るか、巻くかで大まかな心情を特定できるでしょう。

☆角

一般に牡の頭部に生える角は、あなたの威圧的な態度を示します。牡鹿の立派な枝角は、あなたに毅然としたリーダーシップを発揮するように促しています。逆に牡鹿や牡牛の角が折れる夢は、あなたの強引なやり方が事態を難しくしているという忠告です。また、牝や女性が角を生やす場合は嫉妬心を表します。一角獣は参「ユニコーン」

☆ペット

引き受けた責任。心の慰め。期待通りの楽しみを提供してくれる存在。信頼を餌で釣ること。あるいは現実逃避を表します。

■食べ物■

夢は食べ物を使って、あなたの真の姿を伝えてきます。人生を学びと捉えられない人には、菓子類が多く登場します。物事を大げさに考えたり軽く考えたりする咀嚼力の弱い人には、やわらかい食べ物が登場します。根菜の夢ばかり見る人は内向的で行動力に欠け、全てに消極的な傾向があります。

そして、夢はそんな現状をサポートしたり打破したりする食べ物も教えてくれます。今のあなたに相応しい食べ物、避けた方がいい食材など、きわめて詳細なメッセージです。あなたの現在の心と身体は、これまで食べてきたものの総決算です。今までの自分をつくってくれた膨大な食べ物に感謝し、これからの食生活を夢とともに楽しみながら組み立てていきましょう。

ちなみに、夢で一緒に食事をする人とは実際に人生を共にします。食卓を一緒にしながら料理を食べない場合は、人生を共にすることはないでしょう。互いの課題が違うのです。

[主食]

☆ご飯・米

ご飯、そしてパンは人生を生き抜く決意を表します。ご飯やパンは命の糧。これらがあることで身体という神聖な館が健康でいられ、豊かに彩られた人生を送ることが可能になります。とはいえ、普段ご飯を食べている人の夢にご飯が出てきた場合は、炭水化物過多なので控えめに、という警告のことも。普段ご飯を食べていない人は、ご飯が少なすぎて栄養吸収に問題を起こしている可能性があります（滅多にありませんが）。摂取食物が酸性に偏りすぎている示唆の可能性も。参「パン」

☆赤飯

祝い事が起きる知らせ。成功して一区切りつくこと。あなたはどの分野で成果をあげたいのでしょう。魂の願いを今一度明確にしておきましょう。

☆餅

自分は宇宙の一部であり、霊的に重要な役割を担っていると認識すること。私たちは正月に餅を食べることで、神仏と親族、そして今を生きる全ての人々と霊的に手をつなぎます。西洋だと餅にあたるのはパンです。参「パン」

☆粥（かゆ）・流動食

人生の荒療治で消化吸収力が落ちています。今は人生の課題も食べ物も無難なところから取り組みましょう。体力気力を養うのが第一です。当たり前の日常をやり過ごせれば良しとしましょう。参「スープ・ポタージュ・シチュー」

☆パン

ほとんどの場合は炭水化物の摂り過ぎ。あるいは、人生を噛み砕き、深く理解する手間を嫌っていることを表します。参「ご飯・米」

☆イタリアン・イタ飯（いためし）

ストレスで刺激の強いものを食べていませんか。消化力が追いついていないという警告です。乳製品やオイルを多く用いた料理を食べた時、あなたの身体はあなたにどんなサインを送ってくるか注意してみて下さい。あるいは、あなたは今この世の贅沢を味わうことに夢中なのかもしれません。今ここで内省しないと、後々心も身体も疲れきってしまいます。参「パスタ料理」

☆パスタ料理

長くは続かないが、とりあえず元気付けや変化のきっかけにはなる人間関係を表します。あるいは、感性を強く触発されるので心躍る思いにかられますが、真の心の栄養にはなりえない関係性の象徴です。参「イタリアン・イタ飯（いためし）」

☆ラーメン

満足感や人のぬくもりを苦労せず手に入れたいという望みを表します。今のあなたは具沢山のラーメンをどこから手をつけていいのか迷うように、実現したい夢に優先順位をつけられずにいます。あれもこれもと手を出してオーバーワーク気味。あなたの考え出した夢の実現法はどれも簡単に実行できて魅力的に思えますが、実際それほどの効力を発揮しません。本当の満足は地味な課題にシンプルに取り組むことでしか得られないと知り、自分の真の課題を見極めましょう。夢で共にラーメンを食べる人とは、一過性の関係になる可能性が大きいでしょう。

［おかずなど］

☆肉料理

夢に登場する肉料理で高脂肪のものは、あなたの問題に取り組む姿勢が高圧的で猛々しいことを知らせています。低脂肪のものは、あなたが自分の現状を受け入れながら前向きな心と体を作っているというメッセージ。肉料理は食べた人に前向きな闘争心を引き出してくれますが、同時に場にそぐわない無用の緊張や頑張りのもとになることもあります。身体への負担も考えましょう。高脂肪の肉料理が夢に登場したら、実際しばらく食べないことです。参「豚カツ」

☆豚カツ

夢があなたの高脂肪高タンパクの食事に猛省を促しています。さらに今取り組んでいる件で競り勝ちたいと前のめりになっていることも指摘されています。あなたは自分を鼓舞して努力しているつもりかもしれませんが、強すぎる思いが結果的には足を引っ張りそうです。あるいは、周りの人の期待を自分の本心だと勘違いして頑張りすぎているのかもしれません。しばらく高脂肪食から離れて余分な緊張を解きほぐす術を考えましょう。参「肉料理」

☆ソーセージ

男性器のユーモラスな比喩で、あなたが子供っぽくも上半身と下半身は別物だと考えているのではないかと問うています。あるいは、添加物の多い食品の代表として味覚の幼さを指摘されていることも。参「バナナ」

☆スープ・ポタージュ・シチュー

食べ物であれ物事であれ、消化吸収に負担がないかを考えましょう。今のあなたに無理は禁物です。挑戦を前にして体力気力が萎えていませんか。自分を過信せず、食物のエッセンスであるスープを飲みましょう。参「粥・流動食」

☆サラダ

大抵は食生活改善のすすめです。肉食ばかりで野菜が少ないか、摂取する野菜に偏りがあるのでしょう。安定した精神力で踏ん張りのきく自分を作るために、持てる才能をいかんなく発揮するために、新鮮なサラダをたくさん摂りましょう（ケイシー療法では、とくに昼食に山盛りのサラダがすすめられます）。

コミュニケーションに課題がある人は、野菜をきちんと噛んで味わうように、人の言うことをよく噛みしめているか、噛まずに鵜呑みにしていないか振り返ってみましょう。

［菓子・デザート］

☆（駄）菓子・菓子パン

実のない人間関係。ひとときの甘えや気休めの間柄。子供返りしている自分。あるいは、安直な食事内容に反省が必要です。

☆おやつ

インナーチャイルドが構ってほしいようです。あなたには休憩が必要です。実際におやつをとり、一息ついてみてはいかがでしょう。参「煎餅・クラッカー」

☆デザート

人生の甘美である心の交流や愛の交換。性的コミュニケーション。デザートを美味しくいただきたいなら、その前に野菜や良質のタンパク質が必要です。人間関係も同じで、魂の喜ぶ霊的結びつきというデザートを望むなら、その前にさまざまな問題に一緒に取り組む必要があります。参「アイスクリーム」「ケーキ」

☆アイスクリーム

多くの人にとっては人生の甘美が用意されていることを表します。大抵は恋人の出現です。参「チョコレート」「デザート」

☆飴・キャンディ

場当たり的エネルギー補給。子供じみた甘え。他人への依存。何かの中毒。要は取り組むべき課題から目を逸らしていること。自分は今キャンディを欲しがる子供に似ていると自覚できれば、大きな問題は起きないでしょう。恋人がキャンディをくれたり、なめていたら、恋人かあなたのどちらかが恋愛中毒の可能性があります。現代人はワーカホリックが多いので、夢で仕事がキャンディとなっていることも考えられます。

☆ガム(チューインガム)

夢でチューインガムを楽しんで嚙んでいるなら、バッターボックスの野球選手のようにストレスを楽しむようにというすすめです。適度なストレスは乗りこなせば好成績につながります。

一方で不自由な思いをしながら嚙んでいたり、ガムが喉に詰まりそうなのに取り除けなかったりするのは、本心を言えず苦しんでいる現状を表します。あなたのまわりにあなたの言葉を理解する人がいないのでは。秘密を守れる安全なカウンセラーやセラピストを探して素直に気持ちを吐き出しましょう。あるいは普段から本心を適切に表現している友人・知人がいたら彼らの真似をしてもいいかもしれません。参「嚙む」

☆クリーム

食用のクリームなら人生の美味を遠慮なく味わうようにというアドバイスです。しかし、夢のストーリーによっては乳製品を避けるようアドバイスされている場合もあります。消化器官にストレスがたまっていないか身体に訊いて下さい。化粧クリームの場合は、皮膚を保護して心身をストレスに曝さない工夫が必要です。実際の生活でもお肌を労りましょう。人と人とを隔てる皮膚を優しくケアすることで、自然と人間関係もデリケートに対処できるようになります。参「化粧品」「ミルク・牛乳」

☆ケーキ

成果への賞賛。ご褒美。許された贅沢。成功や結婚への憧れ。あるいは結果だけに目がいくこと。デザートと同じく、甘いものは最後に味わうものです。なかでもケーキは天からの特別な贈り物で、結果を出してこそ味わえるものです。脂肪と甘味中毒への警鐘であることも。参「デザート」

☆煎餅(せんべい)・クラッカー

インナーチャイルドの癒しが必要です。あなたは今、誰かに構われたい気持ちでいます。うっかり拗ねた態度に出てトラブルを起こす前に、自分の方から休憩やおやつの時間を設け、心に余裕を持ちましょう。心身が疲れているので、刺激のある食べ物や出来事は避けた方が安全です。澱粉質と塩分だけの焼き菓子は消化に負担がかかりません。参「おやつ」

☆チョコレート

この世の醍醐味、夢のような楽しい体験。あるいは虚偽の甘い言葉や心惑わす誘い。どちらのニュアンスかは夢のストーリーで判断します。チョコレートは実際量が過ぎると思考力が鈍くなりますから、口にするのは少しにしましょう。あなたが恋愛中なら、相手に夢中になりすぎていないか再考を。参「デザート」「ケーキ」

☆ポップコーン

栄養の足りない手軽で一本調子の食事内容を省みるようにという示唆。あるいは現実性に乏しい思いつきのアイディア。そろそろ熟慮してもいい頃です。

☆饅頭（まんじゅう）

従来通りの古い考え方で問題に取り組もうとしていませんか。それもやや安直に。どういう状況で、誰とどんな饅頭を食べているかがヒントになるでしょう。あんまんも肉まんも同じ文脈で考えてみましょう。あるいは、あなたは今、郷愁にかられているのかもしれません。挑戦に飽きて人肌のぬくもりが欲しくなったのかもしれません。寄り道も振り返りも大切な要素と知りましょう。

［野菜・海藻］

☆野菜・葉もの野菜・根野菜

夢に野菜が登場する時は、基本的にはそれを食べるようにというアドバイスです。とくに太陽に向けて手を何本も広げているような葉もの野菜は、問題に力一杯取り組む力を分けてくれます。すぐにでも料理に取り入れましょう。ただし、筑前煮のような根菜ばかりの夢なら、あなたは現状に根を張りすぎて変化をよしとせず、自己表現にブレーキがかかっています。

☆キャベツ

キャベツ畑にしろ、千切りキャベツにしろ、あなたの疲労が示唆されています。これまで頑なまでの几帳面さでやるべきことをやってきましたが、そろそろ限界です。心身の疲労を回復するには肉食は控え、キャベツの母なる力に頼りましょう。参「レタス」

☆胡瓜（きゅうり）

情熱のない性行為。男性に対する性的不満。あるいは男性の性エネルギーを抑える必要性。夏野菜の胡瓜は身体の熱を下げる作用を持っています。旬以外は摂らないほうが良いでしょう。

☆じゃが芋・ポテト

生きるために不本意な労働に当たっていること。魂の本来の目的から外れる生き方。あるいは、あなたを本来の目的に戻すための経済的行き詰まり。夢の場面に注意して、自分にとって適切な生き方かどうかを吟味して下さい。

☆玉葱（たまねぎ）

とりあえずの感情の発露。感情の枯渇から抜け出すきっかけ。辛い体験をユーモアの目で見る訓練。玉葱で涙を流すのは本当の涙とは違いますが、一時的なカタルシスにはなるかも。しかしこれはごまかしであり、本当の学びはこれからです。また、玉葱は地下でできることから、陰の支援者に恵まれること。あるいはあなたが陰の支援者になる可能性を表すことも。

☆トマト

性行為から生じる精神的、霊的実り。トマトの別名はラブアップルです。あなたが霊的にふさわしいパートナーを求めるなら、真っ赤な旬のトマトを適量食べてみましょう。トマトは太陽を連想させます。パートナー探しは困難を伴いますが、いつも心の中にトマトのような太陽が輝いていると信じていましょう。

☆茄子（なす）

初夢で吉夢とされる「一富士、二鷹、三茄子（なすび）」からも広く知られている通り、茄子は豊饒を意味します。母親になりたい女性にとっては妊娠可能という知らせです。盆の供え物である茄子の場合は先祖の霊の乗り物なので、次元を超えた交流を示唆する場合もあります。藍色の茄子は第三の目である第六チャクラの内分泌腺・松果体のエネルギーを表し、私利私欲から離れた見方で行動することが鍵だと教えています。

参「胡瓜」「柿」「富士山」「鷹」

☆人参

人参を夢に見る人は人に会うのが億劫で引っ込み思案。もっと人中に出ていくようにとすすめています。人参は油と相性が良い食品ですが、人間関係の潤滑油をうまく使ったらどうでしょう。とくに更年期にさしかかった女性が人参の夢を見たときは、意識して人参料理を増やし、また家の中に閉じこもらず人に会うようにしましょう。

☆ニンニク

迷信に基づく恐怖心。静かな音楽に身を委ね、瞑想をして心を静めましょう。自らのエネルギーを上げて、他人に心を明け渡さないことです。

☆豆

豊穣を表すとともに、この地球に生きるひとりひとりが仲間であると教えています。また、固い皮に包まれた豆は死と再生のダイナミズムを示唆します。もしくは身体が豆の栄養を必要としているかもしれません。

☆もやし

ひ弱さ、頼りなさの代名詞のようなもやしですが、じつは可能性が芽を出すサインです。着手している案件があれば、大事に育てましょう。もやしは根と茎と葉っぱの芽がそろっていて、命がコンパクトに収まっています。実際に食べることもおすすめです。物事をやり抜く力は、もやしのような良質の野菜が提供してくれます。

☆レタス

優しさ、いたわり、支え。あなたは今、自分を痛めつけていませんか。自分をいたわって太陽の下で手足を広げてみましょう。そして青いレタスの入ったサラダをたっぷり食べると、太陽の光が万物に行き渡っている優しさを実感して楽観的になるでしょう。参「サラダ」「キャベツ」

☆レモン

人間関係のストレスで気力が失せ、消化力が落ちています。そんな時は、実際に生レモンを摂取しましょう。最善はレモン汁と身体に合ったオイルのドレッシングでサラダを摂ることです。レモンに含まれるビタミンCをサプリメントの形で摂取したいなら、大量の清浄な水と合わせて呑むことが不可欠です。

☆海藻・昆布・ワカメ

昆布が激しい潮の流れの中で育つように、あなたの心は感情の荒波の中で鍛えられています。今は感情の激流に逆らわず、受け流しつつ時に寄り添って自分を育てていきましょう。実際の食生活でもワカメから寒天まで、さまざまな海藻を摂りいれると良いでしょう。

[果物・木の実]

☆果物・果実

自らが蒔いたものの収穫。人生の問題に果敢に取り組んできたのであれば、望み通りの結末が迎えられます。特定の果物が皿に載っていたり、それを食べようとしている夢は、そのストーリーを吟味し自分の身体に適しているか否かで判断します。季節外れや外国産の果実の場合は、自分の中に甘えや羨望がないかを調べます。参「葡萄」「りんご」

☆イチジク

女性が女性でいることを讃えること。イチジクを摘むと母乳のような白い汁が出ます。母性を持つ女性でいることを慈しみ味わうようにと伝えています。エドガー・ケイシーが夢から教わった「ミイラの食事」といわれるレシピがあります。乾燥イチジクとナツメヤシが材料で、どんなに弱った身体でも消化できるという驚くべき食べ物です。

☆柿

柿はオレンジ色で第二チャクラの死と再生を表し、新たなテーマの受け入れを示唆しています。夢のストーリーによっては妊娠の可能性があるので身も心もそれに備えるようにしましょう。自己を探求している人は、出産を待つのと同じように、穏やかに優しく取り組むことで実を結ぶと教えています。参「茄子」

☆サクランボ

人生の初夏のほんのり甘い体験。初恋。二粒がつるでつながっていることから恋人関係。疲れた恋心を初心に戻す必要性を表すことも。

☆バナナ

子供心の聞き分けのなさを表しています。あなたが今問題に直面しているなら、まずはインナーチャイルドを癒すことが賢明かもしれません。時には男性器を表します。あなたの性に対する態度が幼稚である場合もあれば、反対にあなたが臆病で恥ずかしがり屋なので羞恥心を捨てるようにと忠告しているかもしれません。自分の性に対する態度を正直にみていくのは難しいチャレンジです。ゆっくりと自分に優しく取り組んでみましょう。参「ソーセージ」

☆葡萄

人生の収穫。自己批判せず自分を誉め、優しく扱う必要性。葡萄の木や葡萄畑の夢なら内的資質や才能を生かす好機が来ています。参「果物・果実」「りんご」

☆蜜柑・オレンジ

自分を愛し大切にすること。あるいはオレンジ色は死と再生の色なので再生のために何かを手放すこと。健康上では蜜柑やオレンジを食べるようにと促されていることもあれば、反対に柑橘類の摂取を止められる場合も。あなた自身の身体と感性で判断して下さい。

☆桃

明るい未来に踏み出すため、自分を癒し、過去と決別すること。桃は、黄泉の国でイザナミの命の姿を見て怒りを買ったイザナギの命が、黄泉の国の汚れを振り切るために投げた果物です。

☆りんご

知性を高めて叡智とし、エゴを払って霊的理想を目指せば、必ず実のある結果が得られるという約束。これは同時に現在の知識と欲のままで突き進んでも成長はないという婉曲な警告です。好例は「結婚前のカップルが教会の塔の上のりんごを見る」夢で、両者が互いの霊性のあり方を確かめたうえで結婚しなさい、そうすればば真実の幸福が訪れます、と夢は教えています。

☆木の実・ナッツ類

命の火を吹き込まれるのを待っている才能。成長の可能性。無駄にならない忍耐。または忍耐しすぎて疲労困憊していること。今あまりにも疲れているなら、エネルギー状態を上げるためにナッツ類を摂ってみてはどうでしょう。消化器の具合をみながら、少しずつよく噛んで摂取して下さい。

［ソフトドリンク］

☆日本茶

あなたは日本人が伝統的に大切にしてきた人間関係のあり方に価値を置いているようです。それは、親子や上司と部下などの上下関係、つまり縦の関係ではすっきりと効力を発揮しますが、友達や夫婦といった横のつながりを適切に作る難しさの原因にもなっています。もう少し肩の力を抜いて、リラックスしてみてはいかがですか。参「茶・お茶をする」

☆**紅茶**

品の良い人間関係。適切なベールのかかったコミュニケーション。紅茶の成分が心地よい緊張をうんでくれるように、人間関係にも軽い緊張や適度の礼節は必要です。あるいは、体質によっての適応不適応を知らせる場合があります。普段紅茶を飲みすぎている人は量を減らしましょう。

☆**コーヒー**

息抜きの必要性。束の間の休息。あなたの心が喜ぶやすらぎの時。意識して心の浄化をはかりましょう。身体の疲れ、とくに消化器に負担がかかっていないかもチェックしてみて下さい。ちなみにケーシー療法ではコーヒーにミルクを混ぜることはおすすめしません（紅茶も同じ）。

☆**ミルク・牛乳**

まだ十分に育っていない自分の側面をいたわり育てること。滋養あふれるものを摂取する必要性。あるいは、実際に良質なタンパク質が緊急に必要なこと。乳製品にアレルギーのある人にとっては、心身両面のプレッシャーを示唆しています。

［アルコール］

☆**酒・アルコール・ビール**

疲れた神経を休める必要性。楽観的気分の大切さ。あなたは今、神経をフル回転させると同時に感情を抑えすぎて爆発しそうです。ここで強制的に休暇を取りましょう。自分の感情を怖がらずに感じ素直な気持ちを語り合える場を持ちましょう。ゆっくり休めば冷静になれ、取り組むことに優先順位がつけられます。この休暇はたとえ短くてもあなたの変容の扉を開けるきっかけになるでしょう。大きな変容ではありませんが。

また、アルコールを飲んでいる誰かが夢に現れたら、その人に判断力はありません。信用しないようにという忠告です。あるいは、神聖さに触れること。とくに日本酒は浄化と変容を表します。参「盃・カップ・杯・ワイングラス・猪口」「ワイン」

☆ワイン

心と身体のリラックス、あるいは麻痺。変容のシンボルであり、そのきっかけになるもの。神に触れる瞑想体験。誰かとワインを飲む夢は、その人と共に生まれ変わる体験が可能だと教えてくれます。ワインの池や湖に飛び込む夢は、現在はまだ直面する問題に現実的に取りかかる準備ができていないということです。

参「酒・アルコール・ビール」

［調味料・スパイスなど］

☆油

機械に使われている油が夢に出てきたら、潤滑油の象徴です。あなたが誰と誰の潤滑油になるのかはストーリーが伝えているか、実生活で見つけるかです。食物油の夢は健康上のアドバイス。良質の油を身体の内外に用いて元気になりましょう。

☆塩

人生の塩辛い体験から学ぶ心構え。甘言にのらないこと。森羅万象に込められた生命の不滅。地の塩となること、つまり世の腐敗を防ぐこと。地道な行為。保存に使われることから不安の解消。浄化と不浄なものへの断固たる態度。塩辛い味は、人生は戦い取るものという戦闘的な信念を表しています。塩分過多は心と身体に負担をかけますから、きれいな水を飲んで浄化をはかりましょう。塩は適量とればよいのです。

☆スパイス・香辛料・とうがらし

変わり映えのしない日々に変化を付ける必要性。適度な刺激。ただし多すぎるスパイスが味を損ねるように、過ぎたるは及ばざるがごとしなので、やりすぎないこと。

☆ハチミツ

人生の甘みを十分に堪能するようにという示唆。

［その他］

☆ファーストフード（ファストフード）

創造的人生は送れないと諦めていること。工夫の無い生き方。あなたはもちろん、全ての人はそれぞれに独特で唯一無二の存在です。それを認め、そんな自分にふさわしい良質の食事をとりましょう。ファーストフードはお手軽ですが栄養に乏しく、大量に食べ続けると憂鬱な気分になります。ファーストフード摂取の根底には自己否定があります。

☆餌(えさ)

不実な人を引き寄せていること。誘惑。吟味のうえ疑問のある関係から遠ざかりましょう。

■感情■

夢の中で感情を感じるのは、その感情をあなたがじっくりと感じる必要があるからです。どんな感情も感じきれば浄化され、昇華していつまでもあなたの中に居座ることはありません。たとえネガティブな感情であっても恐れることなく味わいきることで、あなたは次なるステージに進むことができます。ですから、強い感情を伴った夢は夢の中で感情にひたり切ることで、夢療法を施すまでもなく深い癒しがもたらされます。

感情の夢について考える時に気を付けたいのは、たとえば何かから逃げる夢の場合、夢の中での「追われている恐怖感」と目覚めた直後の「ほっとした気持ち」を混同しがちだということです。あくまで夢での気持ちに焦点を当てて下さい。この場合は「恐怖感」について考えていただきたいのです。夢で味わった感情とその後の気持ちが入り交じって整理できない場合は、感情についてでなく他の重要な単語について調べた方が誤りがありません。

［思い］

☆諦める

現実の生活で何かを諦めようとしているなら、この夢はその断念の動機を考えるようにとの知らせです。冷静に判断した結果でしょうか、他人の言動に振り回されたりしていませんか。結論を考え直すようにと言われているのではなく、あなたの責任で出した結果かどうかが問われています。

☆怒り・怒る

夢の中で誰かが怒っているなら、その人かその人に関連した人があなたに怒っています。その人が怒っていると前もって知ることができたので、大事にならない対処ができます。あるいは、あなたが怒っているのでしょうか。あなたが日頃「ノー」を言えず他人に振り回される傾向があるなら、夢の中で感情の解放が起きたのです。今後は自分を信じ、自らの意志を尊重し、適切に他人と向かい合うことができるようになるでしょう。

夢でできたことは、現実でも可能です。怒りを表現することを恐れてはいけません。怒りの感情は自己の尊厳を守るために必要なものであり、あなたの創造性のためになくてはならないものです。

☆恐れ・恐い・恐ろしい

本当のことを知りたくないこと。真実に対決する力は自分にないと怖じ気付いていること。自分の知らないところを見るのが恐いこと。あなたは恐怖心は創造の大きな原動力になると知っていますが、一方で恐怖心が破壊に繋がるのではないかと怯えてます。人は変化するもの、変化こそが成長に繋がります。恐れて立ちすくんだままでは、成長せず、洞察も得られません。恐怖の真ん中を通り抜けましょう。恐怖は瞬時に素晴らしい気付きに変わります。

☆悲しむ

悲しい時に悲しむという当然のことを、あなたはしてこなかったのかもしれません。涙を流しながら目を覚ました時は、心が深く解きほぐされたのがわかるはずです。普段から感受性を殺し、大人らしい気配りやはったりに終始して疲れきったあなたを夢が癒してくれています。

☆嫌い

夢の中で嫌いな人に出会ったら、あなたの魂は進化しつつあります。あなたは嫌いな人の嫌な面を自分の中にも見つけ、自分の暗部と向き合う段階にさしかかっています。夢の中の嫌いな人をより深く知ることで、あなたの自己探求はますます深まるでしょう。

日頃嫌いだと思っている人が夢に現れたら、夢の中でその人にどう対処したか思い出して下さい。嫌悪感が見え見えの愛想笑いをしていたなら、現実でも相手はあなたの気持ちを察しています。その人の何が嫌なのか、どうしてそれほど気にしてしまうのか内省する時に来ています。あるいは夢で出会ったのを機に、嫌いだと本心を伝えたとたん、相手への嫌悪感が消えて、不思議な共感を覚えることがあります。自分を素直に表現できたことで、相手も自分をも尊ぶ気持ちがもてたのです。

　現実においても適切な着地点が見つかる兆しです。嫌いな食べ物が登場した時は常識的に対処しましょう。添加物満載のジャンクフードなら食べる必要はありません。でも、単なるわがままや食わず嫌いで食べない（とくに野菜）のなら食べた方がいいのです。夢に出てくる食べ物は万人に良いからという理由ではなく、あなたという特別な存在のための特別な提案です。アレルギーなどの問題がないなら試してみましょう。嫌いな食べ物を食べた後、身体が何を心に訴えてくるか、そこのところを見てみましょう。日頃好きな食べ物なのに、夢では嫌いになっていることもあります。それはあなたの高位の自己が避けたがっている食べ物です。実生活でも食べるのを控えて、身体の反応を探ってみましょう。

☆嫉妬

　自信喪失。自己卑下。自尊心が低いこと。あなたにはあなたの霊的理想に見合った素晴らしい特性が備わっていますが、それをすっかり忘れています。夢の中であなた（あるいはあなたでない誰か）が嫉妬している事柄は、あなたも習得できるものです。気付いていないだけで、あなたにも備わっています。

☆悩む

　悩んでいる自分を認めてあげましょう。あなたは悩む人を許せないできたか、悩むほど自分は柔軟ではないと思ってきたのでしょう。でも今あなたは悩んでいます。それに気付き、悩む自分を許したうえで時間をかけて問題に向き合いましょう。あなたの課題は悩む自分を受け容れることです。

［体感］

☆あたたか

　緊張をゆるめてほっと気を抜く時です。心のマッサージのためにシャワーやお風呂がいいかも。あるいは自然の中の温泉に行き、森の木漏れ日、川べりの陽の光などあたたかさを五感で感じて心をほぐしましょう。

☆熱い・暑い

　物事の捉え方、問題への取り組みが熱すぎます。この夢は冷静にと諭しています。あるいは、寝ている状況への警告が考えられます。

☆寒い

あなたの感情と感覚が凍えています。そのまま放っておかず、意識的に感情と感覚を温めましょう。生き生きとした感受性こそがあなたを成長させる手掛かりです。あるいは、布団をはいで寝ていたので身体が冷えたのかもしれません。参「熱い・暑い」

☆重い

不必要な重荷を背負っていること。取り組む課題に優先順位を付け、自分がすべきことのみを一つひとつ対処していけば、人生は単純明快で身軽になります。他人の分を背負っても誰も得をしません。身軽を心懸けましょう。

☆渇き

現在何かに渇きを覚えますか。水、お金、地位、健康ですか、愛を与えてくれる人ですか。それが物質面であれ精神面であれ、いつか満たされたとしても渇きはやがて再びやってきます。霊性に基づいた知恵を求める時です。それを得れば、二度と渇きで苦しむことはありません。

☆飢餓

愛されたと思える体験が不足していることを表します。まずは悲しみや恐れや不安を感じている自分をそのまま認め受け入れます。この自己愛が心の飢餓を抜け出す助けになります。日々の祈りと瞑想そして夢療法を続けて、自己愛を堅実に育てていきましょう。

☆危険

あなたは今スリルを感じながら人生の課題に取り組んでいます。でもそれは必要なスリルでしょうか。ドラマチックに生きたいばかりに、不要なスリルを求めていませんか。本当に成長したいなら、急がばまわれで現在の状況を整理してみましょう。

あるいは、何に対しても飛び込む勇気がない人がこの夢を見ます。その場合は、もっとも危険なことは何もしないことだと内省してみて下さい。

［その他］

☆急ぐ・あわてる

人生、急ぐことはない、というしめです。過去、現在、未来で大切なのは現在です。過去と未来に振り回されず、今をしっかりと楽しんで下さい。誰かの、あるいは自分のあわてる姿に滑稽さが見えるはずです。

☆独身主義

夢の中で独身主義を貫いているなら、普段から異性と親密になることに恐れを抱いています。自己の内面に閉じこもりすぎています。人生の真理を我がものとするためには男性性と女性性の統合が必要だと理解できていません。あるいは、性体験は真理の獲得の障碍となるという誤解があります。結婚生活とは聖なる性のエネルギーを用いた男性性と女性性の合体であり、さとりを得る道です。

■時■

時に関する夢を見たら、問題を解決するにあたり、あなたが今どのように過ごしたらよいのかの示唆だと思って下さい。たとえば春なら行動開始の時。夏はのびのびと大いにエネルギーを放出し、秋はこれまでの活動の成果を受け取る時です。冬は活動を控えて現状を分析したり内省する時です。一日の時間配分も同じように、朝なら今後の指針を決め動き出し、昼は集中して精力的に動き、夜は休息や明日への準備が求められます。

あなたが夢の中で時宜に合わない行動をしていたら（たとえば真夏にセーターを着ている）、現実でも今すべきことでないことを行っている可能性があります。

人間は時間という制限からは逃れられません。しかし限られた時間の中にいるからこそ積極的に人生の課題に取り組み、取り組むにあたっては何をいつどのように解決するかとタイミングをはかれます。時の中にいて時を利用するのです。そして、うまくいけば「時間を忘れる」ほどの喜びを得て、自分が時を超えた霊的な存在だと感じるでしょう。このセクションでは、時が持つ生命力、創造性に思いを馳せていただければ幸いです。

［一日の変化］

☆夜明け

霊性開拓、自己探求への取り組み開始の時。新たな人生の始まり。夜明けの夢を見る人は、自覚していてもいなくても今後の人生の方針が決まっています。今こそ決意を言葉にして、進むべき方向がぶれないようにしましょう。今後をどのように生きるかは自分次第です。

☆朝

考える時ではなく、行動の時。問題解決のために行動を起こすタイミング。朝の夢を見たらもたもたしていられません。行動の準備は迅速かつ現実的であるようにしましょう。参「曙」「朝焼け・朝日」「春」

☆夕焼け・夕暮れ・夕方

さまざまな状況の終結。人間関係や恋愛関係の終わり。今までの活動に終止符を打つ時です。あなたの中でまだ終わっていなくても、相手の中ではすでに終わっています。一人になってこれまでの取り組みを吟味しましょう。人間関係や恋愛関係の場合、当事者間に取り組むべき魂の学びがなくなってしまったことを受け容れましょう。

☆夜

休息と振り返りの時。成功不成功にかかわらず、これまでの活動を終わらせ、次に繋げるために反省と吟味を加えます。外に目を向けても明確な判断材料は得られません。一人静かに内省し、十分休養を取ります。また、今後確実にやってくる好機を活かすために、気力と体力がととのう時機を逃さないようにしましょう。

［一年の変化］

☆正月

新規まき直しの決意を自分と他人と宇宙に宣言する時です。この夢を見たら自らの決意を書き初めにするくらい確かなものにしましょう。もし正月のイメージから子供時代を連想するなら、インナーチャイルドの癒しに取り組みます。

☆イースター・復活祭

新しく生まれ変わる時です。参「卵」

☆ハロウィーン

心に抱えた恐れを直視する時。トラウマと向かい合う必要性。あなたが求める「自分らしさ」を獲得するためには、長年抑圧してきた恐れや欲望に出会うことが必要です。

［四季］

☆春

人生の課題に取り組み始めること。春の夢を見る人は他者と出会うことで未知の自分と直面し、コミュニケーションを取るなかでたくさんのことを学びます。学びに試練はつきものですが、せっかく芽吹いたやる気の芽を大切に育てていきましょう。

☆夏

物事の盛り。現在の方向を維持し伸びるままに任せる時。自由を満喫する時。あるいは、更なる高みを目指して英気を養うべく、遊びと休養を優先する必要性。

今は結果を気にする時ではありません。目前の課題に十分に取り組み、持てるエネルギーを全て投入すべきです。たとえ結果が失敗で終わったとしても、やれるだけのことをやったという達成感があれば確実に人生がステップアップします。この時機に身につけた課題に取り組む持久力や、時には遊びを取り入れる知恵は、あなたをよりいっそう成長させるでしょう。

☆秋

自らが蒔いた種を刈り取る時です。これまでの成果を受け入れ、心から楽しみ、そこから洞察を得ます。

☆冬

これまでの取り組みを省み、次なる活動に備える時です。自分の心に注意を払いましょう。夢の冬は大抵雪景色。雪の下では動植物が「再生のための死」、「原形をとどめない腐敗」、「土壌の肥料化」、「再生の萌芽」と変化し、次なる実りの準備を進めています。冬の夢を見る人の心の中でも同様のことが起こっています。この心の再生作業は一人で行う孤独なものですが、来期の実りのためには欠かすことができません。

これまでの取り組みを振り返るなかで自己嫌悪などの恐ろしい死の闇を経るでしょうが、その経験を肥やしに変え、来るべき新たな生命を着実に育てていかなければいけません。この作業は女性が妊娠を願って祈ることにも通じます。あらゆる仕事の達成、芸術作品を生み出すにも欠かせない大切な過程です。

冬は夢の四季でいちばん大切な季節です。春夏秋の期間は定めた焦点に向けてやり抜くだけですが、この時期はその課題を決める時です。注意深く過ごしましょう。參「雪」

「特別な日」

☆休暇・休日

自分の信念に沿った生き方からいったん離れる時です。夢の中で誰とどのくらい、何をして休暇を過ごすかがヒントになって、新しい問題の捉え方が見えてくるでしょう。これまで頼りにしてきた信念信条をどのようにしたらあなた流に変えていけるかも、おいおいわかってくるはずです。今はエネルギーの充電期間。

☆誕生日

これまで心の中でもやもやとくすぶっていた「新しい可能性の扉を開きたい」という願望を、あなた自身がはっきりと自覚する時。人生の次なるステージに踏み出すこと。誕生日の夢を見た日から、あなたは霊的に生まれ変わっています。これまでためらっていたことがあるなら、これを機に行動に移しましょう。変化はあなたの中からしか訪れません。夢の誕生パーティーが華やかなら、周りの援助も得やすいでしょう。参「赤ん坊」

「その他」

☆地球の崩壊・世界の終末

大洪水や天変地異や異星人が襲来して、この世が終わりになる夢を見ることがあります。人生の大切な局面にさしかかり、貯め込んだ不満や怒りがあなたの身体を襲い始めているようです。

まずは身体を労り、休養を取りましょう。そして地球に感謝を捧げ、地球の意志に耳を傾けましょう。あなたの不満や怒りを生産的な方法で引き出すには、これまでの価値観や生き方を捨てる必要があります。地球の意志を感じ、それに同調することで、あなたは古い自分を脱ぎ捨て、新しい自分になれます。

■色・数字そのほか抽象概念■

このセクションに集められた単語は、それぞれ繋がりのない別個のものと思われるかもしれません。しかし、たとえばチャクラについて調べてみると色と数字は密接に関わっています。また、方角は色と、文字は数字と関係があります。普段何気なく使っている色や数字ですが、その豊かな意味合い、象徴性に驚くことばかりです。ですので、できれば一つひとつ単語だけでなくその前後も読むことで、宇宙的繋がりの面白さを感じとっていただければ幸いです。

☆色

［色］

夢の色の彩度明度であなたの健康と現在の問題がわかります。人生は赤で始まり白となって完成します。それぞれの色は、身体の七つのエネルギーセンターであるチャクラに当てはめることができます。

・赤（第一チャクラ・性腺）

生きる熱意と決意。

・橙（第二チャクラ・ライデン腺）

体験を求め歩き出すこと。それまでの自分に訣別して新しい自分に出会うために、死を経て再生を呼び込む色。

・黄（第三チャクラ・副腎腺）

求心性。再生後の純真で無垢なマインドには冒険心と知識欲が湧いてきます。第三チャクラは太陽神経叢と呼ばれることも。

・緑（第四チャクラ・胸腺）

黄（求心性）と青（遠心性）の混合色であるグリーンは調和を計る癒しの色です。第四チャクラのまたの名はハートチャクラです。

・青（第五チャクラ・甲状腺）

遠心性。ハートの愛を経て培った意志。意志は言葉と生きる姿勢によって表現されます。人は自分らしい意志を持つと、体内エネルギーをコントロールする甲状腺が活発になります。

・藍（第六チャクラ・松果体）

青（意志）と赤（熱意）の混合色である藍は「第三の眼」の色です。意志を精力的に実現できてくると、自分なりの世界観を持てるようになります。

・紫（第七チャクラ・脳下垂体）

藍に白をたくさん混ぜると紫になります。物質世界と精神世界の融合を叶える色です。頭頂チャクラと呼ばれます。

・白

生命力の赤の光と、再生力の黄の光と、意志力の青の光を同量ずつ当てると白になります。私たちは、この三つの力を発揮して白の境地にたどり着くために人生という階段を上っていきます。物質世界から離れて高見の霊性に立てる色が白です。

・金色

あこがれの到達点を指します。たとえば、仏像は金で覆われ、見る人の目標となります。太陽の色であり、非常に能動的です。

・銀色

銀色は月の色であり、受動的です。金色とともに自己実現を叶えようとする色ですが、銀色がリーダーシップをとることはありません。

・ピンク

何ものにも犯されない白に命の輝きの赤を少し混ぜた色がピンクです。ハートチャクラの緑に似た性質ですが、緑はものを優しく包み、ピンクはソフトに抱かれたい色です。

・マゼンタ

オーラの最上色と言われる紫に情熱の赤を加えた色です。熱意に裏付けられた前進を意味します。

・黒

輝きに満ちた美しい黒は、人生を受け入れることを意味します。輝きのない黒は、嫉妬や企みが近づいていることを示唆。この色の予知夢は、見た人を試しています。相当の責任をもって品性を崩さず事に当たって下さい。

・灰色（グレー）

全ての光を反射する白と、全ての光を飲み込む黒を混ぜたグレーは、長所と短所がないまぜになっていることを表します。消極的態度を指摘していることも。

・茶色

グラウンディングの必要性。足元への意識。立ち止まること。

・カーキ色

だましだまされること。好戦的。

・虹色

頑張りは終わりに近づいています。成功の暁には、その喜びを虹に捧げましょう。

[数]

☆数・数字

　数字は人間の心の成長を表します。1という自分自身の認識から始まる自己探求物語は、数字がひとつ増すごとに成長の階段を上り、完成に向かいます。

・1

　自我。物事の始まり。一点集中の権力。男性的プライドと孤独。新規まき直し。心身の統合。神聖な光。ワンネス。

・2

　二つの性がひとつになることで命を生み出すように、2は母性を表し、自然界の創造性を表します。2には、ポジティブとネガティブの両面があり、違いがはっきりしているので、夢のストーリーから意味合いを判断するのは比較的簡単です。自と他、物と心、男と女、光と闇、対立と葛藤、太陽と月など。また対立する性を併せ持つ両性具有の暗示。二極化したものを元に戻すためのバランス。創造性の女性的側面と男性的側面。

・3

　霊的統合を意味し、二極化による対立や葛藤が解決と調和に向かうことを意味します。1から3への移行は、自己の分裂に楽観的調和が訪れ、自分のなかに統一性が生じることです。相対するものと調和という三つの要素を持ったひとつのグループ。たとえば、父母子、心霊体、火水風。3が夢に現れたら、まず楽観性と笑いを心がけましょう。ただし、三つ巴や三すくみというように膠着状態を象徴することもあります。

・4

　伴侶（パートナー）との心と身体のエネルギーバランス。春夏秋冬の四季。東西南北の四方。地水火風の四大元素。地球の象徴。四分円はこれらの規則性に守られる地球を図形化したもの。4は十字を表すことから身体の象徴。規則性とそれに繋がる理性。夢で4が登場したら、まずは結婚相手や恋人と心の交流を伴う性的コミュニケーションが取れているかを考えましょう。8は性的コミュニケーションに重きを置いたメッセージですが、4の場合は、精神的繋がりに重点が置かれます。

・5

　地水火風を心が支配するという意味で、5は人間を表します。五角星（ペンタグラム）は五感の体験を学びにしようと両手両足を広げた身体の形で、上に頭があり天の真理を求める人間を表します。また、地球を表す四に自我の一を加えることで、すぐに変化を起こす行動をとるよう促します。5は地球滞在中は自分を表現するという約束履行の数です。5以上に活発な要素を持つ数字は他にありません。

・6

5の人間に、魂の原理を加える数です。二つの正三角形を上下逆に重ねてできる六角星。ダビデの星。ソロモンの封印。ヒンドゥー教のヴィシュヌの印は魂の原理を表し、人間は魂の霊的住処を見つけだすまでは休むことができないことを表します。これは火と水、男性エネルギーと女性エネルギー、意識と無意識、物質と霊という異質なものが完全な調和に至る可能性を伝えています。また6は美を表し、美へのアンビバレンスな感情や才能や行動も合わせて表します。つまり、美への賞賛が過ぎると、人を耽溺に向かわせ人生を難しくするように、美を理解する才能が欲求を刺激しすぎるのです。

・7

三角と四角で天と地を表し、天と地の合体が人間であることを表します。もっとも神聖な数字。7は、人間が天地の不思議、宇宙の神秘によって支えられていることを伝えています。チャクラ、週、音階、虹の色、これら全てが7に関わります。夢に出てくる7は、夢のストーリーがポジティブならラッキーセブンと捉えましょう。あなたは宇宙に支持され、飛躍かあるいは前進のための休息を迎えることになります。そうでない時は、反省と気付きを求めて変化を起こす5に再び戻ることをすすめます。

・8

八は、その形が末広がりであることから繁栄を表します。西洋でも8を横にして無限大を表し、同じように繁栄を8に託します。この豊かさが物質界に現れると、商業的な繁栄になります。4は肉体なので、8は性的コミュニケーションを表し、伴侶や恋人との関係で大切な性の問題をどう扱っているか、より深く考えるよう問題提起します。8はまた、その形からクンダリーニ（人体内に存在する根源的生命エネルギー）の螺旋的動きを表し、それがヘルメスの杖カドゥケウスの二匹の蛇が絡まる姿と重ね合って、二重の創造力を表します。ポジティブにもネガティブにも働き、性エネルギーも両面に働きます。自己治癒力や魂の再生といったポジティブなことに用いたいものです。

・9

一桁の最後の数9は、自然な成り行きでこれまでの力が終息をみること。9が迎える変化は止めようがありません。物事がここで終わるのは自然なことだと伝えています。あなたのエネルギーを終息に向けて使いましょう。ミュージアム、ミュージック、モザイクの語源になった芸術の女神たちミューズは9人姉妹で、父は全能の神ゼウスです。人生が芸術であることの証です。1から始まった自己探求の旅は、ここで一応の終わりを迎えます。次に来る10で、新しいステージの自己探求が始まります。

・10

体験を学びに昇華した後の新たな出発。螺旋構造を描いて成長する心のグレイドアップした挑戦。

・11

二者間の均衡のとれた関係が意識の変容をもたらすこと。たとえば、夫と妻、恋人同士、ビジネスパートナーとの関係がバランスの取れた状態の時、そこに三次元的創造力が生まれること。

・12

干支の十二支、黄道十二宮、一年の十二カ月が示すように、自然の定める終了と再生を表します。場合によっては1と2を足して3の意味にもなりますが、その場合は、1と2が3になる行程も意味付けできると良いでしょう。たとえば、夢に登場した12が「自分一人（1）で物心両面でバランス良く（2）生活していくには」という文章にぴったりくれば、それに続けて楽観的（3）であるようにというメッセージとして読みとっても不自然ではありません。この読み取り方は桁数の多い数に使います。

・13

これまでの12のサイクルを抜けてまったく異なる次元へ進む数字。最後の晩餐には12使徒とキリストが集い、そのあとキリストは死を抜けて次元の異なる再生を果たします。

・22

精神をコントロールする必要性。自らの肉体と精神のバランスを図って心を統御し、コミュニケーション能力を発達させましょう。現実を生きるために必要な術です。

・33

霊性をコントロールする必要性。22で肉体と精神のバランス感覚がとれるようになってくると、さらに高次の霊性が刺激され33の夢を見ます。霊性を高めるよう努めれば、全ての行動を自己責任で行うしなやかな強さが獲得できるでしょう。

・40

完成を意味します。祈りを自分の心に根付かせるには40日という時間が必要です。同じ祈りを40日毎日繰り返すと、祈りは完成します。

心のエネルギーを蓄えるのに必要な期間。忍耐と努力の数。高次の知覚をもたらす潜伏期。ひとつの気付きを確実なものにするための鍛錬の期間でもあります。

☆十二支

夢に干支にまつわるものが登場した場合、あなたの周囲の人でその干支に属する人の特徴を考慮する必要があります。以下のアドバイスとその人の特徴を重ね合わせたうえで、あなたに対する夢のメッセージをくみ取りましょう。

・子（ね）

絶えず動き回って、この先食べていけるのかを心配していませんか。あるいは、他人の要望に気をとられ、自分のすべきことをないがしろにしていませんか。

・丑（うし）

のんびりかと思えばせっかちで、梃子でも動かない頑固さがあるかと思えば飽きっぽくて付和雷同。そのギャップが魅力になっているか、あるいは一貫性がなくエネルギーを浪費しているか。

・寅（とら）

自分は度量があって一本気だと見せたがっていませんか。はじめはそれでも通りますが、年月が経つと地が出ます。無理のないところで付き合いましょう。

・卯（う）

当初は自分の長所を活かして目的に向かっていたのに、評価が高くなるにつれて周囲の期待に応えることが目的に替わってしまいました。真の目的を忘れずに。

・辰（たつ）

ストレートで辛辣すぎると、人間関係がうまくいきません。言葉づかいを学びましょう。

・巳（み）

本心を隠す人です。嫉妬や疑心暗鬼にかられるあなた自身を示唆しているかも。でなければそっと相手を思いやる優しさが問われています。

・午（うま）

夢を実現する才能にも性格にも恵まれているのに、いま一歩の詰めが甘いのはどうしてでしょう。努力に見合う結果は必ずプレゼントされるのですから、誰よりも自分を信頼しましょう。

・未（ひつじ）

柔らかく人当たりは良いが、時に気楽には付き合えない一徹さが見え隠れして、周囲を引かせてしまいます。堅さは、他人の反応で自分のアイデンティティを決める傾向の現れです。真の強さは柔軟の中にしかありません。参「羊」

・申（さる）

人間的な魅力に富み温かい性格で、仕事も良くこなします。八方美人になりやすいので、大きくものを見る力や雄大な時空間の捉え方を学びましょう。

・酉（とり）

どんな仕事も職人的に取り組みます。この態度は根っから人を信用しないところからきています。遊びと仕事、好き嫌い、極端な揺れを体験すると、人生を単純化する力が備わります。

・戌（いぬ）

義理人情に厚い分、嫉妬深いでしょう。相手があってこその自分になってしまうからです。自分の世界を持ちましょう。

・亥（い）

凝り性なので手を出せばなんとかそれをものにできるのだけれど、達成感は得られないかもしれません。動機を吟味する必要があるようです。自分のための目標を立てましょう。

［文字・言葉］

☆字・文字

内容はもちろん、文字そのものに大切なメッセージがあります。語源やその字にまつわることわざなど、調べていくと納得できるでしょう。夢で文字を読める人は夢になじんでおり、夢への取り組みが素直で真摯です。参「アルファベット」「文章・詩・和歌・ことわざ」

☆アルファベット

現象を文化的に表し、伝えること。物事の初歩的表現。アルファベットを数秘術やカバラで捉えることもできます。

・数秘術（ヌメロロジー）

1	2	3	4	5	6	7	8	9
A	B	C	D	E	F	G	H	I
J	K	L	M	N	O	P	Q	R
S	T	U	V	W	X	Y	Z	

・カバラ

1	2	3	4	5	6	7	8
A	B	C	D	E	U	O	F
I	K	G	M	H	V	Z	P
Q	R	L	T	N	W		
J		S			X		
Y							

このように夢のアルファベットを数字に置き換えて意味を捉えます。カバラに9に該当するアルファベットがないのは、9に複雑さと自然の成り行きで結果を得たという象徴を盛り込むからです。参「数字」

☆文章・詩・和歌・ことわざ

夢で文章になっている言葉を読んだり聞いたりした時は大抵あなたの真我からのメッセージです。そのメッセージはとても大切で、生涯を通じてあなたを支援します。よく覚えておきましょう。あなたが成長するにしたがって、その言葉の意味合いは深くなるのがわかるでしょう。

夢の言語は普段使う言葉以外にも外国語、過去の言語、この世に記録のない未知のものなど多岐に渡ります。意味付けを急がず聞いたものは発音し、見たものは書いてみて心が感じるものを大事にしましょう。日本語の場合は文章や詩や和歌やことわざそのものの意味はもちろんのこと、これからその言葉に出会うという予知的部分も考慮しておくと良いでしょう。参「アルファベット」「字・文字」

☆名前

その名前の意味を汲んだ言動を心掛けること。よくわからない名前、現在属していない文化圏の名前の場合は語源や意味や由来を調べてみます。問題解決へのアドバイスが潜んでいるはずです。自分の名前を見たり聞いたりした場合は、大事なことを見過ごしているかもしれません。それが何か思い浮かぶまで、動かずじっとしていましょう。もし思い出せないなら、これから出会う人に注意を。その人のあなたへの態度がヒントになるでしょう。

［方位・向き］

☆東

太陽が昇る東は、物事を始める時、出発の時を表します。意識を外に向けて、やるべきことをやりましょう。夢で東の空に太陽が昇るのを見たり、星が輝くのを見たりした時は、取り組む課題の実りを約束してくれています。中国の五行説によれば、東をおさめる神獣の青龍は直感を表し、次元の違うものをキャッチする能力があります。つまり、今はインスピレーションに基づいた行動の時です。参「龍」

☆西

太陽が沈む西は、物事を閉じたり納めたり終わりにする時を示しています。丁度農夫や農婦が日暮れに野良仕事をやめて、家路を急ぐのと同じです。外に向けた意識を、内側に向けて内省に取りかかります。恋人と二人で夕陽を眺める夢を見たら、ひとりになって自分の心を見つめてみましょう。相手に関心がないことに気付くはずです。二人で取り組む課題が終わっているからです。西をおさめる白虎は感覚を表します。静かに感覚をとぎすませる時です。参「東」「虎・寅」

☆南

太陽の輝きが頂点に達する南は、あなたのエネルギーが頂点に達していることを表します。あなたは今とてもエネルギッシュで、必ずや結果を出せるでしょう。問題の捉え方も明確なので、速やかに賢明な対処ができます。南をおさめる朱雀は感情を表します。色は赤。何の遠慮もなく注目を浴び、感情を健やかに発散する時です。参「孔雀」「鳳凰」

☆北

南の対極にあって、意識は全て内側に向ける時、内省の時です。北に向けて移動する夢を見たら、厳しい状況になるはずです。しかし、それを知っていることでエネルギーの散漫は防げます。北をおさめる玄武は思考を表します。そのイメージは亀で、色は黒。今は思慮深くありましょう。参「南」「亀」

☆右と左

右は、目に見えるもの、実際的なこの世の価値を優先し、曖昧さや感情的なものに距離を置く男性的なあり方を表し、左は目に見えない次元を超えて存在するものと密着していて、この世のことだけに囚われない女性的な心のあり方を表します。参「手」「脳」「二股・二道」

☆上

もっと上を見る、向上心を持つ必要性。あるいは普段上を見すぎているので、ほどほどに満足し、今を楽しもうという提案。夢で上方がぼんやりと見えないようなら、今のあなたは目標を決めたくないようです。そろそろ目標を具体的にしましょう。

☆下

袖の下や下心なら計算高さを。下調べや下絵や下着や下地なら基本の大切さを。下座なら劣等感を示しています。天の下、大空の下は現実生活の重要性。また「上」が松果腺で第三の目を使うことを意味するなら、「下」は性腺で、生きる情熱、性エネルギーの適切な解放を示唆しているのかもしれません。参「上」「上る」

☆逆

方向を変えるようにというアドバイス。人生はやり直しが利くもので、大きな成功のためには失敗が必要です。失敗を避け続けるあなたの考え方を反転させる時期ではありませんか。

［形］

☆円・円形・丸・輪

完全性。調和。秩序。普遍性。永久の象徴。または輪廻転生の輪。辻褄のあった人生への納得。あるいは、あなたの人生のサイクルのひとつが完成をみること。全体の一部になること。全体であること。繋がりの意識。宇宙という身体の一部が地球であり、その地球の細胞のひとつがあなたです。夢で円を描いてぐるぐる回っている時は、人生が空回りをしていることで、出口のない罠の中にいます。しかし、あなたが出ると決めれば簡単に円環の中から出られます。

☆三角・逆三角

三つの条件を揃え、人生を動かすことが求められています。何事も最低三つの要素があれば、循環が始まります。それが時間・空間・物質なのか、恋人・自分・恋敵なのか、あなたの生活に当てはめてみましょう。三すくみにならず、事態を動かすことが肝心です。あるいは、自分の中の親と子供の会話を見守る成熟した心。大人の側面を働かせることで問題解決への動きが起こせます。正位置の三角形は火を、逆三角形は水を表します。逆三角形が単独で表れた場合は、不安定と下降を表します。参「数・数字」の3

☆四角

物質の四要素、土水火風。四方位。肉体。安定。不動。四角四面や重箱の隅を突くという言葉通り、頑固だったり融通の利かないところを指摘されているかもしれません。

☆六角

地球は相容れない要素を統合して化学変化させ、美という恩寵に変容させる場所であることを表します。六角の上向きの三角と下向きの三角は、火と水、陽と陰、男と女を示します。この夢を見たあなたは今、葛藤の最中にいるのかもしれません。しかし共通項が見いだせず対立しているように見えるものも、統合が可能なのです。

☆八角・八角形

生活リズムや人との約束事を大切にしましょう。八角形はふたつの正四角の中心を重ねて角をずらすと出来る形です。この世の物質性を表す四角の角ごとに天使の加護を加えた形です。現実生活は宇宙の加護を頼りに循環していますから、加護を得たければ、穏やかに規則正しく暮らし、自分がしたいことを実行しつつも周囲の人を大切にすることです。聖徳太子の夢殿は八角形。そこでの瞑想と夢から十七条憲法が作られました。神意を現実に活かす経緯が八角形に象徴されています。

☆渦・渦巻き

母親絡みのもつれた心情を暗示。実際の母親があなたに難問を突きつけるというよりは、あなたの中に染み込んだ母親の生き方や考え方が問題になっているのです。あなたは母親の考えに従って自分の目標を持てないため、人生の軸が定まらず、大地や大海原に引きずり込まれるような抗しがたい力によって奈落の底に連れ込まれる感じを味わっているでしょう。心を静め、自分の真の望みを汲み上げましょう。時には信頼できる人に相談してみましょう。参「溺れる」

☆二股・二道

右か左か選択を迫られています。右は実際的な行動を、左は深い吟味を意味しますが、夢では大抵右を選択することになります。しかし二者択一の本意は、生きていくうえでもっとも大切な自由意志をどう行使しているか問いかけているのです。あなたが自分で決めることが大事な局面です。参「右」「左」「脳」

〔状態〕

☆液体

柔軟で情緒に富むもの。順応性という徳。夢のストーリーによっては、自我を強く持つようにというすすめ。夢であるものが液体から固体や気体と自在に変化していれば、あなたという存在が複数の次元に存在するという真理を伝えているかもしれません。柔軟な態度は洞察に不可欠です。

☆透明

不明瞭なところがなく心から納得できること。公正さ、誠実さ。あるいは、見え透いた嘘や誤魔化しを表す場合も。登場人物が透明人間だったら、相手はあなたに正体を見せたくないのでしょう。

☆もつれ

問題の本質を抽出できていないのに、とりあえずの解決を試みること。問題の芯を探るために瞑想をしましょう。

〔概念〕

☆エース

人生ゲームの切り札。トランプのエースもその道の一流選手も、目前の問題に立ち向かえるあなたの優秀さを表します。

☆エネルギー

この夢は、あなたのエネルギー状態を知らせています。身体の主要な七つの内分泌中枢から発せられるエネルギー状態は、大きく分けて身体の部位と色で知らせてきます。さらにそのエネルギーは、身体レベルと心理的感情レベルと精神的霊性レベルの三層構造になっています。

　実際はまず感情が働いて霊性を刺激し、身体がその結果を体験することでエネルギーをヴァイブレーションとして振動させ、心と身体の繋がりを体験しています。という訳で、感情のゆがみは夢を通して知らされ、症状が出る前に忠告を受け取っている訳です。生命の根幹はこのエネルギーの躍動です。その活性化は瞑想を通して行われ、その力は洞察と治癒に使われます。

☆エロチック

　第二チャクラの性腺エネルギーが創造的な表現を求めています。あなたはこれまで肉体の価値や要求を軽く見ていたかもしれません。その原因が厳しい倫理観や家庭環境によるものであっても、身体が要求している必要条件を適切に満たすことで、洞察を得る可能性があります。

☆猥褻（わいせつ）

　これまでは理解し難く、受け入れ難く、拒否してきたが、いよいよ理解し受容し実行することが迫られている事柄があることを表します。夢でわいせつな行為をしてもされても、その相手の美点を真似し自分のものとするようにという示唆です。真似をするのは非常に辛く、自分らしくないと感じるでしょうが、今のあなたはそれをしないと次の段階に行けません。

☆大きい・巨大

　大きなものに圧倒されて脅威を覚えているか、大きなエネルギーの後押しがあるという安心感か、あなたはどちらを感じたでしょうか。前者だと自分を小さく取るに足りないと思っている傾向、後者だと自分から沸き上がる活力を信じて後押しの力とともに堂々と生きている様子が伺えます。あるいは、あなたの持つ可能性が大きいこと。感情表現が大仰なこと。あなたが今、力量を越えた目的に向かっているなら、大きな乗り物などが表れることも。

☆芸術

　創造的であれということ。人生そのものが芸術であること。生活の創造的工夫。また、ある特定の芸術表現をくり返し見る夢は、その方面に才能があるので習ったり生活に取り入れたら心の癒しになるという示唆。
参「芸術家」

☆音楽

夢で音楽を聴く人は、五感のなかで聴覚が抜きんでて優れている場合があります。夢で聞いた音楽、あるいはそれに類する曲を実際聴いてみましょう。今は理性を脇に置き、音楽を通してこの世の調和を体験した方が良いようです。音楽を演奏する場合は参「楽器」「オーケストラ」

☆暗闇・闇

人生の暗闇。問題の把握ができず暗中模索していること。直面している課題に自覚がないこと。活力に欠けていること。暗闇は無意識化したものがやがて形を表す兆しです。慌てず騒がず、事態把握のために瞑想し、内なるエネルギーを輝かせましょう。同時に周囲を見回し、適切な援助者を探します。

☆空(から)

空しいこと。自分を無駄で空っぽな存在だと思っていること。自分を愛の眼差しで見つめ、空のハートにエネルギーを注ぐ様子を想像してみましょう。あるいは、自分が好きなものを自分にプレゼントしてみましょう。自分が欲しいものを思い浮かべると、あなたの創造性は少しずつ、しかし確実に育ち始めます。

☆シミ

自分で自分に付けた汚点や不名誉を表します。洋服のシミはあなたの子供じみた言動を、顔のシミは思いやりに欠ける言葉づかいや表情を、家具のシミは生き方や信条の傲慢さを表します。総じて自己表現に問題がないか吟味が必要です。

☆ゴール

一応の成果。目に見える勝利。自分で決めた目標へ到達したこと。ここで慢心せず、次の挑戦を視野に入れる時です。

☆終わり

現在の取り組みに終わりが来たこと。とりあえずの完了。何事も終わりが来ることを知り、知恵が深まること。これから新しい目標を立てることになります。

☆3D

人生の予行演習、予備知識。遊び心を持ってシミュレーションをすること。３Ｄ映像に実体はありませんが、体験の事前演習にはなります。ただ、予め真実ではないと知っているため、不測の事態に対処する勇気までは身につきません。

☆デジタル

理性。無機的。時間に追われるなど、外的条件に自分を合わせること。内面はともかくも外見は一人前。規律。参「アナログ」

☆アナログ

感性。有機的。ゆっくりモード。自分のペースの尊重。滑らかな移動や成長。参「デジタル」

☆グラフ

これから辿る道。点と線で構成されたグラフが近未来の浮き沈みを前もって知らせてきています。今の取り組み方を修正すべきかどうかも含めて、生活を意識的にすることで安心が得られます。参「地図」

☆値段

自分自身の行いに付ける値段。自己評価。魂を磨くことに精を出しているなら、あなたは自分を認めることができ、付ける値段は高くなります。夢で定価を大きく割る安い買い物をしたり値切っているなら、あなたは自分がまだまだだと思っているのでしょう。払う金額に見合わない安い物を買わされそうな時は、自身を不当に高く評価しているか、周囲はそれほどあなたを認めていない証です。夢では気前よくリッチな買い物ができるようにしましょう。参「買う」「金（かね）」

夢・キーワード索引
INDEX

【あ】

【か】

【さ】

【た】

【な】

【は】

【ま】

【や】

【ら】

【わ】

夢は神さまからの最高のシグナル

2015年6月10日　第1刷発行
2018年11月15日　第2刷発行

著　者———坂内慶子

発行人———山崎　優

発行所———コスモ21
〒171-0021　東京都豊島区西池袋2-39-6-8F
☎03（3988）3911
FAX03（3988）7062
URL http://www.cos21.com/

印刷・製本——中央精版印刷株式会社

定価はカバーに表示してあります。

ISBN978-4-87795-312-6 C0011

大好評！　不思議・スピリチュアル本

結婚してみたら
奥様は「超霊媒」だった！

大学教授である妻に次々と訪れる
自然霊（狐霊・天使・龍神・精霊）から人類へのメッセージ

・見守っているのは人霊だけではない
・怒りや苛立ちを抑え、心を穏やかに保つ
・誰にでも守護霊と交流できる装置がある
・願いが自分本位でないかチェックしなさい
・下賤な念は低級霊に通じる
・先祖を供養する本当の意味
・自然霊にはどういう種類があるか
・すべては自分の魂を磨くためにある

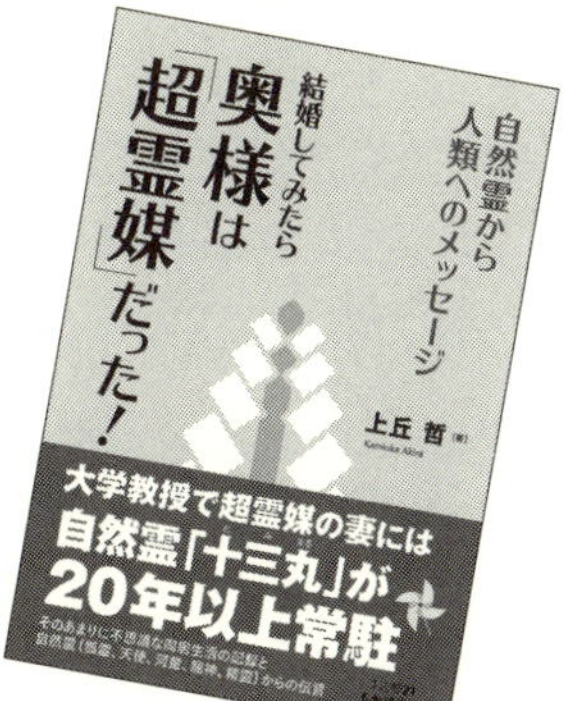

自然霊から
人類へのメッセージ
結婚してみたら
奥様は
「超霊媒」だった！
上丘 哲
大学教授で超霊媒の妻には
自然霊「十三丸」が
20年以上常駐

上丘 哲［著］
600円＋税／文庫判／232頁